(주)도서출판 성안당

BM (주)도서출판 성안당

모든 게 다 됩니다.
언제나 시작은 챗GPT

AI 도구는 이제 전문가만의 영역이 아니라, 누구나 활용할 수 있는 실용적인 도구가 되었습니다. 특히 창업자나 소상공인에게는 적은 비용과 시간으로 더 큰 결과를 만들어낼 수 있는 중요한 기회가 됩니다. 하지만 많은 분들이 어떤 도구를 먼저 사용해야 하는지, 어디서부터 시작해야 하는지에 대해 막막함을 느끼고 있습니다. 이 책은 그 출발점을 명확하게 제시하기 위해 만들어졌습니다.

이 책에서 가장 먼저 다루는 도구는 챗GPT입니다. 이유는 단순합니다. 챗GPT는 콘텐츠를 '바로 만드는 도구'이기보다, 무엇을 어떻게 만들지 정리해주는 도구이기 때문입니다. 예를 들어 카페를 운영한다면, 메뉴를 어떻게 소개할지, 어떤 분위기의 이미지를 사용할지, 어떤 문구로 고객의 관심을 끌지부터 고민하게 됩니다. 이때 챗GPT를 활용하면 아이디어를 정리하고, 방향을 잡고, 실제 제작까지 자연스럽게 이어갈 수 있습니다.

이미지 작업에서도 실무에 바로 도움이 되는 장점이 있습니다. 챗GPT에서 생성한 이미지는 선명한 화질과 규격화된 포맷을 제공하기 때문에 여러 번 수정하거나 다시 사용할 때도 퀄리티가 떨어지지 않습니다. 영상 제작에서는 그 차이가 더욱 분명합니다. 실제로 홍보 영상을 만들다 보면 한 번에 만족스러운 결과가 나오기보다는 여러 번 수정하고 비교하는 과정이 필요합니다.

또 하나 중요한 점은 챗GPT가 모든 과정을 하나로 연결해 준다는 점입니다. 문구를 작성하고, 이미지를 생성하며, 영상을 만드는 과정이 각각 분리되는 것이 아니라 하나의 흐름으로 이어집니다. 덕분에 처음부터 끝까지 같은 방향성을 유지할 수 있고, 결과물도 훨씬 자연스럽게 완성됩니다. 여러 도구를 개별적으로 사용할 때 생기는 어색함이나 불일치도 줄일 수 있습니다.

AI의 플래그십 언어 모델인 챗GPT에 관해 다루면서 복잡한 기술 설명보다는 실제로 바로 활용할 수 있는 방법에 집중했습니다. 컴퓨터나 디자인에 익숙하지 않더라도 따라 할 수 있도록 구성했으며, 작은 가게를 운영하시는 분들, 온라인 판매를 시작하신 분들, 혼자서 마케팅을 해야 하는 분들에게 특히 도움이 되도록 만들었습니다.

이 책이 AI를 활용하는 데 있어서 표준 가이드북이 되길 바라며, 책이 기획되고 나오기까지 도움을 주신 성안당 최옥현 전무님과 조혜란 이사님, 앤미디어 박기은, 강다미, 유선호 님에게 감사함을 전합니다.

이 책의 구성

빠르고 손쉽게 챗GPT와 AI 도구를 이용하여 업무나 콘텐츠 제작에 활용할 수
있도록 체계적인 구성을 제공하고 있습니다.

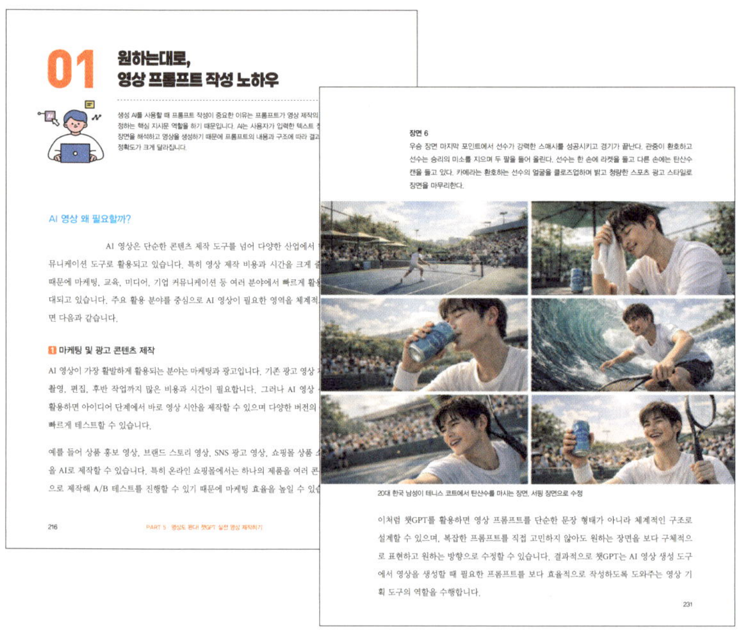

AI 이론

챗GPT를 이용한 프롬프트 사용부터 이미지, 영상 생성 등 작업 과정과 패턴을 이해할 수 있도록 AI 이론을 제공합니다.

알아두기

AI를 이용한 작업 과정에서 꼭 알아두어야 할 내용을 알아두기 형식으로 정리하였습니다. AI 사용의 문제 해결을 도와줄 것입니다.

예제 미리보기

AI 도구로 작업한 예제의 결과를 미리 확인할 수 있으며, AI 예제 작업을 위한 개념을 이해할 수 있을 것입니다.

예제 따라하기

AI 도구를 이용하여 따라하면서 학습할 수 있도록 예제를 제공하고 작업 과정을 친절하게 따라하기 형식으로 제공하고 있습니다.

목차

PART 01 챗GPT, 가장 현실적인 AI 업무 파트너로 시작하기

PART 02 실전 챗GPT, 일 잘하는 AI 비서 만들기

PART 04 · 이게 된다고? 챗GPT에서 이미지 편집과 디자인하기

PART 05 영상도 된다! 챗GPT 실전 영상 제작하기

예제 파일 다운로드

1 성안당 홈페이지(www.cyber.co.kr)에 접속하여 회원가입한 뒤 로그인하세요.

2 메인 화면 중간의 (자료실)을 클릭한 다음 제목+내용 검색 입력 창(🔍)에 '하나면', '다–된다', '챗GPT' 등 도서명 일부를 입력하고 검색하세요.

3 검색된 목록을 클릭하고 들어가 다운로드 창 안의 예제 파일을 클릭하여 다운로드한 다음 찾기 쉬운 위치 에 저장하고 압축을 풀어 사용하세요.

10110010
01010100

챗GPT, 가장 현실적인 AI 업무 파트너로 시작하기

PART 1은 챗GPT를 처음 사용하는 사람을 기준으로 구성된 실무 입문 가이드입니다. 계정 생성과 화면 이해부터 무료와 유료의 선택 기준, 개인 맞춤 설정, 그리고 결과의 품질을 결정하는 질문 설계 방법까지 하나의 흐름으로 설명하는 것이 핵심입니다. 이 과정은 단순히 사용법을 익히는 단계가 아닌 AI와 함께 일하는 방식을 이해하고, 자신의 사고와 업무 흐름을 챗GPT와 연결하는 과정입니다. 챗GPT를 제대로 활용한다는 것은 질문을 잘하는 것을 넘어, 생각을 구조화하고 결과를 설계하는 능력을 갖추는 것입니다. 이제 챗GPT는 선택적인 도구가 아니라 함께 일하는 파트너입니다. 이 PART는 그 변화를 시작하는 가장 현실적인 출발점입니다.

01 옆에서 소곤소곤, 나만의 업무 비서 만들기

수많은 AI 도구들로 인해 개인의 역량만으로는 이제 업무를 해결하기 어려운 과제가 되었습니다. 단순히 '검색'을 잘하는 것만으로는 업무 속도를 높이거나 경쟁력을 확보하는 데 한계가 있기 때문입니다. 만약 프로젝트의 맥락을 이해하고 지금 나에게 꼭 필요한 자료를 정리·가공해 주는 업무 비서가 있다면 어떨까요? 이제 그 상상은 현실이 되었습니다.

AI 도구에서 업무 파트너로 진화한 챗GPT

챗GPT는 인간이 사용하는 자연어를 이해하고 분석하는 언어 처리 기술을 기반으로 단순한 질문 응답을 넘어 업무 협업이 가능한 인공지능으로 자리잡고 있습니다. 같은 언어를 사용한다는 것은 인간과 기계가 보다 자연스럽게 소통하며 정보를 함께 다룰 수 있다는 의미이기도 합니다. 업무 현장에서 실제로 활용 가능한 대화형 인공지능을 꼽는다면 현재 가장 대표적인 도구는 단연 챗GPT입니다. 챗GPT는 OpenAI가 개발한 대화형 인공지능 모델로 방대한 데이터를 학습해 문맥을 이해하고 상황에 맞는 답변을 생성할 수 있습니다. 특히 최신 버전의 챗GPT는 이전보다 향상된 추론 능력과 맥락 이해력을 바탕으로 단순한 정보 제공을 넘어 기획, 정리, 분석, 아이디어 도출까지 폭넓은 업무를 지원합니다.

GPT는 'Generative Pre-trained Transformer'의 약자로, 트랜스포머(Transformer)라는 딥러닝 아키텍처를 활용해 자연스럽고 논리적인 문장을 생성합니다. 챗GPT는 이러한 기술을 기반으로 대화를 이어가며 이전에 나눈 대화의 흐름을 이해하고 그 맥락에 맞는 다음 응답을 만들어 냅니다. 이 특성 덕분에 챗GPT는 챗봇을 넘어 개인 맞춤형 업무 비서로 활용할 수 있습니다.

이를 효과적으로 활용하기 위해서는 챗GPT가 잘할 수 있는 일을 이해하고 적절히 맡기는 것이 중요합니다. 예를 들어 이메일 초안 작성, 회의 내용 요약, 보고서 구조 설계, 고객 문의 정리와 같은 반복적이면서도 사고력이 필요한 업무는 챗GPT가 특히 강점을 보이는 영역입니다. 이미 많은 기업에서는 이러한 기능을 활용해 업무 효율을 높이고 있습니다.

또한 챗GPT는 방대한 텍스트 데이터를 빠르게 분석하고 핵심을 도출할 수 있어 고객 의견 분석, 설문 결과 정리, 시장 트렌드 파악 등 현업에서 자주 마주하는 업무에서도 유용하게 활용할 수 있습니다. 이를 기반으로 새로운 아이디어를 발굴하거나 전략 수립에 활용하는 사례도 늘어나고 있습니다.

이제 챗GPT는 단순한 'AI 도구'가 아니라 함께 일하는 동료이자 나만의 업무 서포터입니다. 이 책에서는 챗GPT를 처음 접하는 사용자도 쉽게 시작할 수 있도록 실제 업무에 바로 적용할 수 있는 활용 방법과 길들이기 과정을 단계별로 살펴보고자 합니다.

최근의 챗GPT는 더 이상 단순한 질의응답 도구가 아니라 실제 업무와 사고 과정을 함께 수행하는 대화형 인공지능 파트너로 진화하고 있습니다. 초기의 챗GPT가 질문에 답을 제공하는 데 초점을 맞췄다면 최신 버전의 챗GPT는 사용자의 의도를 이해하고 맥락을 파악해 문제 해결 과정 전반을 지원하는 데 강점을 보입니다. 즉, 무엇을 묻는지뿐만 아니라 왜 묻는지, 어떤 상황에서 활용할 것인지까지 고려해 응답을 생성합니다.

업무에서 협업하는 대화형 인공지능

현재 챗GPT의 최신 모델 버전은 GPT-5.2입니다. OpenAI는 2025년 말에 GPT-5.2를 공식적으로 출시했으며, 이것이 GPT-5.1의 뒤를 잇는 가장 최신의 플래그십 언어 모델로 자리잡고 있습니다. GPT-5.2는 일반 대화용과 향상된 사고(Thinking) 모드, 그리고 전문가용(Pro) 모드로 구성되어 더 나은 성능과 정밀도를 제공합니다.

최신 챗GPT는 거대 언어 모델을 기반으로 한 고도화된 자연어 처리 기술을 활용해 복잡한 문서와 대화를 이해하고 이를 논리적으로 재구성할 수 있습니다. 긴 보고서나 회의록을 요약하고, 흩어져 있는 정보를 하나의 흐름으로 정리하며 여러 조건을 동시에 고려해야 하는 기획이나 분석 업무에도 활용할 수 있습니다. 이전 대화의 맥락을 기억하고 이어서 사고한다는 점에서 일회성 도구가 아니라 지속적으로 함께 일하는 업무 비서에 가깝다고 볼 수 있습니다.

또한 최신 챗GPT는 단순한 정보 제공을 넘어, 사용자의 목적에 맞게 정보를 가공하고 재조합하는 데 초점을 맞추고 있습니다. 예를 들어 동일한 자료라도 보고서용, 발표용, 이메일용으로 서로 다른 형태의 결과물을 만들어낼 수 있으며, 아이디어 발산부터 구조화, 초안 작성까지 한 흐름으로 지원합니다. 이는 챗GPT가 언어를 '문장'이 아닌 '의미와 관계'의 단위로 이해하기 때문에 가능한 변화입니다.

업무 활용 측면에서도 최신 챗GPT는 실용성이 크게 강화되었습니다. 반복적인 문서 작성, 고객 문의 정리, 데이터 해석, 전략 초안 수립과 같은 작업에서 사람의 사고 부담을 줄이고, 사용자는 보다 판단과 의사결정에 집중할 수 있게 됩니다. 특히 명확한 지시를 주지 않아도 대화 속 맥락을 통해 요구 사항을 파악하고 보완 제안을 제시한다는 점은 기존 자동화 도구와 뚜렷이 구분되는 부분입니다.

이처럼 최신 챗GPT는 '무엇을 알고 있는 인공지능'에서 '어떻게 함께 일할 수 있는 인공지능'으로 변화하고 있습니다. 이제 챗GPT를 잘 활용한다는 것은 단순히 질문을 잘하는 것을 넘어, 자신의 업무 흐름과 사고방식을 인공지능과 연결하는 것을 의미합니다. 이러한 변화 속에서 챗GPT는 선택적인 도구가 아니라, 앞으로의 업무 환경에서 자연스럽게 공존하게 될 새로운 협업 파트너라고 할 수 있습니다.

02 챗GPT를 첫 번째로 사용해야 하는 이유

제미나이, 클로드, 코파일럿 등 다양한 AI 도구가 등장했지만, 초급 AI 사용자가 작업 파트너로 가장 먼저 선택해야 할 도구는 챗GPT입니다. 그 이유는 기능의 많고 적음이 아니라, 사람과 함께 일하도록 설계된 구조에 있습니다.

초급 사용자에게 가장 현실적인 AI 협업 도구

챗GPT는 질문이 명확하지 않아도 작업을 이어갈 수 있습니다. 초급 사용자는 무엇을 어떻게 물어봐야 할지부터 어려움을 겪는 경우가 많습니다. 챗GPT는 불완전한 질문에서도 의도를 추론하고, 작업 방향을 제안하며 대화를 통해 생각을 정리해 줍니다. 단순히 결과만 제시하는 도구가 아니라, 사고 과정을 함께 정리해 주는 작업 파트너로 기능합니다.

또한 챗GPT는 작업 과정을 단계적으로 이끌어 줍니다. 기획 정리, 초안 작성, 수정 방향 제시, 표현 다듬기까지 하나의 흐름 안에서 자연스럽게 이어집니다. 중간에 방향이 변경되더라도 이전 대화를 바탕으로 다시 정리할 수 있어, 초급 사용자도 작업의 전체 구조를 놓치지 않고 완성까지 도달할 수 있습니다.

글쓰기와 기획 영역에서의 진입 장벽도 낮습니다. 전문적인 프롬프트를 몰라도 일상적인 표현으로 요청할 수 있으며, 설명문, 기획서, 영상 대본 등 다양한 형태의 결과물로 전환이 가능합니다. 이는 AI 활용 경험이 적은 사용자에게 큰 장점으로 작용합니다.

반복 작업과 수정 과정에서도 챗GPT의 강점은 분명합니다. 초급 사용자가 결과물에 만족하지 못해 여러 차례 수정 요청을 하더라도 챗GPT는 일관된 톤과 구조를 유지하며 작업을 이어갑니다. 이 과정에서 사용자는 자신의 기준과 방향성을 점차 명확히 할 수 있습니다. 영상, 마케팅, 교육 콘텐츠와 같이 복합적인 작업에서도 챗GPT는 중심 역할을 수행합니다. 아이디어 정리부터 구성안, 장면 설명, 내레이션 문구까지 하나의 대화 흐름 안에서 정리할 수 있어 여러 AI 도구를 병행 사용하며 발생하는 혼란을 줄입니다.

무엇보다 챗GPT는 초급 사용자에게 혼자 작업한다는 부담을 줄여 줍니다. 다음에 무엇을 해야 할지 막막한 상황에서도 작업 방향을 제시하고, 대화를 이어가며 완성을 향해 함께 이 동합니다. 이 점에서 챗GPT는 실제 작업을 함께 수행하는 파트너로 평가할 수 있습니다. 초급 AI 사용자가 챗GPT를 선택해야 하는 이유는 학습이 쉬워서가 아니라 함께 작업할 수 있기 때문입니다. 방향 설정부터 완성 단계까지 전 과정을 동행하는 AI라는 점에서 챗GPT 는 초급 사용자에게 가장 안정적이고 현실적인 선택지라 할 수 있습니다.

버전이 바뀌면 작업 방식도 달라진다

챗GPT에 버전이 존재하는 이유는 단순한 업데이트 개념이 아니라, AI의 사고 능력과 활용 범위를 단계적으로 확장하기 위해서입니다. 특히 사용자 입장에서 보면, 버전은 기능 차이가 아니라 작업 방식의 차이이기도 합니다.

먼저, 학습 규모와 성능 차이 때문입니다. 챗GPT의 각 버전은 학습한 데이터의 양과 질, 그리고 이를 처리하는 모델 구조가 다릅니다. 버전이 올라갈수록 더 많은 맥락을 이해하고 복잡한 질문에도 일관된 답변을 생성할 수 있습니다. 이는 단순 정보 응답뿐만 아니라 기 획, 분석, 설명처럼 사고력이 필요한 작업에서 체감 차이로 나타납니다.

두 번째 이유는 작업 수준에 맞는 선택지를 제공하기 위해서입니다. 모든 사용자가 동일한 수준의 AI를 필요로 하지는 않습니다. 간단한 질문이나 일상적인 활용에는 가벼운 모델이 효율적일 수 있고, 기획서 작성, 영상 시나리오 설계처럼 고난도 작업에는 상위 버전이 필요합니다. 버전 구분은 사용자에게 작업 목적에 맞는 도구를 선택할 수 있게 합니다.

2026년 기준 최신 챗GPT-5 버전은 이전 세대에 비해 지능, 반응 속도, 활용 범위가 크게 향상된 AI 모델로 단순한 질문 응답을 넘어 실제 문제 해결과 전문적인 과제 수행에서도 높은 수준의 성능을 보입니다. GPT-5는 텍스트뿐 아니라 다양한 형태의 입력(예 이미지, 도표 등)을 이해하고 해석하는 멀티모달 기능을 갖추고 있어 사진 속 정보도 질문으로 바꿔 답할 수 있으며, 복잡한 패턴이나 시각 데이터를 함께 고려한 답변도 제공할 수 있습니다. 또한 GPT-5는 실시간 웹 검색 기능을 통해 최신 뉴스, 동향, 사실 기반 정보까지 찾아볼 수 있으며, 이를 바탕으로 정확하고 최신의 답변을 생성할 수 있기 때문에 정적 데이터만 참고하는 AI 도구들과 차별화됩니다.

특히 챗GPT 신버전은 길고 복잡한 대화를 이어갈 때에도 문맥을 정확히 기억하고 반영하여 일관성 있는 응답을 유지할 뿐 아니라, 질문의 난이도와 목적에 따라 설명의 깊이와 형식도 자동으로 조절합니다.

이와 함께 GPT-5는 코딩, 글쓰기, 비즈니스 기획, 학술 리서치 등 다양한 영역에서 전문가 수준의 지원을 제공하고, 필요 시 여러 도구를 조합해 문제를 해결하는 추론 모드도 탑재되어 있어 단순 답변 생성에 그치지 않고 실질적인 해결 방안을 제시할 수 있습니다.

또한 이미지 생성이나 편집, 프롬프트에 기반한 창작 작업도 지원하여 텍스트와 시각 자료를 동시에 활용해야 하는 창의적 작업에서도 뛰어난 성능을 발휘합니다. 이처럼 챗GPT 신버전은 폭넓은 멀티모달 입력 처리, 실시간 웹 검색, 상황에 맞는 깊이 있는 응답, 전문적 문제 해결 능력, 다양한 작업 지원 기능을 하나의 플랫폼에서 모두 제공함으로써 다른 AI 도구들보다 더 강력하고 유용한 인공지능 도구로 평가받고 있습니다.

03 먼저,
챗GPT에 가입하기

챗GPT는 웹 표준을 지원하는 대부분의 브라우저에서 사용할 수 있습니다. 다만 안정성, 속도, 확장 활용 측면에서 크롬이 가장 유리하기 때문에 결과적으로 크롬 사용이 권장되는 것입니다. 초급 사용자라면 문제 발생 가능성을 줄이기 위해 크롬에서 시작하는 것이 좋습니다.

챗GPT 계정 생성과 설정법

01 | 윈도우 화면 하단의 [시작] 메뉴에서 [Chrome]을 선택합니다. 하단 검색 창에 'Chrome'을 입력하여 직접 검색하여 실행할 수도 있습니다.

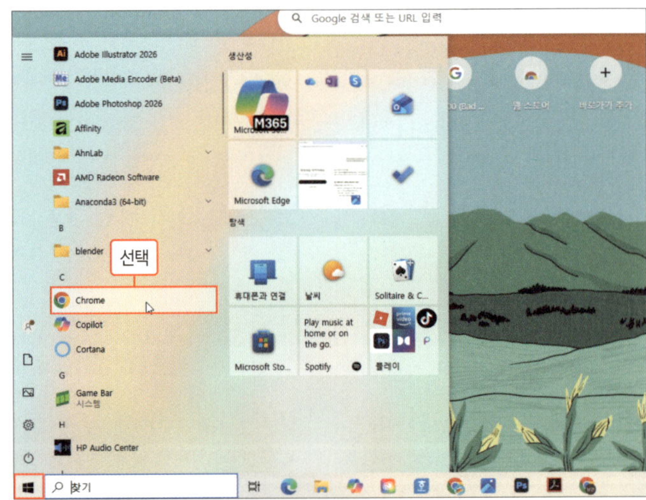

02 | 크롬 브라우저가 실행되면 주소 입력 창에 'chatgpt.com'을 입력한 다음 Enter를 눌러 챗GPT 사이트로 이동합니다.

03 | 챗GPT 홈 화면이 표시되면 회원 가입을 위해 [무료로 회원 가입] 버튼을 클릭합니다.

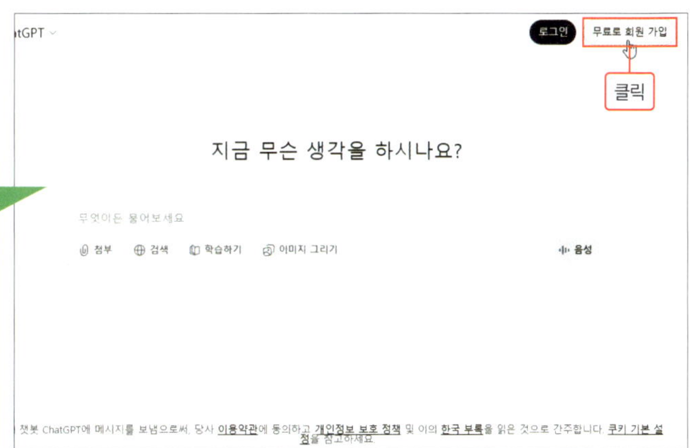

로그인을 하지 않아도 챗GPT 사용이 가능하지만, 대화의 지속성이 사라집니다. 로그인하지 않으면 대화 기록이 계정에 저장되지 않습니다. 브라우저를 새로 고침하거나 탭을 닫는 순간 지금까지의 대화 맥락은 모두 사라집니다. 이전에 어떤 질문을 했는지, 어떤 답을 받았는지를 이어서 활용하는 작업이 불가능해집니다.

04 | 회원 가입 화면이 표시되면 원하는 계정을 선택하거나 메일을 입력하여 회원 가입이 가능합니다. 예제에서는 사용하는 구글 계정으로 가입하기 위해 [Google로 계속하기] 버튼을 클릭합니다.

05 | 로그인 화면이 표시되면 사용하는 구글 이메일을 입력하고 [다음] 버튼을 클릭합니다.

06 | 구글에서 내 정보를 OpenAI의 접근을 허용하기 위해 [계속] 버튼을 클릭합니다.

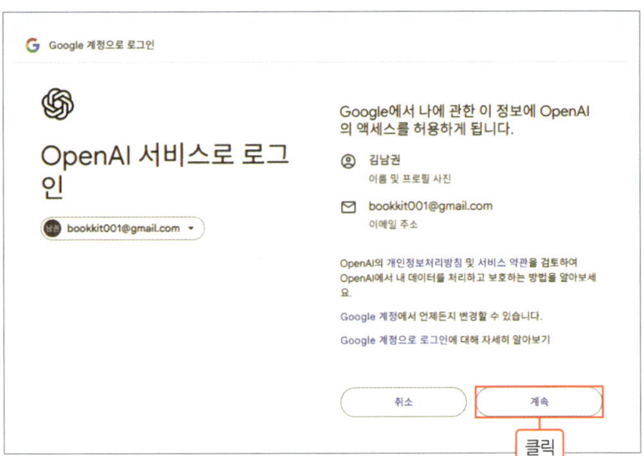

07 | 이용 연령을 확인하는 창에서 간단한 개인정보를 입력한 다음 챗GPT의 사용 목적 등을 확인하고 [계속] 버튼을 클릭합니다. 예제에서는 개인적으로 이용하기 위해 [개인적 이용]을 선택하고 [계속] 버튼을 클릭합니다.

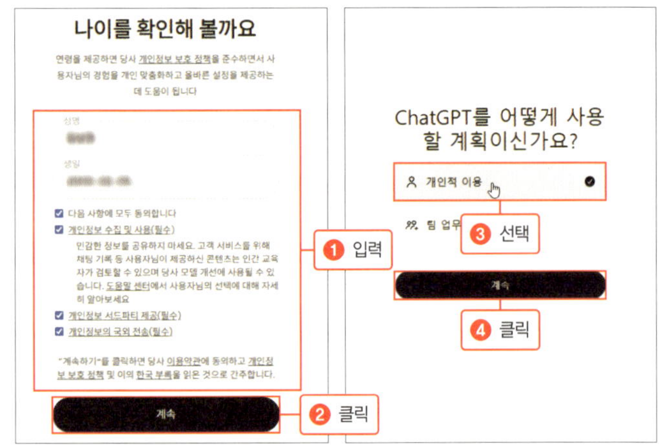

08 | 프롬프트를 입력하여 질문을 하는 방법부터 이미지를 생성하는 방법을 간단하게 소개하는 화면이 표시됩니다. [다음] 버튼을 클릭하거나 '소개 건너뛰기'를 클릭해 넘어갈 수 있습니다.

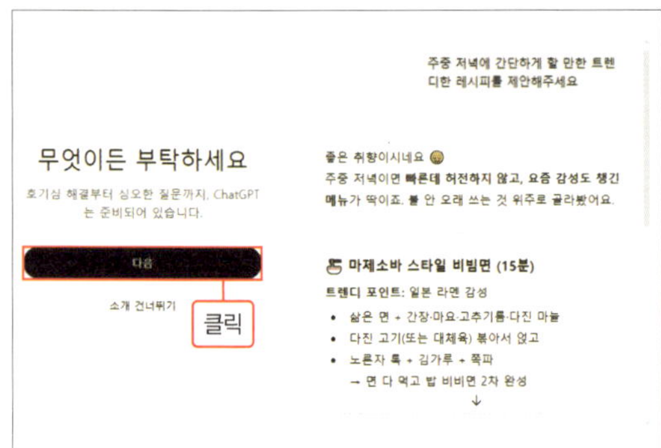

09 | 이제 챗GPT를 사용하기 위한 준비가 다 되었다는 화면이 표시되면 [계속] 버튼을 클릭합니다.

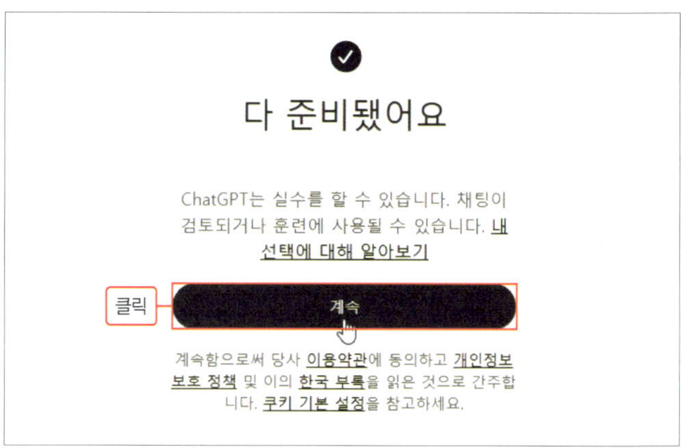

10 | 챗GPT 화면이 표시됩니다. 간략하게 알아두면 좋은 메시지가 표시됩니다. [이제 시작하죠] 버튼을 클릭하여 챗GPT를 사용합니다.

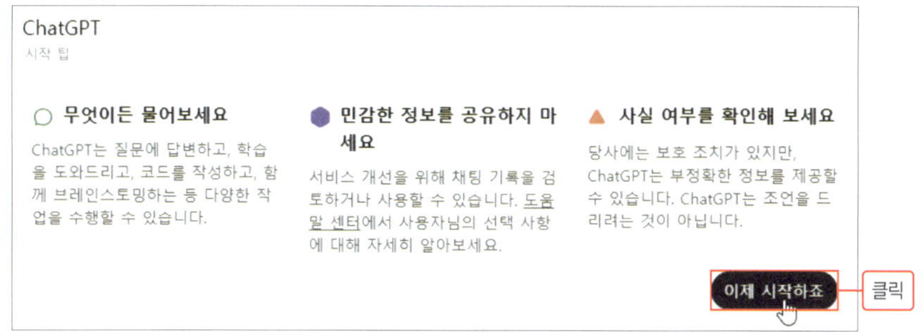

11 | 챗GPT 화면이 표시됩니다. 이제 프롬프트 입력 창을 이용하여 원하는 정보와 콘텐츠를 생성할 수 있습니다.

프롬프트를 작성할 때 한글을 단순히 영어로 직역하면 오히려 표현이 부자연스러워져 결과 품질이 떨어질 수 있습니다. 가장 중요한 것은 어떤 언어를 쓰느냐가 아니라 얼마나 구체적으로 상황과 조건을 명확하게 제시하느냐입니다.

04 챗GPT, 무료로 쓸까? 유료로 쓸까?

챗GPT를 처음 사용하려는 사람이라면 한 번쯤 고민하게 되는 질문이 있습니다. '무료로 사용해도 충분할까, 아니면 유료 버전을 선택해야 할까?'라는 선택입니다. 겉으로 보기에는 두 버전 모두 같은 챗GPT처럼 보이지만, 실제 작업을 진행해 보면 활용 범위와 작업 경험에서 차이가 나타납니다.

무료는 시작, 유료는 실무를 위한 선택

챗GPT의 무료 버전과 유료 버전은 겉보기에는 비슷하지만, 실제로 사용해 보면 작업 속도와 답변의 깊이에서 차이가 분명합니다. 무료 버전은 일상적인 대화와 간단한 글쓰기, 기본적인 기획 보조에 충분한 기능을 제공하기 때문에 처음 챗GPT를 접하는 사용자나 가벼운 용도로 활용하는 사람에게 알맞습니다. 유튜브 대본 초안 작성, 짧은 광고 카피 아이디어 정리, 자막 문장 다듬기 같은 작업은 무료 환경에서도 무리 없이 진행할 수 있습니다. 다만 사용량 제한이 있고 최신 고성능 모델을 자유롭게 쓰기 어렵기 때문에 긴 시나리오나 반복 수정이 필요한 프로젝트에서는 답답함을 느끼기 쉽습니다.

반면 유료 버전은 챗GPT를 단순한 보조 도구가 아니라 실무 파트너로 활용하려는 사람을 위한 환경에 가깝습니다. 최신 모델을 우선적으로 사용할 수 있어 응답 속도가 빠르고, 긴 문서 처리나 복잡한 기획 작업도 안정적으로 진행됩니다. 특히 영상 제작 관점에서는 여러 버전의 콘티를 동시에 구성하거나, 브랜드 톤앤매너에 맞춰 대본 문체를 변환하고, 스토리보드용 이미지를 함께 생성하는 작업이 훨씬 수월합니다. 무료 버전에서 여러 번 나누어 해야 할 일을 유료 버전에서는 한 번에 처리할 수 있다는 점이 가장 큰 차이입니다.

챗GPT 유료 버전 가입 단계별 가이드

01 ┃ 챗GPT 화면에서 유료 버전으로 가입하기 위해 [Plus 사용하기] 버튼을 클릭합니다.

> 유료 버전은 무료 환경보다 훨씬 강력하고 안정적인 작업을 가능하게 하는 구독 서비스입니다. 최신 고성능 인공지능 모델을 우선 사용할 수 있어 응답 속도가 빠르고 긴 문서나 복잡한 기획을 한 번에 처리할 수 있습니다.

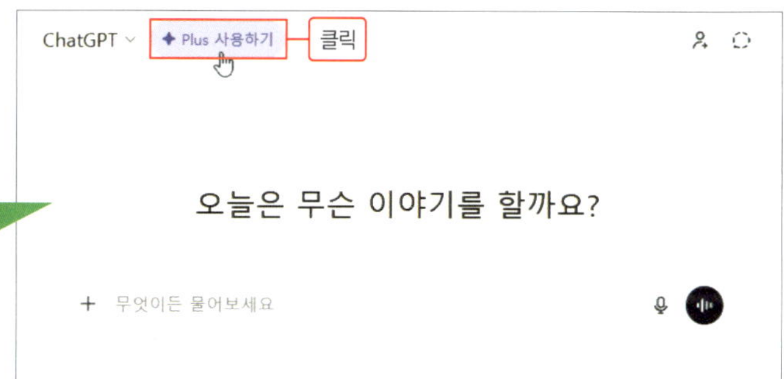

02 ┃ 유료 버전이 표시되면 내 사용 목적에 맞는 유료 버전을 선택합니다. 예제에서는 가볍고 일상적인 작업을 빠르게 처리하는 데 초점을 맞춘 가성비 모델 Go 버전을 선택하기 위해 [Go로 업그레이드] 버튼을 클릭합니다.

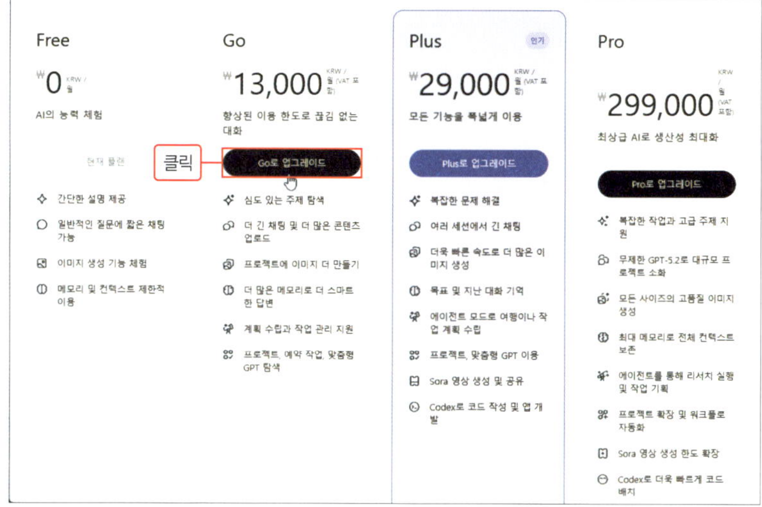

알아두기 ## 챗GPT Go 플랜

챗GPT Go는 무료 플랜과 챗GPT Plus 사이를 메우는 저렴한 유료 구독 모델로, 기본적인 인공지능 작업을 더 편하게 하고자 하는 사용자에게 적합합니다. 이 플랜은 무료 버전에 비해 훨씬 많은 메시지 사용량, 더 긴 메모리(대화 맥락을 기억하는 능력), 파일 업로드와 이미지 생성 등의 기능을 제공하며, GPT-5.2 Instant 같은 최신 모델에 보다 넉넉하게 접근할 수 있도록 설계되었습니다. 일반적인 이메일 작성, 회의 요약, 기획 아이디어 정리, 이미지 생성 등 일상적인 콘텐츠 작업은 Go 플랜에서도 충분히 가능하며 무료보다 훨씬 여유 있는 사용이 가능합니다.

03 | 결제 수단을 선택한 다음 청구 주소 항목에서 성명과 국가, 도시 등을 입력한 다음 [구독] 버튼을 클릭합니다.

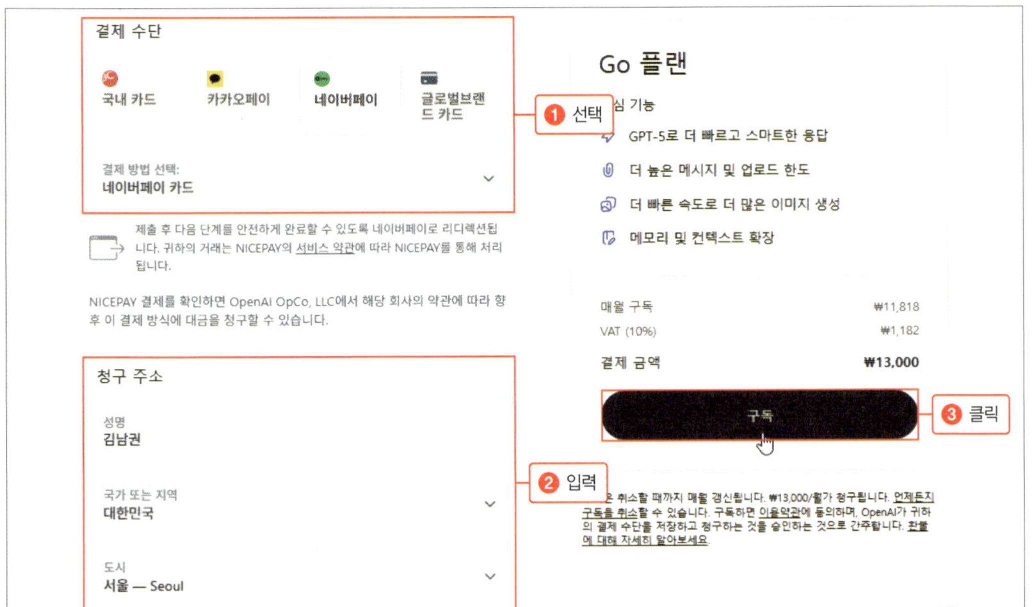

04 | 결제 카드 정보를 입력한 다음 '이용약관 전체동의'를 체크하고 [등록하기] 버튼을 클릭하여 구독 결제를 완료합니다.

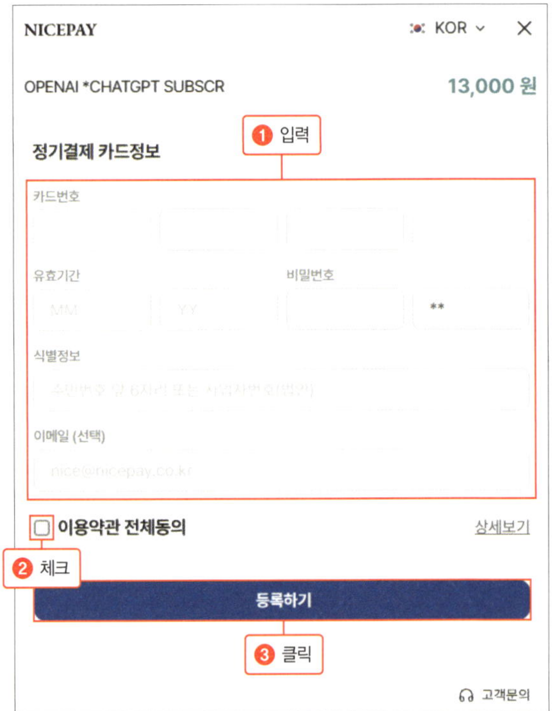

알아두기 **구독 서비스**

챗GPT 구독은 한 번 결제하면 매월 자동으로 결제가 이루어지는 정기 구독 구조이기 때문에 해지하지 않으면 계속 요금이 청구되며, 환불이 어려운 경우가 많아 결제일 이전에 미리 해지하는 것이 중요하고, 따라서 이를 '일회성 결제'가 아닌 '지속적으로 청구되는 구독 서비스'입니다.

의외로 잘 모르는 유료 구독 취소하는 법

챗GPT 유료 구독을 취소하면 자동 결제가 중단되고 다음 결제일부터 더 이상 금액이 청구되지 않습니다. 취소 후에도 이미 결제된 유료 기능은 해당 결제 주기가 끝날 때까지 그대로 이용할 수 있고, 취소하면 다음부터 자동 갱신되지 않습니다.

05 | 챗GPT 화면에서 왼쪽 하단의 프로필을 클릭한 다음 표시되면 팝업 메뉴에서 [설정]을 선택합니다.

06 | [계정] 탭에서 **[관리]-[구독 취소]**를 선택합니다. 이미 결제한 기간 동안은 혜택을 그대로 사용할 수 있고, 다음 결제일부터 자동 결제가 중단됩니다. 그 날짜가 지나면 더 이상 요금이 청구되지 않고 무료 플랜 상태로 전환됩니다.

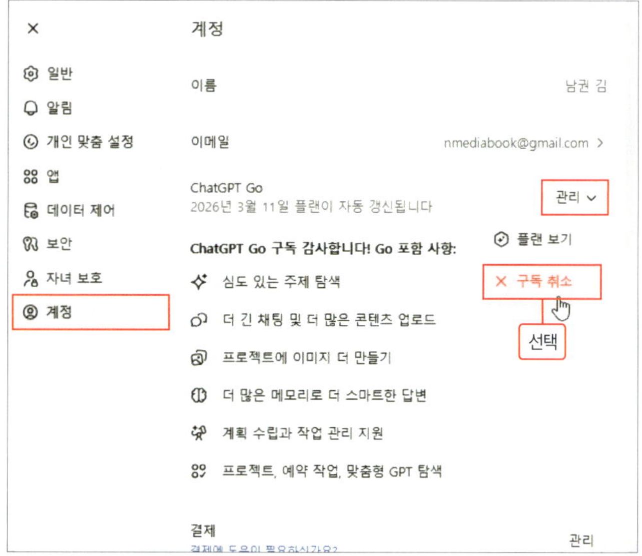

05 구석구석 챗GPT 화면의 다양한 기능 익히기

챗GPT 화면은 왼쪽의 대화 및 프로젝트 관리 영역, 중앙의 메인 작업 공간, 하단의 입력 및 도구 확장 영역으로 구성된 구조입니다. 중앙의 대화 영역에서는 기획, 작성, 분석 등 다양한 작업이 단계적으로 발전합니다. 모델 선택과 파일 업로드, 이미지 생성 등 확장 기능을 통해 하나의 화면에서 기획부터 결과물 완성까지 수행이 가능합니다.

챗GPT 화면 구성 알아보기

처음 사용하는 사람도 바로 활용할 수 있도록 단순하고 직관적인 구조로 설계되어 있습니다. 화면은 크게 왼쪽 사이드바와 중앙 대화 영역, 그리고 하단 입력 창으로 나뉘며 대부분의 기능을 한눈에 확인할 수 있습니다.

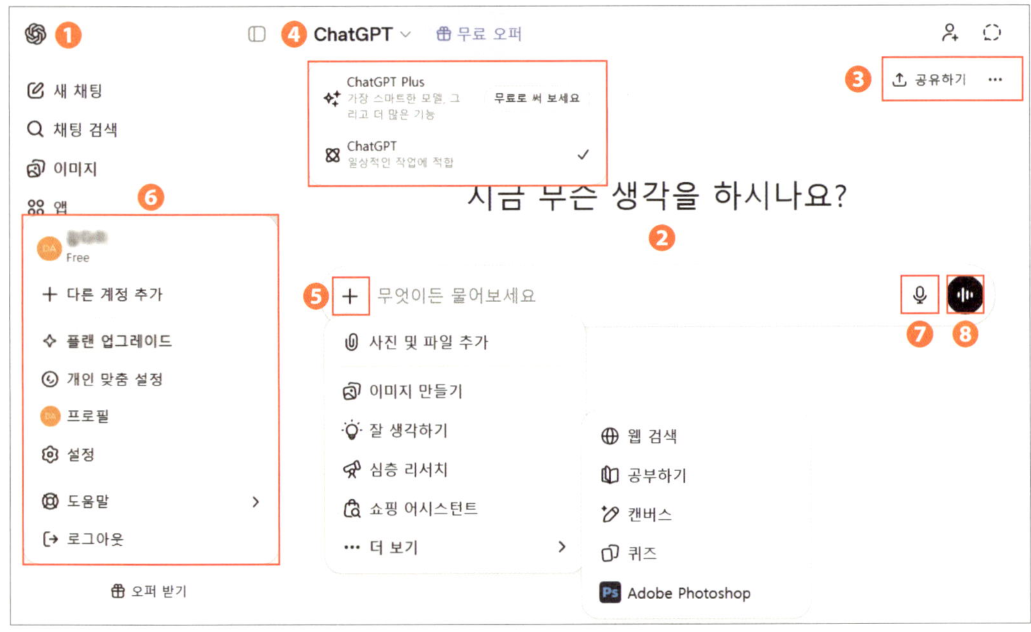

❶ 왼쪽 사이드바: 대화 목록을 확인하고 이전 대화를 다시 열 수 있으며, 새 채팅을 시작하거나 이미지, 앱, Codex, 프로젝트 등의 기능을 이용할 수 있습니다.

- **새 채팅**: 완전히 새로운 대화를 시작하는 기능입니다.
- **채팅 검색**: 과거 대화 내용을 키워드로 찾는 기능입니다.
- **이미지**: AI 이미지 생성과 편집 기능을 모아 둔 영역입니다.
- **앱**: 챗GPT 안에서 여러 외부 도구를 함께 사용하는 확장 공간입니다. 일정 관리, 문서 요약, 디자인 도구, 업무 서비스 등과 연결해 하나의 작업 환경처럼 활용할 수 있습니다.
- **codex**: 코드 관련 작업을 전문적으로 돕는 기능입니다.
- **프로젝트**: 여러 대화와 자료를 하나의 작업 단위로 묶는 기능입니다. 예를 들어 영상 제작 프로젝트를 만들고 그 안에 기획, 시나리오, 자막, 홍보 문구 대화를 함께 보관할 수 있습니다.

❷ 중앙 대화 영역: 사용자가 질문을 입력하고 답변을 확인하는 핵심 공간으로, 대화 내용은 말풍선 형태로 누적되며 다양한 형식으로 표시되고 자동 저장됩니다.

❸ 공유하기: 해당 기능은 대화중인 채팅화면에서 찾을 수 있으며, 현재 나누고 있는 대화 내용을 다른 사람에게 전달하는 기능입니다. 링크 형태로 대화를 공개할 수 있어서, 기획안이나 아이디어 정리를 팀원과 바로 나누기에 편리합니다.

❹ 모델 선택 메뉴: 사용할 챗GPT 모델을 선택할 수 있습니다. 구독 플랜에 따라 제한이 있을 수 있습니다.

❺ 파일 추가 및 기타(/): 참고할 이미지나 문서 등 자료를 업로드할 수 있으며 웹 검색 기능, 데이터 분석 기능 같은 확장 도구를 켜고 끌 수 있습니다. 유료 플랜을 사용하면 더 다양한 기능이 활성화됩니다.

❻ 프로필 메뉴: 왼쪽 하단의 사용자 계정을 클릭하면 열리는 설정 메뉴입니다. 구독, 결제, 테마, 데이터 설정과 함께 도움말 및 업데이트 정보를 확인할 수 있습니다.

❼ 음성 입력: 마이크를 통해 사용자의 음성을 텍스트로 변환하여 질문이나 명령을 입력할 수 있는 기능입니다.

❽ Voice 사용/제출: 대화를 나누듯 음성으로 질문하여 대화를 이어갈 수 있는 기능입니다. 프롬프트 입력 창에 텍스트를 입력하면 화살표 형태의 '제출' 아이콘(⬆)으로 사용됩니다.

06 내게 맞는 맞춤형 챗GPT 만들기

개인 맞춤 설정은 챗GPT를 모든 사람에게 동일한 답을 제공하는 일반 도구에서 사용자에게 맞춰진 지능형 작업 파트너로 변화시키는 기능이라고 볼 수 있습니다. 이를 잘 활용하면 질문을 하는 과정 자체가 단순해지고, 원하는 결과에 더 빠르게 얻을 수 있습니다.

업무 도우미를 위한 개인 설정

챗GPT를 사용할 때 개인 맞춤 설정은 단순한 편의 기능이 아니라 결과의 품질과 작업 효율을 높이는 핵심 요소입니다. 사용자의 목적, 직업, 관심 분야, 작성 스타일 등을 미리 설정해 두면 챗GPT는 질문의 의도를 더 정확하게 이해하고 그에 맞는 답변을 생성할 수 있습니다. 예를 들어 마케팅, 출판, 교육, 프로그래밍처럼 분야마다 필요한 정보의 깊이와 표현 방식이 다르기 때문에 개인 맞춤 설정이 되어 있으면 매번 같은 설명을 반복할 필요가 없습니다.

또 다른 중요한 역할은 답변의 형식과 톤을 일정하게 유지하는 데 있습니다. 글을 작성하거나 콘텐츠를 제작할 때 문장의 길이, 설명 방식, 예시의 종류, 전문성 수준 등이 사용자의 기준에 맞게 유지되면 결과물을 바로 활용할 수 있는 수준으로 받을 가능성이 높아집니다. 이는 특히 보고서 작성, 콘텐츠 제작, 마케팅 문구 생성처럼 반복적으로 글을 생산해야 하는 작업에서 시간을 절약하게 합니다.

또한 개인 맞춤 설정은 챗GPT를 단순한 질문 응답 도구가 아니라 개인 업무 도우미로 활용하게 만들어 줍니다. 사용자의 작업 방식과 선호하는 표현 방식을 이해한 상태에서 답변이 생성되기 때문에 점점 더 사용자에게 최적화된 결과가 나오게 됩니다.

챗GPT 화면의 왼쪽 하단의 프로필 아이콘을 클릭한 다음 [개인 맞춤 설정]을 선택합니다.

개인 맞춤 설정 화면이 표시되면 기본 스타일 및 말투 항목이 먼저 표시됩니다. 이는 답변 스타일을 선택하는 옵션 화면입니다. 이 메뉴는 챗GPT가 어떤 방식으로 글을 작성하고 설명할지 미리 정해 두는 기능입니다.

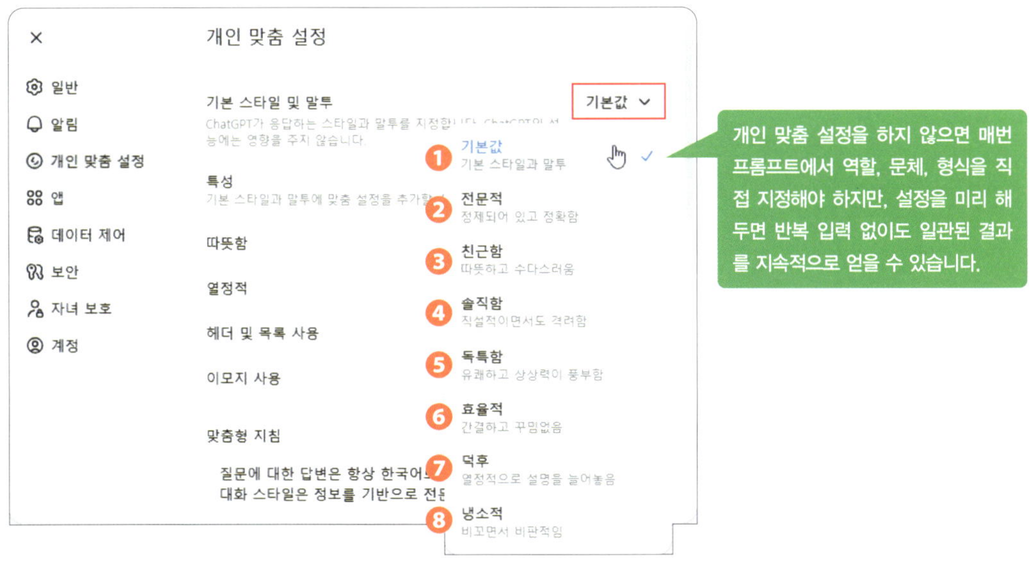

❶ 기본: 특별한 스타일을 적용하지 않는 기본 설정입니다. 상황에 따라 균형 잡힌 설명 방식으로 답변합니다.

❷ 전문적: 정보 중심의 구조적인 설명을 제공합니다. 보고서, 분석, 교육 자료, 콘텐츠 기획 등에 적합한 스타일입니다.

❸ 친근함: 설명이 부드럽고 대화형에 가까운 톤으로 작성됩니다. 블로그 글이나 일반 사용자 대상 설명에 적합합니다.

❹ 솔직함: 핵심 정보 위주로 짧고 명확하게 답변하여, 빠르게 정보를 확인할 때 유용합니다.

❺ 독특함: 아이디어 제안이나 스토리, 콘텐츠 기획처럼 창의성이 필요한 답변에 적합한 스타일입니다.

❻ 효율적: 불필요한 설명을 줄이고 바로 실행할 수 있는 정보 위주로 답변을 제공합니다. 업무 매뉴얼, 작업 방법, 실무 설명 등에 적합한 스타일입니다.

❼ 덕후: 특정 주제에 깊이 빠져 있는 전문가형 스타일을 의미합니다. 특정 주제를 깊이 파고드는 콘텐츠나 분석 글에 유리합니다.

❽ 냉소적: 비판적이고 거리감을 두는 관점의 스타일입니다.

❾ 특성: 기본 스타일 및 말투에 추가로 맞춤 설정을 할 수 있습니다. 높음, 기본값, 낮음을 선택하여 원하는 답변의 스타일로 설정할 수 있습니다.

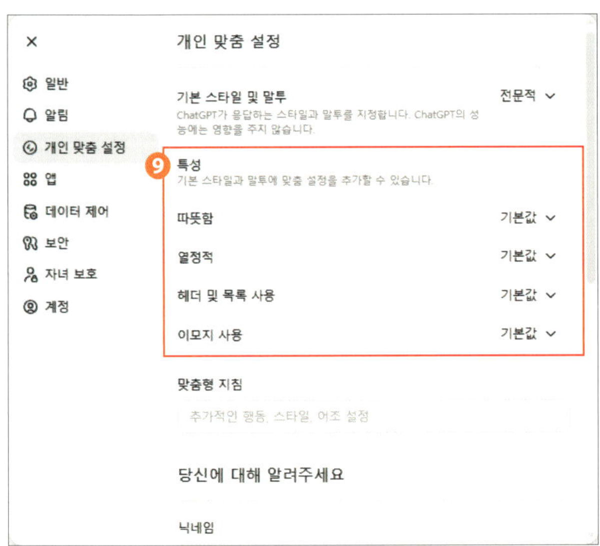

⑩ **닉네임**: 챗GPT가 사용자를 어떻게 부르면 되는지를 설정하는 항목입니다.

⑪ **직업**: 사용자의 직업이나 활동 분야를 입력하는 항목입니다.

⑫ **내 추가 정보**: 사용자의 작업 방식, 관심 분야, 답변 스타일을 이해하도록 돕는 핵심 설정입니다.

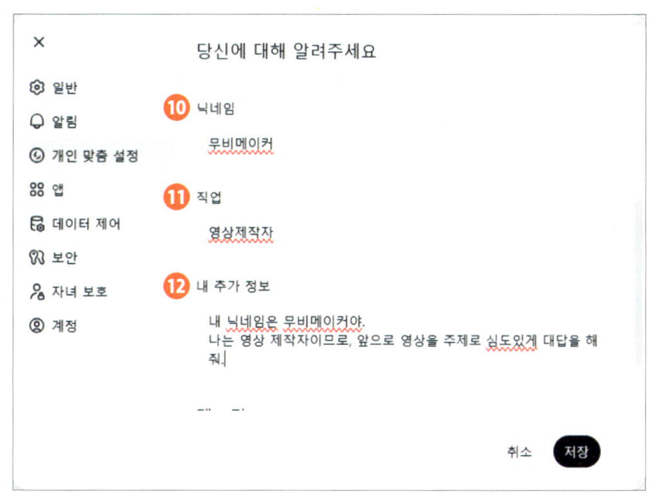

개인 맞춤 설정이 만드는 업무 자동화

이러한 개인 맞춤 설정이 지속적으로 축적되면 챗GPT는 단순히 요청에 반응하는 수준을 넘어, 사용자의 작업 패턴을 이해하고 선제적으로 방향을 제안하는 단계로 발전합니다. 반복적으로 사용하는 표현 방식, 선호하는 구조, 중요하게 생각하는 정보의 기준이 반영되기 때문에 결과물의 완성도가 점점 더 높아지게 됩니다.

특히 실무 환경에서는 일관성이 중요한 요소입니다. 문서의 톤앤매너, 정보의 정리 방식, 메시지 전달 구조가 매번 달라지면 수정 작업이 늘어나고 커뮤니케이션 비용이 증가합니다. 그러나 개인 맞춤 설정이 적용된 상태에서는 처음부터 일정한 기준에 맞춰 결과가 생성되기 때문에 불필요한 수정 과정을 크게 줄일 수 있습니다.

개인 맞춤 설정은 챗GPT를 '도구'에서 '개인화된 작업 시스템'으로 전환시키는 핵심 기능입니다. 사용자가 설정한 기준이 쌓일수록 챗GPT는 점점 더 정교하게 작동하며, 하나의 작업을 수행하는 데 필요한 과정과 시간을 지속적으로 단축시키는 역할을 하게 됩니다.

실전 챗GPT,
일 잘하는 AI 비서 만들기

많은 사용자가 챗GPT를 단순한 검색 도구처럼 활용하지만, 실제로는 요청을 어떻게 구성하느냐에 따라 훨씬 더 깊이 있고 실무에 바로 적용할 수 있는 결과를 얻을 수 있습니다. 역할을 설정하거나 조건을 구체적으로 제시하고, 작업을 단계적으로 나누어 요청하는 방식은 결과의 완성도를 크게 높여줍니다. 여기서는 챗GPT를 실무에서 제대로 활용하기 위한 핵심 사용 방법을 설명합니다. 원하는 결과를 정확하게 끌어내는 요청 방식과 다양한 상황에서 바로 적용할 수 있는 실전 활용법을 중심으로 단계별로 정리했습니다.

01 챗GPT에게 잘 질문하는 5가지 법칙

챗GPT를 활용할 때 많은 사용자가 '무엇을 물어볼까'에 집중하지만, 실제로 더 중요한 것은 '어떻게 질문하느냐'입니다. 같은 도구를 사용하더라도 질문의 구조에 따라 결과의 깊이와 실용성이 크게 달라집니다. 특히 글쓰기, 기획, 마케팅 콘텐츠 제작처럼 결과물을 바로 활용해야 하는 작업에서는 질문의 설계가 결과의 품질을 좌우합니다. 챗GPT를 효율적으로 활용하기 위해서는 다음과 같은 다섯 가지 질문 방식이 도움이 됩니다.

1. 질문의 목적을 분명하게 제시하라

질문의 목적을 분명하게 제시하는 것은 챗GPT를 효과적으로 활용하기 위한 가장 기본적인 단계입니다. GPT는 사용자가 입력한 질문의 의도를 분석한 뒤 그 방향에 맞춰 답변을 생성하기 때문에, 목적이 부정확한 질문은 대체로 범용적인 설명이나 일반적인 문장으로 이어지기 쉽고, 목적이 분명하게 제시된 질문은 실제 사용 상황을 고려한 구체적인 결과로 이어집니다.

예를 들어 단순히 '홍보 문장을 만들어 줘.'라고 질문하면 일반적인 문장이 생성될 가능성이 높습니다. 반면 '소상공인이 SNS에서 사용할 음식점 홍보 문장을 만들어 줘.'처럼 목적과 사용 환경을 함께 제시하면 결과가 훨씬 구체적으로 설정됩니다.

알아두기 **질문 설계 노하우**

챗GPT를 잘 활용하는 사람은 단순히 질문을 던지는 사람이 아니라, 질문을 '설계'할 줄 아는 사람입니다. 질문의 목적을 분명하게 정의하고, 대상과 상황을 구체적으로 설명하며, 원하는 결과의 형식까지 명확하게 제시하는 것이 중요합니다. 여기에 더해 충분한 배경 정보와 맥락을 함께 제공하면 챗GPT는 훨씬 정교하고 실용적인 결과를 만들어낼 수 있습니다. 또한 한 번의 질문으로 끝내는 것이 아니라, 생성된 결과를 바탕으로 다시 질문을 이어가며 점진적으로 완성도를 높여가는 대화형 접근 방식이 핵심 전략입니다.

2. 대상 독자와 사용 상황을 함께 설명하라

콘텐츠는 전달 대상에 따라 표현 방식과 정보의 깊이가 달라지기 때문에, 질문을 작성할 때 누구에게 전달되는 내용인지와 어떤 상황에서 사용되는 콘텐츠인지 함께 제시하는 것이 필요합니다. 같은 주제의 글이라도 독자의 수준과 목적에 따라 어휘 선택, 설명 방식, 강조되는 정보가 달라지기 때문입니다.

예를 들어 창업을 준비하는 사람을 대상으로 하는 설명이라면 실제 창업 과정에서 필요한 정보와 현실적인 조언이 포함되어야 합니다. 반면 일반 소비자를 대상으로 하는 홍보 문장이라면 제품이나 서비스의 매력을 직관적으로 전달하는 표현이 중심이 됩니다. 이처럼 독자의 성격이 달라지면 콘텐츠의 톤과 구성 방식도 자연스럽게 달라집니다.

사용 상황 역시 중요한 요소입니다. 블로그에 올릴 글인지, SNS에 사용할 홍보 문장인지, 또는 강의 자료나 보고서에 활용할 내용인지에 따라 문장의 길이와 정보의 구조가 달라집니다. 예를 들어 SNS 콘텐츠는 짧고 직관적인 문장이 효과적이며, 블로그 글은 설명과 사례를 포함해 비교적 자세하게 구성하는 것이 일반적입니다. 이러한 사용 환경을 함께 설명하면 챗GPT는 해당 매체의 특성을 고려해 보다 적절한 형식으로 결과를 생성합니다.

3. 원하는 결과의 형식을 미리 지정하라

챗GPT는 설명문, 블로그 글, 광고 문구, 보고서, 기획서, 강의 원고 등 매우 다양한 형태의 콘텐츠를 생성할 수 있는 도구입니다. 그러나 질문에서 결과의 형식을 명확하게 제시하지 않으면 대부분의 답변은 일반적인 설명문 형태로 생성되는 경우가 많습니다. 이는 챗GPT가 질문의 의도를 파악하더라도 결과를 어떤 형식으로 구성해야 하는지에 대한 기준이 부족하기 때문입니다.

따라서 질문을 작성할 때는 원하는 결과의 형식을 미리 지정하는 것이 중요합니다. 예를 들어 같은 주제를 다루더라도 '블로그 글 형식으로 작성해 줘.', '광고 문장 스타일로 만들어 줘.', '보고서 형식으로 정리해 줘.'와 같이 결과의 형태를 구체적으로 요청하면 챗GPT는 그 형식에 맞게 문장의 구조와 표현 방식을 조정합니다. 블로그 글이라면 독자가 읽기 쉽게 흐름을 중심으로 내용을 구성하고, 광고 문장이라면 짧고 인상적인 표현을 중심으로 메시지를 전달하며, 보고서 형식이라면 정보의 논리적 구조와 체계적인 정리가 강조됩니다.

K-한식에서 봄동을 소개하는 문장을 인스타그램 글 형식으로 작성해 줘.

겨울이 끝나갈 무렵 한국 식탁에 가장 먼저 찾아오는 봄의 채소, 바로 봄동입니다. 봄동은 잎이 넓게 퍼지고 부드러우며 은은한 단맛이 살아 있어 생으로 먹어도 맛있는 제철 채소입니다. 아삭한 식감과 신선한 향 덕분에 한국에서는 봄동 겉절이나 봄동무침처럼 간단한 양념만으로도 계절의 맛을 즐길 수 있습니다.

최근 세계적으로 주목받고 있는 K-푸드 속에서도 봄동은 한국의 계절감을 보여주는 대표적인 식재료로 소개되고 있습니다. 고추장, 참기름, 마늘과 함께 가볍게 무치면 봄의 향기를 그대로 담은 한식 한 접시가 완성됩니다.
지금 한국에서 만나는 가장 신선한 봄의 맛, 봄동으로 K-한식의 계절을 느껴 보세요.

#봄동 #K푸드 #한국제철음식 #한식스타그램 #제철채소

K-한식에서 봄동을 레시피 형식으로 작성해 줘.

봄의 시작을 알리는 제철 채소 봄동은 잎이 부드럽고 단맛이 은은하게 살아 있어 간단한 양념만으로도 깊은 풍미를 느낄 수 있는 K-한식 식재료입니다. 특히 봄동 겉절이는 조리 과정이 간단하면서도 신선한 채소의 맛을 그대로 즐길 수 있어 한국 가정에서 봄철에 자주 만들어 먹는 대표적인 요리입니다.

요리 이름
봄동 겉절이

재료
봄동 1포기, 고춧가루 1큰술, 다진 마늘 1작은술, 국간장 또는 액젓 1큰술, 참기름 1작은술, 설탕 또는 매실청 1작은술, 통깨 약간

조리 방법
1. 봄동은 잎 사이에 흙이 남아 있을 수 있으므로 흐르는 물에 여러 번 깨끗하게 씻습니다.

2. 씻은 봄동은 먹기 좋은 크기로 손으로 가볍게 뜯어 준비합니다.

3. 볼에 고춧가루, 다진 마늘, 국간장 또는 액젓, 설탕 또는 매실청을 넣어 양념을 만듭니다.

4. 준비한 봄동을 양념에 넣고 손으로 가볍게 버무립니다. 너무 세게 무치면 잎이 쉽게 숨이 죽기 때문에 부드럽게 섞는 것이 좋습니다.

5. 마지막으로 참기름을 넣고 통깨를 뿌려 마무리합니다.

요리 특징

봄동 겉절이는 오래 숙성하지 않고 바로 무쳐 먹는 것이 특징입니다. 신선한 채소의 아삭한 식감과 봄동 특유의 단맛이 살아 있어 고기 요리와 함께 먹으면 더욱 잘 어울립니다. 간단한 재료와 짧은 조리 시간으로 만들 수 있어 한국의 계절 한식을 대표하는 봄철 반찬으로 널리 사랑받고 있습니다.

4. 상세한 조건과 정보를 함께 제공하라

챗GPT는 사용자가 입력한 정보를 바탕으로 답변을 생성하는 구조를 가지고 있기 때문에, 질문에 포함된 정보의 양과 구체성이 결과의 품질에 직접적인 영향을 미칩니다. 질문이 간단하고 정보가 부족한 경우에는 챗GPT가 일반적인 상황을 가정하여 답변을 만들게 되지만, 관련 정보가 충분히 제공되면 실제 상황에 맞는 현실적인 결과를 생성할 수 있습니다. 즉, 질문에 포함된 정보가 많을수록 챗GPT는 보다 정확한 맥락을 이해하고 그에 맞는 내용을 구성하게 됩니다.

예를 들어 단순히 '제품 홍보 문장을 만들어 줘.'라고 질문하면 일반적인 광고 문장이 생성될 가능성이 높습니다. 그러나 제품의 특징, 가격대, 주요 고객층, 브랜드 분위기, 판매 채널과 같은 정보를 함께 제공하면 결과는 훨씬 구체적인 방향으로 발전합니다. 예를 들어 '수제 돈가스 전문점이며 20대 직장인을 주요 고객층으로 하고, 가성비와 바삭한 식감을 강조하는 브랜드'라는 정보가 포함되면 챗GPT는 해당 브랜드의 성격을 반영한 홍보 문장을 생성하게 됩니다. 이처럼 정보가 구체적일수록 결과 역시 실제 마케팅 콘텐츠에 가까운 수준으로 완성됩니다.

5. 한 번의 질문으로 끝내지 말고 대화를 통해 완성하라

챗GPT는 단순히 질문에 한 번 답하는 도구가 아니라, 대화를 통해 결과를 점점 발전시켜 나가는 대화형 작업 도구입니다. 따라서 처음 생성된 결과를 최종 결과로 생각하기보다, 이를 출발점으로 삼아 수정과 보완을 반복하는 방식으로 활용하는 것이 중요합니다. 첫 번째 답변은 기본적인 방향을 제시하는 초안의 성격을 가지며, 이후 사용자의 추가 요청을 통해 점차 완성도가 높아지는 구조로 작업이 진행됩니다.

예를 들어 챗GPT가 생성한 문장이 길거나 설명 중심으로 구성되어 있다면 ‘문장을 더 짧게 수정해 줘.’와 같이 요청하여 간결한 형태로 다듬을 수 있습니다. 또한 홍보 문장의 경우 ‘조금 더 광고 느낌이 나도록 바꿔 줘.’라고 요청하면 표현이 보다 강조되고 감각적인 문장으로 바뀌게 됩니다. 만약 특정 고객층을 대상으로 한 콘텐츠가 필요하다면 ‘20대 소비자를 대상으로 다시 작성해 줘.’와 같이 독자층을 지정하여 결과를 다시 구성할 수도 있습니다. 이러한 방식으로 조건을 추가하거나 방향을 조정하면 같은 내용이라도 전혀 다른 스타일의 결과를 얻을 수 있습니다.

과정과 매우 유사합니다. 다만 기존 작업이 작성자 혼자 고민하고 수정하는 방식이라면, 챗GPT를 활용할 경우 사용자의 요청에 즉시 반응하여 다양한 수정안을 빠르게 제시받을 수 있다는 점에서 큰 차이가 있습니다. 즉, 하나의 결과를 완성하기까지의 시간이 단축될 뿐 아니라, 여러 방향의 대안을 동시에 검토할 수 있다는 점에서 작업 효율이 크게 향상됩니다.

사용자는 단순히 결과를 받아보는 데 그치지 않고, 반복적인 대화를 통해 문장의 길이, 표현 방식, 대상 독자, 콘텐츠 형식 등을 지속적으로 조정할 수 있습니다. 예를 들어 동일한 내용을 보다 간결하게 요약하거나, 반대로 상세하게 확장하거나, 특정 타겟에 맞는 톤앤매너로 변환하는 작업을 단계적으로 수행할 수 있습니다. 이러한 과정은 단순 수정이 아니라 ‘의도에 맞게 결과를 정교하게 다듬는 설계 과정’이라고 볼 수 있습니다.

02 챗GPT에게 역할 설정하기

챗GPT에게 특정 역할을 부여하면 결과의 전문성과 표현 방식이 달라집니다. 예를 들어 '너는 마케팅 전문가다.', '너는 테크니컬 라이터다.', '너는 광고 카피라이터다.'처럼 역할을 설정하면 해당 분야의 관점에서 답변이 생성됩니다. 이는 결과의 톤과 깊이를 조절하는 중요한 요소입니다.

같은 질문, 다른 답변을 만드는 역할 설정

역할을 설정하는 방식은 챗GPT에게 특정한 관점과 전문성을 부여하여 답변의 방향과 표현 방식을 조정하는 질문 방법입니다. 일반적으로 질문을 그대로 입력하면 챗GPT는 비교적 중립적인 설명을 제공하지만, 질문에 앞서 특정 역할을 설정하면 해당 분야의 시각과 사고 방식을 반영한 답변을 생성하게 됩니다. 예를 들어 '마케팅 전문가', '테크니컬 라이터', '광고 카피라이터'와 같은 역할을 부여하면 동일한 주제라도 접근 방식과 문장의 구조가 달라지며 결과의 성격도 크게 달라집니다.

챗GPT에게 역할을 부여하는 것과 부여하지 않는 것의 차이는 답변의 관점, 전문성, 그리고 표현 방식에서 나타납니다. 같은 질문이라도 역할을 설정하느냐에 따라 답변의 방향과 깊이가 달라집니다. 먼저 역할을 부여하지 않고 질문하면 챗GPT는 비교적 중립적인 입장에서 일반적인 정보를 중심으로 답변을 작성합니다. 이 경우 설명은 넓은 범위를 포괄하는 대신 특정 분야의 관점이나 실무적인 표현이 상대적으로 적게 포함되는 경우가 많습니다. 따라서 기본적인 개념을 이해하거나 간단한 정보를 확인할 때는 역할을 설정하지 않아도 충분한 답변을 얻을 수 있습니다.

챗GPT에게 특정 역할을 부여하면 답변이 해당 분야의 시각과 전문적인 사고 방식을 반영하여 구성됩니다. 마케팅 전문가라는 역할을 부여하면 소비자 분석, 홍보 전략, 브랜드 메시지와 같은 요소를 중심으로 설명이 이루어집니다. 테크니컬 라이터라는 역할을 설정하면 정보가 구조적으로 정리되고 용어 설명이나 단계별 설명이 강조됩니다. 이처럼 역할 설정은 답변의 톤과 구성 방식을 전문 분야에 맞게 조정하는 효과가 있습니다.

예를 들어 '디저트 가게 홍보 문장을 작성해 줘.'라고 질문하면 일반적인 소개 문장이 만들어질 가능성이 높습니다. 그러나 '너는 제과 전문 마케터다. 디저트 가게 홍보 문장을 작성해 줘.'라고 역할을 부여하면 디저트 시장의 특성과 소비자의 감성을 고려한 홍보 문장이 생성됩니다. 예를 들어 '매일 아침 갓 구운 케이크와 구움 과자의 달콤한 향기로 하루를 시작해 보세요. 정성으로 만든 디저트가 일상에 작은 행복을 더해 드립니다.'와 같이 디저트의 감성과 경험을 강조하는 표현이 만들어질 가능성이 높습니다.

1 일반적인 질문법

디저트 가게 창업과 홍보하는 문장을 작성해 줘.

디저트 가게 창업은 단순히 제품을 판매하는 것이 아니라, 브랜드 콘셉트와 경험을 함께 설계하는 과정으로 접근하는 것이 중요하며, 타깃 고객의 취향과 트렌드를 반영한 메뉴 구성과 공간 연출을 통해 차별화된 경쟁력을 확보해야 합니다. 또한 홍보 단계에서는 SNS를 중심으로 감각적인 비주얼 콘텐츠와 짧은 숏폼 영상을 활용하여 브랜드 이미지를 효과적으로 전달하고, 고객 참여를 유도하는 이벤트와 리뷰 확산 전략을 병행함으로써 자연스럽게 입소문을 형성하는 것이 핵심입니다.

2 역할을 부여한 질문법

너는 제과 전문 마케터야. 디저트 가게 창업과 홍보하는 문장을 작성해 줘.

디저트 가게 창업은 단순히 달콤한 메뉴를 판매하는 사업이 아니라, 고객에게 작은 즐거움과 특별한 경험을 제공하는 브랜드를 만드는 과정입니다. 제과 전문 마케터의 관점에서 보면 성공적인 디저트 가게는 맛뿐만 아니라 공간의 분위기, 브랜드 이미지, 그리고 고객이 기억할 수 있는 스토리까지 함께 설계해야 합니다.

창업 초기에는 메뉴의 완성도와 함께 매장의 콘셉트를 명확하게 설정하는 것이 중요합니다. 예를 들어 수제 케이크와 구움 과자를 중심으로 한 디저트 가게라면 '매일 직접 구워 만드는 신선한 디저트'

라는 메시지를 강조할 수 있습니다. 이러한 콘셉트는 간판, 포장 디자인, 매장 인테리어, SNS 콘텐츠까지 일관되게 이어지며 브랜드의 이미지를 형성하게 됩니다.

홍보 문장은 이러한 콘셉트를 바탕으로 고객의 감각을 자극하는 방식으로 구성하는 것이 효과적입니다. 예를 들어 다음과 같은 문장을 활용할 수 있습니다.

"매일 아침 오븐에서 갓 구워낸 달콤한 향기, 오늘 하루를 특별하게 만드는 작은 디저트를 만나보세요. 정성으로 만든 케이크와 구움 과자가 기다리는 우리 동네 디저트 가게입니다."

이와 같은 홍보 문장은 단순히 제품을 설명하는 것이 아니라, 디저트를 즐기는 장면과 분위기를 함께 떠올리게 만들어 고객의 방문을 유도합니다. 디저트 가게의 마케팅은 결국 '맛있는 경험'을 전달하는 과정이며, 이를 효과적으로 표현하는 문장과 브랜드 스토리가 매장의 경쟁력을 만들어 줍니다.

역할 설정이 만드는 전문성

역할을 설정하는 질문 방식은 결과의 목적이 분명하고, 특정 직무의 관점이나 전문성이 요구되는 작업에서 더욱 강력하게 작동합니다. 예를 들어 마케팅 전략, 광고 카피, 브랜드 메시지 설계, 기술 문서 작성, 교육 콘텐츠 구성과 같은 작업은 단순한 정보 나열이 아니라 '어떤 기준과 시각으로 해석하느냐'가 핵심입니다. 이때 역할을 부여하면 챗GPT는 해당 분야의 사고 방식과 표현 구조를 반영하여 동일한 주제라도 결과는 완전히 다른 방향으로 전개됩니다. 같은 제품을 설명하더라도 마케터는 소비자의 관심을 끄는 메시지와 차별화 포인트를 강조하고, 기획자는 구조와 흐름을 중심으로 정리하며, 테크니컬 라이터는 정확성과 이해도를 높이는 설명에 집중합니다. 즉, 역할 설정은 단순한 스타일 변화가 아니라 결과의 목적, 구조, 정보 선택 기준까지 바꾸는 핵심 장치입니다.

실무에서는 역할 설정을 목적, 대상, 형식과 결합해 사용하는 것이 효과적입니다. 예를 들어 '20대 직장인을 대상으로 하는 SNS 광고 문장을 작성하는 마케팅 전문가'처럼 구체적으로 설정하면 결과의 정확도와 활용도가 더욱 높아집니다. 역할 설정은 질문을 구체화하는 핵심 축이며, 이를 전략적으로 활용하면 챗GPT는 단순한 답변 도구를 넘어 실제 업무를 함께 수행하는 전문가 수준의 파트너로 기능합니다.

03 챗GPT로 검색을 잘하는 3가지 습관

챗GPT에서 '서치(Search)'를 잘 활용하려면 단순히 질문을 입력하는 수준을 넘어, 검색의 목적과 결과 구조를 함께 설계하는 방식으로 접근해야 합니다. 특히 실무나 콘텐츠 기획 관점에서는 '질문을 어떻게 설계하느냐'가 결과의 깊이를 결정합니다.

1. 사용자의 의도와 목적을 추가하라

질문은 단순한 키워드의 나열이 아니라, 사용자의 의도와 목적이 드러나는 문장 형태로 작성해야 합니다. 기존 검색엔진은 입력된 단어를 중심으로 결과를 나열하는 방식이기 때문에 'AI 영상', '마케팅', '툴'과 같은 키워드 조합만으로도 일정 수준의 정보를 찾을 수 있습니다. 그러나 챗GPT 서치는 이러한 방식과 달리, 질문 속에 담긴 맥락과 사용 목적을 함께 해석하여 답변을 구성합니다.

따라서 단순히 주제를 던지는 수준에서 벗어나, '이 정보를 왜 찾고 있는지', 그리고 '어떤 방식으로 활용하려는지'까지 포함해 질문을 구성하는 것이 중요합니다. 예를 들어 'AI 영상'이라고 입력하면 개념 설명이나 일반적인 정보가 제공될 가능성이 높지만, '광고 제작에 활용할 수 있는 AI 영상 툴을 비교해 달라'라고 구체적으로 요청하면 실무에 바로 적용할 수 있는 비교 분석 형태의 결과를 얻을 수 있습니다.

다음 예시는 범위가 넓은 탐색형 질문 유형입니다. 특정 목적이나 활요 분야의 제한이 없으므로, 답변도 전체 카테고리 + 대표 툴 나열 중심으로 구성됩니다.

 AI 영상 툴을 찾아 줘.

 **생성형 AI 영상 툴(텍스트 → 영상)**

이 유형은 프롬프트만으로 실제 영상처럼 보이는 결과를 만드는 도구입니다. 광고, 숏폼 콘텐츠, 브랜드 영상 제작에 가장 많이 사용됩니다.

대표 툴

❶ 클링(Kling/Kuaishou, Kwai)

자연스러운 움직임 표현과 비교적 긴 영상 생성 능력이 강점으로 최대 약 2분 길이의 콘텐츠 제작이 가능하여 제품 영상이나 스토리형 콘텐츠에 활용도가 높습니다.

→ **활용** 제품 영상, 스토리 콘텐츠

❷ 런웨이(Runway/Runway AI)

영상 생성과 편집 기능을 동시에 제공하는 올인원 플랫폼으로, 실제 영화 제작 현장에서도 활용될 만큼 완성도가 높아 전문 영상 제작이나 광고, 뮤직비디오 작업에 효과적으로 활용됩니다.

→ **활용** 전문 영상 제작, 광고, 뮤직비디오

❸ 피카(Pika/Pika Labs)

빠른 생성 속도와 낮은 사용 난이도를 바탕으로 숏폼 콘텐츠 제작에 최적화된 도구로, SNS 콘텐츠나 실험적인 광고 제작에 효율적으로 활용할 수 있습니다.

→ **활용** SNS 콘텐츠, 실험용 광고

❹ 베오(Veo/Google DeepMind)

현재 일반 사용자에게 전면 공개된 상태라기보다는 일부 크리에이터나 VideoFX를 통해 제한적으로 제공되는 전문가용 솔루션 베오(Veo)는 4K 수준의 고해상도 영상 생성과 캐릭터 일관성 유지, 연출 기능에서 강점을 보이는 도구로, 완성도 높은 브랜드 광고나 고퀄리티 영상 제작에 적합한 솔루션으로 평가됩니다.

→ **활용** 고퀄리티 광고, 브랜드 영상

❺ 씨댄스(SeaDance)

텍스트 입력을 기반으로 인물의 움직임과 카메라 워크가 결합된 역동적인 영상을 생성할 수 있는 도구로, 특히 음악 리듬이나 동작 흐름에 맞춘 자연스러운 모션 표현에 강점을 가지며 짧은 숏폼 콘텐츠부터 퍼포먼스 중심 영상 제작에 적합합니다.

→ **활용** 숏폼 콘텐츠, 퍼포먼스 영상

다음은 명확한 목적의 실행형 질문입니다. 음식점 홍보의 목적과 숏폼 영상의 형식, 2개라는 조건이 붙었으므로, 답변은 실무에 바로 실무에 바로 쓸 수 있는 핵심 툴 중심으로 압축됩니다.

 음식점을 홍보하는 영상을 생성하려고 해. 이 분야에서 숏폼 영상 홍보에 특화된 AI 툴 2가지를 알려 줘.

 **1. 클링 AI**

시선을 멈추게 만드는 장면을 생성하는 AI

클링 AI는 텍스트를 입력하면 실제 촬영한 것처럼 보이는 영상을 생성하는 AI 모델로, 음식점 홍보에서 가장 중요한 '비주얼 컷'을 만드는 데 매우 강력한 도구입니다. 음식이 익는 장면, 김이 올라오는 순간, 치즈가 늘어나는 컷처럼 시각적 임팩트가 중요한 장면을 현실감 있게 만들어낼 수 있으며, 물리적인 움직임과 장면의 연결성이 자연스럽다는 점이 특징입니다.

또한 최근 모델에서는 음성이나 환경음까지 함께 생성할 수 있어, 단순 영상이 아니라 하나의 장면 자체를 완성된 콘텐츠처럼 제작할 수 있다는 점도 강점입니다.

- 초반 1~2초 '훅(Hook)' 장면 생성에 강력함
- 현실감 있는 음식 표현(비주얼 퀄리티)
- 촬영 없이 다양한 콘셉트 실험 가능
- 스토리형 숏폼 제작 가능

2. 캡컷(Capcut)

조회수가 나오는 형태로 완성하는 편집 AI

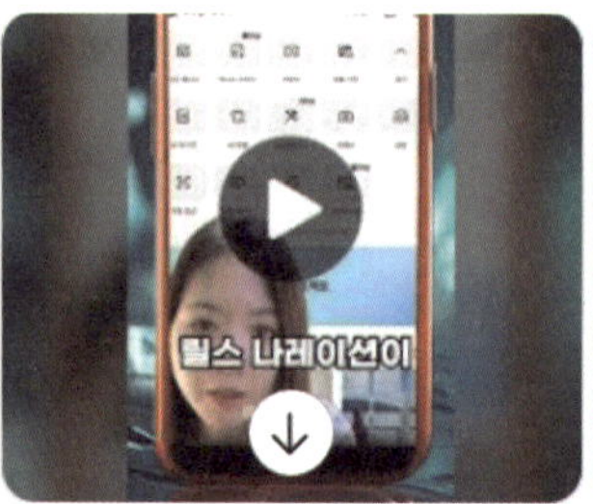

CapCut은 숏폼 콘텐츠 제작에 최적화된 AI 편집 도구로, 영상 생성보다는 편집과 완성 단계에서 압도적인 강점을 가지고 있습니다. 특히 음식점 홍보에서는 다음 기능들이 핵심입니다.

- 자동 자막 생성 → 메뉴/메시지 전달
- 템플릿 → 트렌드에 맞는 빠른 제작
- 하이라이트 자동 추출 → 핵심 장면만 사용
- 9:16 자동 변환 → 숏폼 플랫폼 최적화

또한 긴 영상을 숏폼으로 자동 변환하거나 핵심 장면을 추출하는 기능도 강력하여, 실제 마케팅 환경에서 매우 효율적인 도구로 평가됩니다. 무엇보다 중요한 점은 캡컷(Capcut)은 단순 편집기가 아니라 'SNS 알고리즘에 맞는 영상 구조를 만들어주는 도구'라는 점입니다.
→ **활용** 고퀄리티 광고, 브랜드 영상

2. 결과의 형태를 먼저 설계하라

결과의 형태를 먼저 설계한다는 것은 단순히 정보를 요청하는 수준을 넘어, 그 정보를 어떤 구조와 형식으로 활용할 것인지까지 미리 정의하는 과정입니다. 챗GPT는 정보를 수집하고 설명하는 기능에 그치지 않고, 사용자가 원하는 방식으로 내용을 재구성하고 정리하는 능력을 가지고 있기 때문에, 질문 단계에서 결과물의 형태를 함께 지정하는 것이 매우 중요합니다.

예를 들어 '정리해 줘.'와 같이 막연하게 요청할 경우, 일반적인 설명형 답변이 제공될 가능성이 높습니다. 그러나 '표 형태로 비교해 줘.'라고 요청하면 항목별로 정리된 비교 자료가 생성되고, '단계별로 설명해 줘.'라고 하면 실행 순서 중심의 구조화된 가이드가 제공됩니다. 또한 '마케팅 전략 관점에서 분석해 줘.'라고 요청하면 단순 정보가 아니라 실제 활용을 전제로 한 전략적 해석이 포함된 결과를 검색합니다.

요즘 유행하는 버터떡 재료를 알려줘.

1. SNS에서 가장 유행하는 '베이킹 버터떡' 재료
겉은 바삭하고 속은 쫀득한 '상하이식 버터떡' 스타일입니다.

기본 재료
찹쌀가루, 타피오카, 전분, 버터, 우유, 계란, 설탕, 소금, 바닐라 익스트랙(선택)
조합이 가장 표준적인 레시피입니다.

2. 초간단 '버터구이 떡' 스타일 재료

길거리 간식처럼 빠르게 만드는 방식입니다.

기본 재료

가래떡 또는 떡볶이 떡, 버터, 설탕 또는 꿀

 요즘 유행하는 버터떡 스타일을 나눠서 필요한 재료와 식감을 표 형태로 비교해 줘.

 요즘 유행하는 버터떡은 제작 방식에 따라 크게 두 가지로 구분되며, 재료 구성과 식감이 명확하게 다릅니다. 요청하신 형태에 맞춰 비교 표로 정리하면 다음과 같습니다.

구분	베이킹 버터떡(오븐형)	버터구이 떡(팬 조리형)
대표 유형	상하이식 버터떡, SNS 디저트형	길거리 간식형, 초간편 레시피
주요 재료	찹쌀가루, 타피오카 전분, 버터, 우유, 계란, 설탕, 소금	가래떡 또는 떡볶이 떡, 버터, 설탕 또는 꿀
추가 재료	바닐라 익스트랙, 치즈(응용 가능)	계피가루, 시럽(선택)
조리 방식	반죽 후 오븐에 굽기	팬에 버터로 직접 굽기
식감	겉은 바삭, 속은 쫀득하고 촉촉	겉은 노릇하고 쫀득, 속은 쫀쫀
풍미	버터 향이 깊고 디저트 느낌 강함	버터 풍미 + 단맛 강조, 간식 느낌
난이도	중간(계량, 반죽, 굽기 필요)	매우 쉬움(재료만 있으면 즉시 가능)
활용 목적	카페 디저트, SNS 콘텐츠용	간식, 야식, 숏폼 콘텐츠용

이처럼 결과의 형식을 명확히 지정하면 챗GPT는 단순 정보 제공을 넘어, 사용 목적에 맞는 형태로 내용을 재구성하게 됩니다. 이는 특히 기획서 작성, 보고서 구성, 콘텐츠 제작과 같은 실무 영역에서 매우 큰 차이를 만들어냅니다. 같은 정보라도 어떻게 정리되어 제공되느냐에 따라 바로 사용할 수 있는 결과물이 되기도 하고, 다시 재가공해야 하는 초안 수준에 머무르기도 하기 때문입니다. 챗GPT는 정보를 찾는 것뿐만 아니라, 그것을 어떤 형식으로 정리할지도 결정할 수 있습니다. 따라서 질문할 때 결과물의 구조를 함께 지정하는 것이 중요합니다.

3. 단계적 대화로 챗GPT 서치를 활용하라

챗GPT 서치를 효과적으로 활용하기 위해서는 한 번의 질문으로 완벽한 답을 얻으려 하기보다, 대화를 통해 점진적으로 탐색하는 방식으로 접근하는 것이 중요합니다. 처음부터 모든 조건을 포함한 질문을 만들기보다는, 전체 구조를 파악하는 1차 질문에서 출발해 점차 범위를 좁혀가는 방식이 더 높은 완성도의 결과를 만들어냅니다.

예를 들어 처음에는 'SNS에서 잘 팔리는 디저트 아이템을 알려달라'는 식으로 큰 범위의 질문을 던지고, 이후에는 '그중에서 20대 여성 타깃에 적합한 아이템만 정리해 달라'고 요청하여 특정 타깃에 맞게 범위를 좁힌 뒤, 마지막으로 '해당 디저트를 실제 판매용으로 기획할 수 있도록 메뉴 구성과 가격 전략까지 제안해 달라'고 이어가면 실무에 바로 적용 가능한 수준까지 구체화할 수 있습니다. 이처럼 단계적으로 질문을 발전시키는 과정이 챗GPT 서치 활용의 핵심 전략입니다.

SNS에서 잘 팔리는 디저트 아이템을 알려 줘.

SNS에서 잘 팔리는 디저트는 단순히 맛뿐 아니라 '비주얼', '짧은 영상에서의 전달력', '참여 유도 요소'가 결합된 형태가 핵심입니다. 현재 기준으로 많이 소비되는 아이템을 구조적으로 정리하면 다음과 같습니다.

1. 비주얼 임팩트형 디저트

- 크로플
- 뚱카롱
- 글레이즈 도넛
- 레인보우 케이크

2. 식감 강조형 디저트

- 두쫀쿠
- 버터떡
- 치즈케이크(바스크, 수플레 등)
- 티라미수 컵

3. 커스터마이징형 디저트

- DIY 쿠키
- 요거트 아이스크림
- 컵케이크 데코

1. '먹는 경험'을 영상으로 전달할 수 있기 때문입니다.

일반 디저트는 맛을 직접 전달하기 어렵지만, 식감형 디저트는 늘어나는 모습으로 쫀득함을, 흐르는 크림으로 부드러움을, 찢어지는 장면으로 탄성을 전달할 수 있기 때문에 '맛' 대신 '식감'을 통해 경험을 전달하는 구조를 갖습니다.

2. 숏폼 플랫폼에 최적화되어 있습니다.

식감형 디저트는 찢고 늘어나는 단순한 흐름만으로도 하나의 완결된 장면을 만들 수 있어, 10초 내외의 짧은 영상에서도 강한 인상을 남기며 숏폼 플랫폼에 최적화되어 있습니다. 여기에 쫀득하게 늘어나는 장면이나 부드럽게 퍼지는 장면은 시청자의 신체 감각을 자극하여 실제로 먹는 것과 유사한 경험을 상상하게 만들기 때문에, 단순히 보는 콘텐츠가 아니라 '느끼는 콘텐츠'로 작동합니다.

3. 누구나 따라 만들 수 있어 확산이 쉽습니다.

식감형 디저트는 재료 구성이 비교적 단순하고 조리 과정 또한 직관적이기 때문에 누구나 부담 없이 따라 만들 수 있으며, 이러한 낮은 진입장벽은 소비자를 단순한 시청자에 머무르게 하지 않고 직접 제작자로 참여하게 만듭니다. 그 결과 개인이 만든 영상과 후기 콘텐츠가 자연스럽게 SNS에 확산되며, 다양한 변형 레시피와 연출 방식이 추가로 생성됩니다.

그럼 인기있는 디저트의 식감은 구매자에게 어떤 경험을 전달할까?

1. 쫀득함 → '씹는 즐거움'과 만족감

쫀득한 식감은 단순한 질감이 아니라 씹는 과정 자체의 재미를 제공하며, 씹을수록 느껴지는 탄성과 입안에서 오래 지속되는 질감을 통해 먹는 시간이 길어지는 경험을 만들어냅니다. 따라서 구매자는 단순히 음식을 섭취하는 것을 넘어 즐기면서 먹는 경험을 기대하게 됩니다.

2. 부드러움 → '편안함'과 힐링 감각

부드러운 식감은 입안에서 자연스럽게 녹고 저항 없이 퍼지는 특징을 통해 심리적인 안정감을 주며, 부담 없이 먹을 수 있는 경험으로 이어집니다. 특히 이러한 부드러움은 피로한 상태에서 위로받는 디저트로 인식되도록 만듭니다.

3. 바삭함 → '즉각적인 자극'과 쾌감

바삭한 식감은 깨지는 소리와 함께 한 번에 전달되는 질감을 통해 즉각적인 자극과 쾌감을 만들어내며, 짧은 순간에도 강한 인상을 남기는 경험으로 작용합니다.

처음부터 모든 것을 한 번에 묻기보다, 핵심 개념을 나누어 질문하면 각 요소가 더 정교하게 정리됩니다. 그 결과 단순한 정보 나열이 아니라, 논리적으로 연결된 완성도 높은 결과물을 얻을 수 있습니다. 또한, 대화를 이어가면서 부족한 부분을 보완하고 불필요한 내용을 줄이며 특정 방향으로 점점 집중해 나갈 수 있기 때문에, 결과를 단순히 수동적으로 받아들이는 것이 아니라 원하는 방향으로 능동적으로 설계할 수 있습니다.

04 이미지 검색 도구로 분석 활용하기

이미지 검색을 단순히 참고 자료를 찾는 과정으로 사용하는 데에는 분명한 한계가 있습니다. 그러나 이미지 업로드를 시작으로 분석, 분류, 재구성, 생성까지 이어지는 과정을 거치게 되면, 이미지 검색은 전혀 다른 차원의 도구로 확장됩니다. 즉, 이미지를 단순히 보는 데 그치지 않고, 그 안에 담긴 요소들을 나누어 분석한 뒤 다시 조합하여 새로운 결과를 만들어내는 방식으로, 활용 중심의 기획 과정으로 발전하게 됩니다.

- **예제 파일**: source\의상콘셉트.png　　• **완성 파일**: source\상품_기획서.docx

검색을 결과물로 만들기

이미지를 활용한 검색은 단순히 참고 자료를 확인하는 데서 출발하지만 그 활용 방식에 따라 전혀 다른 결과를 만들어낼 수 있습니다. 예를 들어, 인물 이미지를 업로드한 뒤 그 안에 포함된 의상, 가방, 신발, 액세서리 등을 분류하는 과정은 하나의 이미지를 여러 개의 데이터로 전환하는 중요한 출발점이 됩니다. 이 단계에서는 감각적으로 보이던 스타일이 상품 단위로 나뉘며, 단순한 코디 이미지가 실제로 활용 가능한 정보로 바뀌게 됩니다.

이후 각 아이템을 상품명과 콘셉트 중심으로 재정의하면, 이미지 속 스타일은 더 이상 참고용에 머무르지 않고 쇼핑몰이나 콘텐츠에 바로 적용할 수 있는 '구성된 결과물'로 발전합니다. 즉, 하나의 이미지를 통해 제품 구조와 스타일 방향을 동시에 정리할 수 있는 기반이 마련되는 것입니다. 여기서 더 나아가 분류된 요소를 바탕으로 새로운 이미지를 생성하면, 기존 이미지에 의존하지 않고도 동일한 콘셉트의 다양한 비주얼을 확장할 수 있습니다. 예를 들어 아이템별로 정리된 플랫레이 이미지나 카테고리 구성 이미지를 만들면, 이는 곧 쇼핑몰 상세페이지나 SNS 콘텐츠, 광고 소재로 바로 활용 가능한 수준의 결과로 이어집니다.

이미지 분석과 상품 기획서 만들기

01 │ 이미지를 불러오기 위해 '파일 추가' 아이콘(+)을 클릭한 다음 [사진 및 파일 추가]를 선택합니다.

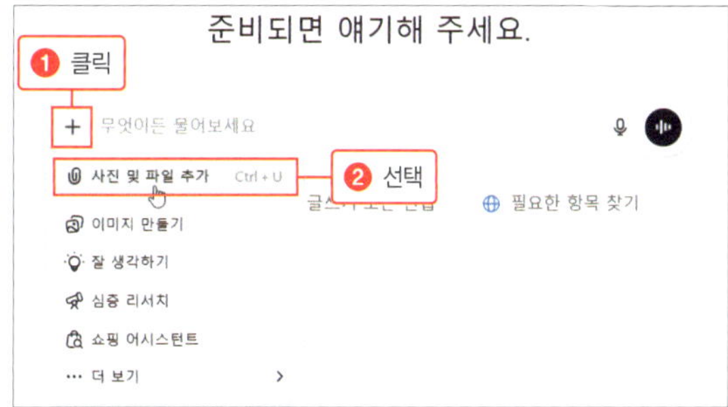

02 │ 열기 대화상자에서 source 폴더에 '의상콘셉트.png' 파일을 선택하고 [열기(O)] 버튼을 클릭합니다.

03 │ 인물의 의상과 소품을 분석하기 위한 프롬프트를 입력하고 '제출' 아이콘(⬆)을 클릭합니다.

프롬프트 인물이 입고 있는 의상과 가방, 액세서리를 분류해서 이미지를 생성해 줘.

 생성한 의상과 가방, 소품, 신발의 상품명과 착용 콘셉트를 표로 구성해 줘.

구분	상품명	콘셉트 설명
1. Tops (상의 + 모자)	• 크롭 데님 트러커 자켓 • 소프트 베이직 크롭 슬리브리스 • 파스텔 핑크 볼캡	캐주얼하면서도 트렌디한 스트릿 감성을 기반으로 한 조합입니다. 크롭 기장의 데님 자켓은 활동적인 이미지를 강조하고, 이너 슬리브리스는 가볍고 시원한 분위기를 더합니다. 여기에 핑크 컬러 볼캡을 더해 전체 스타일에 '키치한 포인트'를 부여하며, 10대 특유의 밝고 경쾌한 이미지를 완성합니다.
2. Denim Bottoms (하의)	• 하이웨이스트 데님 카고 쇼츠	기존 데님 쇼츠에 카고 디테일을 결합해 스트릿 무드를 강화한 아이템입니다. 하이웨이스트 구조는 다리 라인을 길어 보이게 하며, 활동성과 스타일을 동시에 만족시키는 '요즘형 Y2K 캐주얼' 콘셉트로 작동합니다.
3. Bag & Shoes (가방 + 신발)	• 퀼팅 핑크 체인 숄더백 • 화이트 핑크 포인트 스니커즈	가방은 부드러운 퀼팅 소재와 체인 스트랩을 통해 '러블리 + 고급스러움'을 동시에 표현합니다. 반면 스니커즈는 스포티한 무드를 유지하면서 핑크 포인트를 더해 전체 스타일과 자연스럽게 연결됩니다. 즉, 이 조합은 '스트릿과 걸리시 감성의 믹스'를 완성하는 핵심 요소입니다.
4. Accessories (액세서리)	• 실버 링 이어링 • 하트 팬던트 네크리스 • 핑크 비즈 브레이슬릿 • 체인 브레이슬릿	액세서리는 전체 스타일의 분위기를 디테일하게 조율하는 역할을 합니다. 실버 이어링과 체인 브레이슬릿은 세련된 느낌을 주고, 하트 팬던트와 핑크 비즈 팔찌는 귀엽고 감성적인 포인트를 더합니다. 이를 통해 단순 캐주얼을 넘어 'Z세대 감성 스타일링'이 완성됩니다.

05 | 의상과 가방, 소품, 신발의 상품명과 착용 콘셉트를 이용하여 상품 기획서를 요청하는 프롬프트를 입력하고 '제출' 아이콘(◉)을 클릭합니다.

 이 표 데이터를 이용하여 상품 기획서를 작성해 줘.

 다음은 실무에서 바로 활용 가능한 정형화된 상품 기획서 양식으로 재구성한 내용입니다.

상품 기획서

1. 기본 정보

- **상품명**: Y2K 스트릿 + 러블리 믹스 캐주얼 세트
- **기획 의도**: SNS 콘텐츠에 최적화된 트렌디 스타일을 기반으로, 데일리 착용과 콘텐츠 활용이 동시에 가능한 스타일 세트 기획
- **타깃 고객**: 10대 후반 ~ 20대 초반 여성

2. 시장 및 타깃 분석

- **시장 트렌드**: Y2K 패션 재유행, 스트릿 + 러블리 믹스 스타일 확산, SNS 중심 '보여지는 패션' 소비 증가
- **타깃 특성**: SNS 활동 활발, 개성 표현 및 사진 중심 소비, 합리적 가격 + 스타일 완성도 중시

3. 상품 구성

구분	상품명	주요 특징
1. Tops	크롭 데님 트러커 자켓	트렌디한 크롭 기장, 활동성 강조
	소프트 베이직 크롭 슬리브리스	가볍고 시원한 이너
	파스텔 핑크 볼캡	스타일 포인트 컬러
2. Bottoms	하이웨이스트 데님 카고 쇼츠	체형 보정 + 스트릿 무드
3. Bag	퀼팅 핑크 체인 숄더백	러블리 + 고급스러움
4. Shoes	화이트 핑크 포인트 스니커즈	스포티 + 컬러 매칭
5. Accessories	실버 링 이어링 외 3종	감성 + 세련된 레이어링

4. 스타일 콘셉트

- **콘셉트**: Y2K 기반 스트릿 + 러블리 믹스 캐주얼
- **키워드**: 크롭, 데님, 핑크 포인트, 레이어링
- **착용 이미지**: 활동적이면서 감성적인 Z세대 스타일

5. 상품 기획 포인트

- 스타일 세트 중심 구성으로 코디 고민 최소화
- SNS 촬영에 적합한 비주얼 설계
- 컬러 포인트를 활용한 콘텐츠 확산 유도
- 액세서리 추가 구매 유도 구조

이러한 과정을 반복해서 활용하면, 하나의 기준 이미지를 바탕으로 다양한 형태로 확장할 수 있습니다. 같은 스타일을 유지하면서도 계절에 맞게 색감이나 분위기를 바꾸거나 타깃 연령에 맞게 디자인을 조정할 수 있습니다. 또한 브랜드 콘셉트에 맞춰 더 고급스럽게 표현하거나, 보다 캐주얼하게 변형하는 것도 가능합니다. 이렇게 하나의 이미지를 기준으로 여러 방향의 결과를 만들어낼 수 있기 때문에 이미지 검색은 단순히 참고하는 수준을 넘어 기획과 제작으로 이어지는 중요한 과정이 됩니다.

이러한 방식의 핵심은 이미지를 단순히 찾는 것이 아니라 어떻게 활용하고 확장하느냐에 있습니다. 이미지를 검색한 뒤 그 특징을 분석하고 목적에 맞게 다시 구성한 후 새로운 결과로 만들어내는 과정을 거치면 하나의 이미지는 단순한 참고 자료를 넘어 기획의 출발점이 됩니다. 그리고 이후 다양한 콘텐츠로 이어질 수 있는 중요한 자산으로 활용됩니다.

이 방법은 특히 쇼핑몰 기획이나 브랜드 콘텐츠 제작, 마케팅 이미지 구성처럼 체계적인 접근이 필요한 작업에서 더욱 효과적입니다. 하나의 기준을 유지하면서도 여러 결과물을 만들 수 있기 때문에 작업이 훨씬 효율적이며, 전체적인 완성도도 함께 높일 수 있습니다.

05 한 단계씩 디테일하게, 테마별 여행 계획 세우기

챗GPT에게 질문할 때는 한 번에 여러 내용을 묶어서 질문하는 방식과 여러 단계로 나누어 질문하는 방식이 있습니다. 두 방법은 각각의 특징이 있으며 질문의 목적에 따라 적절하게 선택하는 것이 중요합니다.

한 번에 묻는 질문과 단계적 질문의 차이

한 번에 묶어서 질문하는 방식은 필요한 조건과 요청 사항을 하나의 질문 안에 모두 포함하는 방법입니다. 이 방식의 가장 큰 장점은 전체적인 결과를 빠르게 얻을 수 있다는 점입니다. 질문에 포함된 정보와 요구 사항을 바탕으로 챗GPT가 한 번에 정리된 답변을 생성하기 때문에 전체 구조나 개요를 파악해야 할 때 효율적입니다. 특히 여행 일정, 콘텐츠 기획, 아이디어 정리처럼 여러 요소가 동시에 필요한 경우에는 한 번의 질문으로 전체 그림을 확인할 수 있어 시간 효율이 높습니다.

반면 질문을 여러 단계로 나누어 진행하는 방식은 결과의 정확도와 완성도를 높이는 데 유리합니다. 처음에는 비교적 큰 범위의 질문으로 시작한 뒤, 이후 질문을 통해 내용을 구체화하거나 보완하는 방식입니다. 이렇게 단계적으로 질문을 이어 가면 이전 답변을 바탕으로 세부 정보를 추가하거나 방향을 수정할 수 있으며, 필요한 부분을 더 깊이 있게 탐색할 수 있습니다. 이 과정에서 정보의 부족한 부분을 보완하거나 표현 방식을 조정할 수 있기 때문에 보다 정교하고 실무에 활용하기 좋은 결과를 얻을 수 있습니다.

또한 단계별 질문 방식은 사용자가 원하는 결과에 점진적으로 접근할 수 있다는 장점도 있습니다. 처음부터 완벽한 질문을 만들기 어려운 경우라도 대화를 이어 가면서 질문을 발전시킬 수 있기 때문에 결과를 점차 개선할 수 있습니다. 이러한 과정은 챗GPT를 단순한 답변 도구가 아니라 협업 도구처럼 활용하는 방식이라고 볼 수 있습니다.

대전을 하루 일정으로 '빵지 순례'하려면 이동 동선을 고려해 대전역 → 은행동 → 대전컨벤션센터(DCC) 순서로 이동하는 것이 가장 효율적입니다. 성심당 주요 매장이 비교적 가까운 거리에 있기 때문에 이 순서로 이동하면 짧은 시간 안에 대표 매장을 대부분 방문할 수 있습니다.

먼저 여행의 출발점은 대전역입니다. 기차를 이용한다면 대전역에서 바로 빵지 순례를 시작하는 것이 가장 편합니다. 역 안에는 성심당 대전역점이 있으며, 여행객들이 가장 먼저 들르는 매장입니다. 이곳에서는 튀김소보로, 부추빵 같은 대표 메뉴를 간단히 구매해 아침 간식처럼 즐기기에 좋습니다.

다음 목적지는 성심당의 중심 매장인 성심당 본점입니다. 대전역에서 도보로 약 15분 정도 거리이며, 대전 중구 은행동에 위치해 있습니다. 이곳은 성심당의 상징적인 매장으로 다양한 종류의 빵이 가장 많이 준비되어 있습니다. 튀김소보로와 판타롱부추빵 같은 인기 메뉴도 많기 때문에 빵지 순례의 핵심 방문지라고 할 수 있습니다.

본점 바로 근처에는 케이크와 디저트를 중심으로 운영되는 성심당 케익부띠끄가 있습니다. 본점에서 도보로 1~2분 거리이기 때문에 함께 방문하는 것이 좋습니다. 이곳에서는 다양한 케이크와 디저트, 고급 제과 제품을 판매하며 선물용 제품을 구매하기에도 좋은 장소입니다.

은행동 일대를 둘러본 뒤에는 성심당 DCC점으로 이동하는 것을 추천드립니다. 이 매장은 대전컨벤션센터 근처에 있으며 규모가 넓고 카페형 공간이 있어 구입한 빵을 여유롭게 즐기기 좋습니다. 특히 성심당의 다양한 디저트 메뉴와 음료를 함께 경험할 수 있어 여행의 마무리 장소로 적합합니다.

정리하면 하루 빵지 순례 동선은 다음과 같이 구성할 수 있습니다.

'대전역 → 성심당 대전역점 → 성심당 본점 → 성심당 케익부띠끄 → 성심당 DCC점'

이동 효율과 대기 시간을 고려해 빵지 순례 동선을 구성하면 다음과 같이 계획할 수 있습니다. 성심당 주요 매장이 비교적 가까운 거리에 있기 때문에 도보와 택시를 적절히 이용하면 하루 일정으로 충분히 둘러볼 수 있습니다.

시간	이동 수단	장소	활동
11:00	도보	성심당 대전역점	대전 도착 후 첫 방문. 튀김소보로, 부추빵 등 대표 메뉴 구매
11:20	도보 약 15분	성심당 본점	성심당의 대표 매장 방문. 다양한 빵과 한정 메뉴 구경 및 구매
12:00	도보 1~2분	성심당 케익부띠끄	케이크와 디저트 전문 매장 방문. 선물용 디저트 구매
12:30	도보 이동	은행동 성심당 문화거리	은행동 거리 산책 및 카페 휴식
13:30	택시 약 15분	성심당 DCC점	넓은 매장에서 디저트와 음료를 즐기며 휴식
14:30	도보	대전컨벤션센터 주변	주변 산책 및 사진 촬영
15:30	택시 또는 버스 20분	대전역	기념품 정리 후 귀가 준비

질문을 설계하는 단계적인 접근법

효과적인 질문 방법은 두 방식을 상황에 맞게 함께 활용하는 것입니다. 먼저 한 번의 질문으로 전체적인 방향과 구조를 확인하는 것이 중요합니다. 이 단계에서는 결과의 큰 틀과 흐름을 빠르게 파악하고, 어떤 방향으로 작업을 진행할지 기준을 세우는 역할을 합니다. 이후에는 세부 질문을 통해 내용을 보완하고 정교화하는 과정이 필요합니다. 초안에서 부족한 부분을 구체적으로 요청하거나, 표현을 다듬고, 대상에 맞게 톤을 조정하는 방식으로 점진적으로 완성도를 높여 나갈 수 있습니다. 예를 들어 문장이 길다면 간결하게 수정하도록 요청하거나, 특정 타깃에 맞춰 다시 작성하도록 지시하는 식으로 결과를 발전시킬 수 있습니다.

이러한 방식은 단순히 결과를 한 번에 얻는 것이 아니라, '설계하고 다듬는 과정'을 포함한 작업 방식입니다. 처음 질문은 방향 설정을 위한 단계이고, 이후의 질문은 완성도를 높이기 위한 단계로 구분할 수 있습니다. 이 두 단계를 명확하게 나누어 활용하면 작업의 흐름이 훨씬 안정적으로 유지됩니다.

06 주제별로 대화의 흐름 이어나가기

새 채팅 기능은 하나의 대화 주제나 작업을 다른 대화와 구분해 관리하기 위해 새로운 대화 창을 만드는 방식입니다. 작업의 목적이나 주제가 바뀔 때마다 새 채팅을 사용하면 각 대화를 독립적인 작업 공간처럼 관리할 수 있고, 필요한 정보와 결과를 보다 명확하게 정리할 수 있습니다.

주제가 바뀌면 새 채팅을 시작하라

챗GPT는 하나의 대화 안에서 이전 질문과 답변의 흐름을 참고하여 다음 문장을 생성하는 방식으로 작동합니다. 따라서 같은 채팅창에서 대화를 이어가면 이전에 언급된 정보와 맥락을 기반으로 보다 자연스럽고 일관성 있는 답변을 받을 수 있습니다. 예를 들어 앞선 대화에서 특정 주제나 조건을 설명했다면, 이후 질문에서는 그 내용을 다시 자세히 설명하지 않아도 챗GPT가 이전 대화를 참고하여 맥락을 이해하고 답변을 이어갑니다. 이러한 구조는 긴 작업을 진행할 때 특히 유용합니다. 콘텐츠 기획, 글쓰기, 데이터 분석처럼 여러 단계의 질문이 이어지는 작업에서는 대화의 흐름이 유지될수록 답변의 정확도와 효율성이 높아집니다.

반대로 서로 다른 주제를 한 채팅 안에서 계속 섞어 질문하면 대화의 맥락이 복잡해질 수 있습니다. 예를 들어 마케팅 전략을 묻다가 갑자기 요리 레시피를 질문하고 다시 디자인 질문으로 돌아오면 챗GPT가 어떤 흐름을 중심으로 답변해야 하는지 판단하기 어려워질 수 있습니다. 이때는 '새 채팅' 기능을 활용하는 것이 좋습니다. 새로운 채팅을 시작하면 이전 대화의 맥락에서 벗어나 독립된 주제로 질문을 진행할 수 있습니다.

챗GPT 채팅을 주제별로 정리하는 방법

효율적인 사용 방법은 주제별로 채팅을 구분하는 것입니다. 예를 들어 하나의 채팅에서는 콘텐츠 기획이나 글쓰기 작업을 진행하고, 다른 채팅에서는 이미지 생성이나 디자인 관련 질문을 이어가는 방식입니다. 이렇게 주제를 나누어 두면 필요할 때 해당 채팅을 다시 선택해 이전 질문과 답변을 확인하면서 작업을 계속 이어갈 수 있습니다. 특히 장기간 진행되는 프로젝트나 반복적으로 사용하는 작업 주제가 있다면 채팅을 주제별로 정리해 두는 것이 작업 관리에도 도움이 됩니다.

챗GPT를 효율적으로 활용하기 위해서는 대화의 흐름을 관리하는 것이 중요합니다. 같은 주제는 하나의 채팅에서 계속 이어가고, 전혀 다른 주제는 새 채팅을 통해 분리하는 방식으로 질문을 정리하면 챗GPT의 맥락 이해 능력을 최대한 활용할 수 있습니다. 이러한 방식은 대화를 더 자연스럽게 만들 뿐만 아니라 정보의 축적과 재사용 측면에서도 매우 효과적인 활용 방법입니다.

01 | 웹브라우저에 'chatgpt.com'를 입력하여 챗GPT 사이트에 접속하고 프롬프트 입력 창에 한국 인재를 찾는 이유를 묻는 프롬프트를 입력하고 '제출' 아이콘(⬆)을 클릭합니다.

일론 머스크가 한국 인재를 찾는 이유를 알려 줘.

1. 세계 최고 수준의 반도체 · 전자 산업 인력
머스크의 주요 사업은 전기차, 인공지능, 로봇, 우주 산업입니다. 이 분야의 핵심은 결국 반도체와 하드웨어 기술입니다.

한국은 Samsung Electronics, SK Hynix 같은 글로벌 반도체 기업을 중심으로 메모리, 칩 설계, 공정 기술 인력이 매우 풍부합니다. 특히 AI 시대에는 HBM(고대역폭 메모리) 같은 고성능 메모리 기술이 핵심인데, 이 분야에서 한국 기업과 인력은 세계 최상위 수준입니다.

2. 제조 공정과 엔지니어링 실행력이 뛰어남

한국 엔지니어들은 이론뿐 아니라 제품을 실제로 구현하는 능력이 강한 것으로 평가됩니다.

예를 들어 전기차 생산 공정, 로봇 하드웨어 설계, 배터리 기술, 대량 생산 시스템 이런 분야는 실험실 기술보다 공장 기반 엔지니어링 능력이 중요한데, 한국은 자동차와 전자 산업에서 수십 년간 축적된 제조 노하우가 있습니다.

3. AI와 소프트웨어 인재 증가

최근 한국에서는 AI 연구자, 머신러닝 엔지니어, 데이터 과학자 인력이 빠르게 늘고 있습니다.

특히 수학·공학 기반 교육, 높은 코딩 역량, 게임 산업과 IT 산업 경험 덕분에 AI 모델 개발이나 로봇 제어 알고리즘 분야에서도 경쟁력 있는 인재가 많습니다.

02 │ [새 채팅]을 클릭한 다음 전혀 다른 주제인 성심당이 인기 있는 이유를 묻는 프롬프트를 입력한 다음 '제출' 아이콘(⬆)을 클릭합니다.

 대전 성심당이 인기가 있는 이유를 알려 줘.

1. 독보적인 시그니처 메뉴
성심당은 특정 빵이 전국적으로 유명합니다. 대표적인 것이 튀김소보로(튀소)와 부추빵입니다. 특히 튀김소보로는 바삭한 소보로 겉면과 달콤한 팥앙금이 결합된 독특한 빵으로, 전국에서 대전까지 찾아가서 사 먹는 대표 메뉴가 되었습니다.

2. 대전에만 있는 '희소성 전략'
성심당은 프랜차이즈 확장을 거의 하지 않고 매장을 대전 지역에만 운영하는 전략을 유지하고 있습니다. 이 전략 때문에 다음과 같은 효과가 발생합니다. '대전에 가야만 먹을 수 있는 빵'이라는 관광의 대표 코스가 되었으며, 빵을 사기 위해 일부러 방문하는 '빵지순례 문화'가 형성되었습니다.

3. 가격 대비 품질(가성비)
성심당은 대형 프랜차이즈 베이커리보다 가격이 비교적 저렴하면서 품질은 높다는 평가를 받습니다.

예를 들어 대표 빵 가격이 2,000원 내외, 재료는 비교적 풍부하게 사용하기 때문에 '가격 대비 만족도가 높은 빵집'이라는 인식이 형성되었습니다.

03 내 채팅 항목에서 [일론머스크 한국 인재 이유]를 클릭하면 화면에 이전 질문인 한국 인재를 찾는 이유에 대한 화면이 표시됩니다. 연속해서 같은 주제의 질문을 입력하고 '제출' 아이콘(⬆)을 클릭합니다.

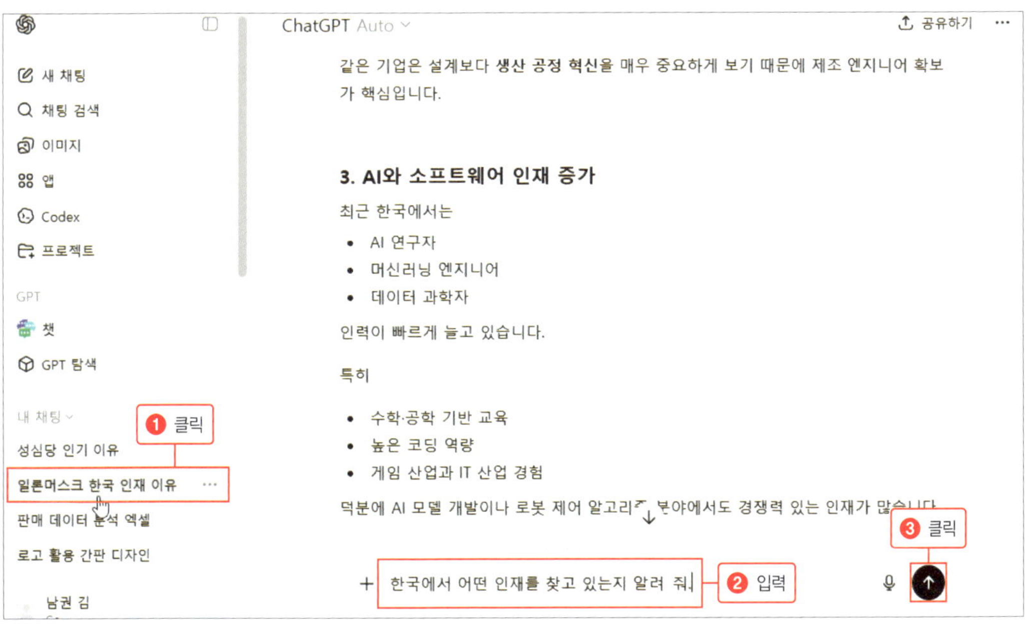

프롬프트 한국에서 어떤 인재를 찾고 있는지 알려 줘.

그림과 같이 자세히 설명하지 않아도 챗GPT가 이전 대화를 참고하여 맥락을 이해하고 답변을 이어가는 것을 확인할 수 있습니다.

이렇게 구분된 대화는 각각의 작업 히스토리를 축적하는 역할을 하므로, 이전 결과를 참고하거나 수정·보완할 때 효율성이 크게 높아집니다. 작업의 단계별 흐름이 자연스럽게 이어지기 때문에 중간에 방향이 바뀌더라도 맥락을 유지한 상태에서 발전시킬 수 있으며, 이는 결과의 완성도를 높이는 데 중요한 요소로 작용합니다. [새 채팅] 기능을 적절히 활용하면 정보 정리는 물론 작업의 연속성과 관리 효율까지 함께 개선할 수 있으며, 챗GPT를 단순한 응답 도구가 아니라 체계적인 콘텐츠 제작 및 기획 도구로 활용할 수 있습니다.

07 업로드 기능으로 문서 번역하기

챗GPT를 활용하면 다양한 언어의 문장을 빠르고 자연스럽게 번역할 수 있습니다. 단순한 언어 변환을 넘어 번역의 목적과 스타일을 함께 설정하면 보다 정확하고 실무에 바로 활용 가능한 결과를 얻을 수 있습니다. 또한 파일 업로드 기능을 활용하면 긴 문서도 효율적으로 번역할 수 있어, 번역 작업의 속도와 완성도를 동시에 높일 수 있습니다.

• **예제 파일**: source\K-POP.pdf

AI를 활용한 번역을 잘하려면?

챗GPT를 활용하면 다양한 언어의 문장을 쉽고 빠르게 번역할 수 있습니다. 번역을 요청할 때는 번역할 문장을 입력하고 어떤 언어로 바꿀 것인지 명확하게 지정하면 됩니다. 예를 들어 한국어 문장을 영어로 바꾸고 싶다면 번역할 문장과 함께 '영어로 번역해 달라'고 요청하면 챗GPT가 해당 언어로 자연스럽게 문장을 변환해 줍니다. 반대로 영어 문장을 한국어로 바꾸는 것도 같은 방식으로 요청할 수 있습니다.

번역을 요청할 때는 단순히 언어를 바꾸는 것뿐 아니라 문장의 스타일이나 목적을 함께 지정할 수도 있습니다. 예를 들어 비즈니스 문서에 사용할 문장이라면 공식적인 표현으로 번역해 달라고 요청할 수 있고, 광고 문구라면 자연스럽고 감각적인 표현으로 번역해 달라고 요청할 수도 있습니다. 이렇게 번역의 목적과 상황을 함께 제시하면 보다 적절한 표현을 얻을 수 있습니다.

또한 긴 문장을 번역할 때는 문단 단위로 입력하면 의미가 더 자연스럽게 유지되는 경우가 많습니다. 문맥을 고려한 번역이 가능하기 때문에 단어만 단순히 바꾸는 번역보다 훨씬 자연스러운 결과를 얻을 수 있습니다. 필요하다면 번역된 문장을 다시 다듬어 달라고 요청하거나, 더 자연스러운 표현으로 수정해 달라고 요청하는 것도 가능합니다.

파일 업로드로 문서를 번역하는 방법

번역할 문서가 이미 파일 형태로 준비되어 있다면 챗GPT의 파일 업로드 기능을 활용해 보다 편리하게 번역할 수 있습니다. 번역할 문서를 준비한 뒤 챗GPT 대화창에 있는 파일 업로드 기능을 사용해 문서를 첨부합니다. 일반적으로 PDF, 워드 문서, 텍스트 파일 등 다양한 문서 형식을 업로드할 수 있습니다. 파일을 업로드하면 챗GPT가 문서 내용을 읽을 수 있는 상태가 됩니다.

다음 단계에서는 번역 방향을 명확하게 지정해 요청합니다. 예를 들어 '업로드한 문서를 한국어로 번역해 주세요.' 또는 '문서를 영어로 번역해 주세요.'와 같이 번역할 언어를 함께 제시하면 됩니다. 필요하다면 '합쇼체로 번역해 주세요.', '자연스러운 한국어 문장으로 번역해 주세요.', '비즈니스 문서 스타일로 번역해 주세요.'처럼 번역 스타일을 함께 요청할 수도 있습니다. 이렇게 조건을 함께 제시하면 문서의 성격에 맞는 번역 결과를 얻을 수 있습니다.

또한 문서의 분량이 매우 길다면 전체를 한 번에 번역하기보다 부분별로 나누어 번역을 요청하는 방법도 효과적입니다. 예를 들어 '1장만 번역해 주세요.', '요약과 함께 번역해 주세요.'처럼 요청하면 내용을 확인하면서 번역 결과를 단계적으로 검토할 수 있습니다. 이 방법은 번역의 정확도를 높이고 수정 작업을 진행하기에도 편리합니다.

이처럼 챗GPT의 파일 업로드 기능을 활용하면 긴 문서를 손쉽게 불러와 번역할 수 있으며, 번역 스타일이나 문장 표현까지 함께 조정할 수 있습니다. 따라서 문서 번역 작업을 빠르게 진행하거나 초안을 만드는 데 매우 유용한 방법입니다.

알아두기 **파일 업로드 제한**

챗GPT는 요금제에 따라 파일 업로드를 제한하고 있습니다. 무료 계정의 경우, 하루 약 3개 정도로 제한합니다. 유료(Plus 등) 계정의 경우, 약 3시간에 수십 개 수준까지 가능하며 처리 속도, 안정성도 더 좋습니다. 이용에 참고해 주세요.

PDF 문서를 챗GPT에 첨부하여 번역하기

01 | 챗GPT 홈 화면에서 영문 문서를 불러오기 위해 '파일 추가' 아이콘 (+)을 클릭한 다음 [사진 및 파일 추가]를 선택합니다.

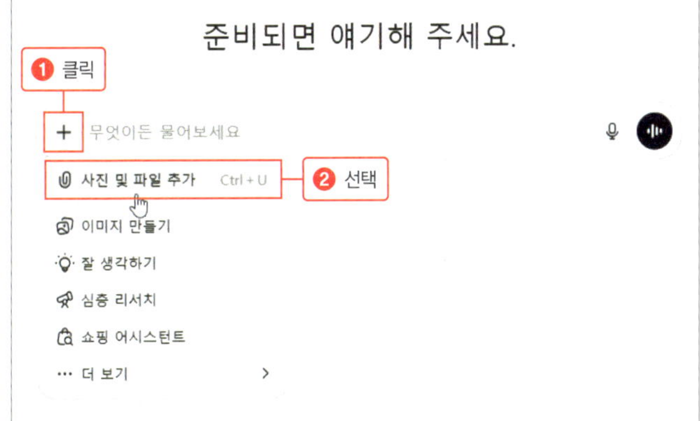

02 | 열기 대화상자에서 source 폴더에 'K-POP.pdf' 파일을 선택하고 [열기(O)] 버튼을 클릭합니다.

03 | 그림과 같이 프롬프트 입력 창에 영문 문서가 포함되었습니다. 영문 문서를 확인하기 위해 프롬프트 입력 창에 표시된 문서 아이콘을 클릭합니다.

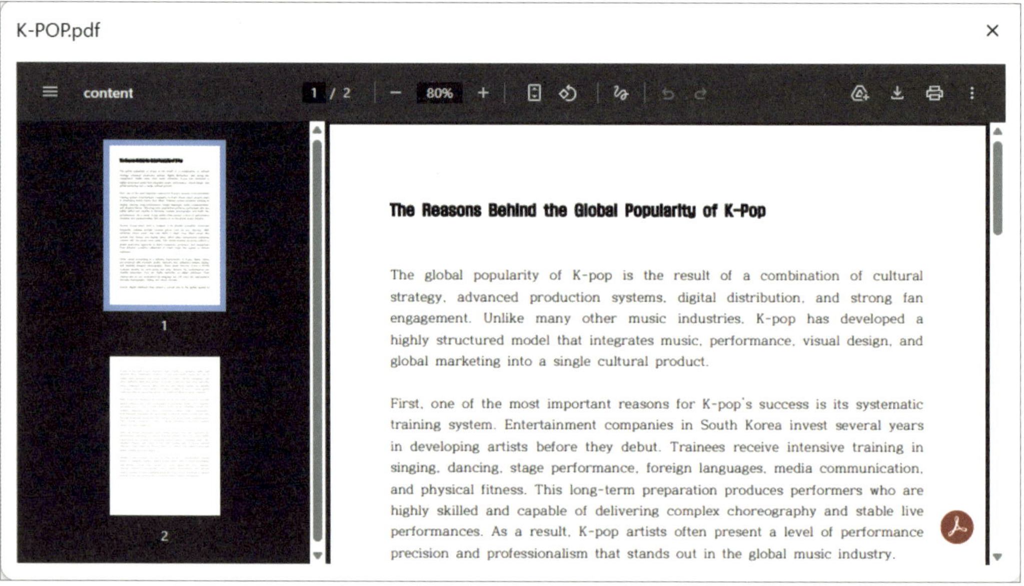

The Reasons Behind the Global Popularity of K-Pop

The global popularity of K-pop is the result of a combination of cultural strategies, advanced production systems, digital distribution, and strong fan engagement. Unlike many other music industries, K-pop has developed a highly structured model that integrates music, performance, visual design, and global marketing into a single cultural product.

First, one of the most important reasons for K-pop's success is its systematic training system. Entertainment companies in South Korea invest several years in developing artists before their debut. Trainees receive intensive training in singing, dancing, stage performance, foreign languages, media communication, and physical fitness.

(중략)

Finally, K-pop functions not only as music but as a comprehensive cultural brand. It integrates fashion, beauty trends, dance culture, visual storytelling, and lifestyle content. Fans around the world engage with these elements through concerts, merchandise, social media communities, and cultural events. Because of this multidimensional structure, K-pop continues to expand beyond music and develop into a powerful global cultural phenomenon.

추가한 영문 문서를 한국 문화를 알리는 홍보물 스타일로 한국어로 번역해 줘.

K-팝은 이제 단순한 음악 장르를 넘어 세계적인 문화 현상으로 자리잡았습니다. 이러한 글로벌 인기는 우연히 만들어진 것이 아니라 체계적인 문화 전략, 첨단 제작 시스템, 디지털 플랫폼, 그리고 열정적인 팬 문화가 결합된 결과입니다. 한국의 음악 산업은 음악과 퍼포먼스, 비주얼 디자인, 글로벌 마케팅을 하나의 문화 콘텐츠로 통합하는 독특한 구조를 통해 세계 시장에서 새로운 기준을 만들어 왔습니다.

먼저 K-팝 성공의 가장 중요한 요인 중 하나는 체계적인 아티스트 트레이닝 시스템입니다. 한국의 엔터테인먼트 기업들은 가수를 데뷔시키기 전 수년 동안 체계적인 교육과 훈련을 진행합니다. 연습생들은 노래와 춤은 물론 무대 퍼포먼스, 외국어, 미디어 소통 능력, 체력 관리까지 다양한 분야를 집중적으로 훈련합니다.

(중략)

오늘날 K-팝은 단순한 음악을 넘어 하나의 종합 문화 브랜드로 성장했습니다. 음악뿐만 아니라 패션, 뷰티 트렌드, 춤 문화, 영상 콘텐츠, 라이프스타일까지 다양한 요소가 함께 어우러져 새로운 문화 경험을 제공합니다. 전 세계 팬들은 콘서트, 굿즈, 온라인 커뮤니티, 다양한 문화 이벤트를 통해 이 문화를 함께 즐기고 있습니다. 이러한 다층적인 구조 덕분에 K-팝은 계속해서 음악의 영역을 넘어 확장되며 세계적인 문화 현상으로 자리잡고 있습니다.

08 판매 엑셀 데이터 생성과 마케팅 도움 받기

매장을 운영하다 보면 판매 데이터는 자연스럽게 계속 누적되지만, 이를 체계적으로 정리하고 의미 있는 정보로 분석하는 과정은 생각보다 쉽지 않습니다. 특히 엑셀과 같은 도구에 익숙하지 않은 경우에는 단순한 정리 작업조차 부담으로 느껴질 수 있으며, 어떤 기준으로 데이터를 분류하고 해석해야 할지 막막한 상황이 발생하기도 합니다.

- **예제 파일**: source\베이커리매출.xlsx
- **완성 파일**: source\3월_빵집_판매데이터_판매순위.xlsx

엑셀 없이 데이터 분석하기

챗GPT를 활용하면 복잡한 함수나 표 작성 과정을 직접 수행하지 않더라도, 판매 데이터를 기반으로 정리와 분석을 동시에 진행할 수 있습니다. 예를 들어 매출 데이터를 입력하면 기간별 매출 추이, 인기 상품, 고객 구매 패턴 등을 자동으로 정리해 주고, 이를 바탕으로 어떤 제품을 강화해야 하는지, 어떤 시기에 프로모션을 진행하는 것이 효과적인지까지 방향성을 제시받을 수 있습니다.

또한 단순한 수치 정리를 넘어, 마케팅 전략이나 재고 관리에 활용할 수 있기 때문에 데이터 활용의 수준이 한 단계 높아집니다. 결과적으로 챗GPT는 데이터를 정리하는 도구를 넘어 의사결정을 돕는 분석 파트너로 기능하며, 이를 통해 매장 운영의 효율성과 전략적 판단의 정확도를 함께 향상시킬 수 있습니다.

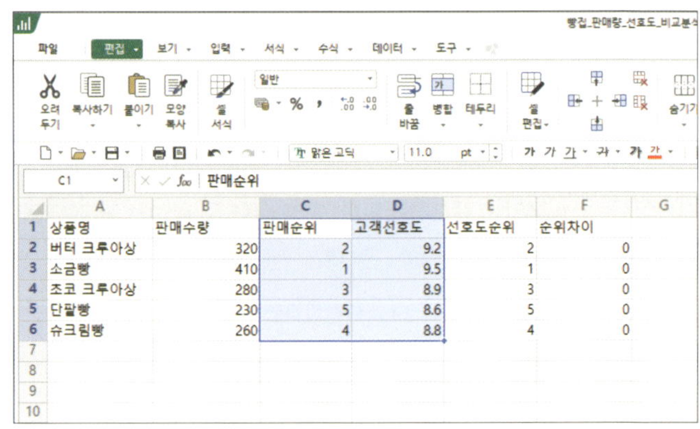

	A	B	C	D	E	F	G
1	상품명	판매수량	판매순위	고객선호도	선호도순위	순위차이	
2	버터 크루아상	320	2	9.2	2	0	
3	소금빵	410	1	9.5	1	0	
4	조코 크루아상	280	3	8.9	3	0	
5	단팥빵	230	5	8.6	5	0	
6	슈크림빵	260	4	8.8	4	0	
7							
8							
9							
10							

챗GPT로 매장 판매 데이터를 분석하고 활용하기

01 | 챗GPT 사이트에 접속합니다. 프롬프트 입력 창에 매장에서 판매되는 상품의 이름과 판매 수량, 판매 금액, 현재 재고, 고객 선호도와 같은 기본 데이터를 간단하게 정리하여 입력합니다. '제출' 아이콘(↑)을 클릭합니다.

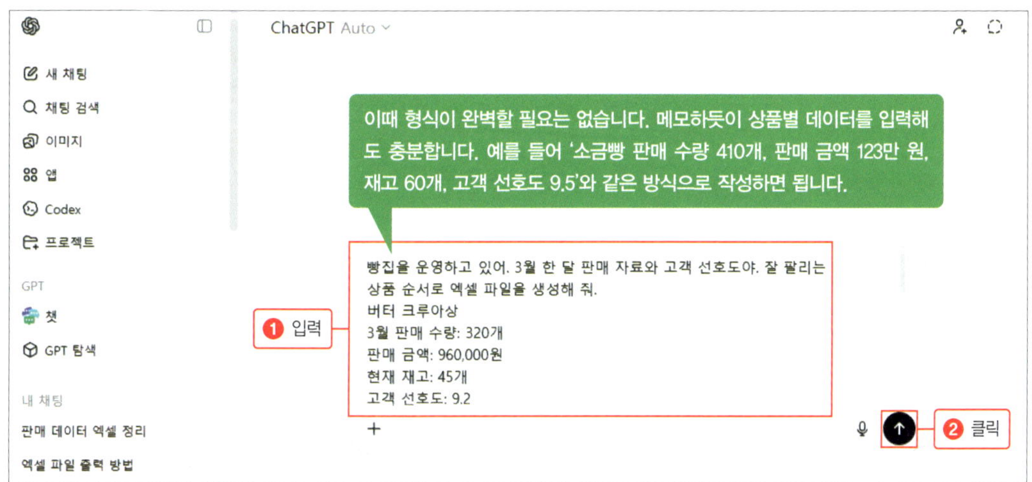

프롬프트 빵집을 운영하고 있어. 3월 한 달 판매 자료와 고객 선호도야. 잘 팔리는 상품 순서로 엑셀 파일을 생성해 줘.

버터 크루아상

3월 판매 수량: 320개

판매 금액: 960,000원

현재 재고: 45개

고객 선호도: 9.2

소금빵

3월 판매 수량: 410개

판매 금액: 1,230,000원

현재 재고: 60개

고객 선호도: 9.5

초코 크루아상

3월 판매 수량: 280개

판매 금액: 924,000원

현재 재고: 38개

고객 선호도: 8.9

단팥빵

3월 판매 수량: 230개

판매 금액: 690,000원

현재 재고: 30개

고객 선호도: 8.6

슈크림빵

3월 판매 수량: 260개

판매 금액: 780,000원

현재 재고: 40개

고객 선호도: 8.8

02 그림과 같이 엑셀 파일이 생성되면 '다운로드' 아이콘(⊕)을 클릭하여 엑셀 파일을 내 PC에 저장합니다.

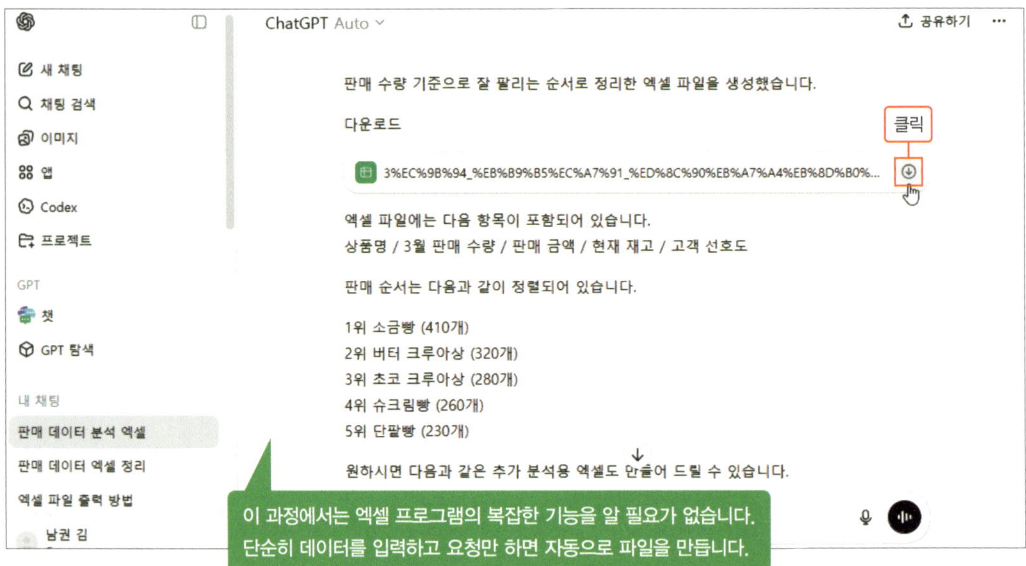

03 저장된 파일을 확인해 보면 입력한 정보대로 한눈에 보기 좋게 정리합니다. 어떤 상품이 가장 많이 팔렸는지, 어떤 상품의 판매량이 낮은지 쉽게 파악할 수 있어 보다 정확한 판단을 할 수 있습니다.

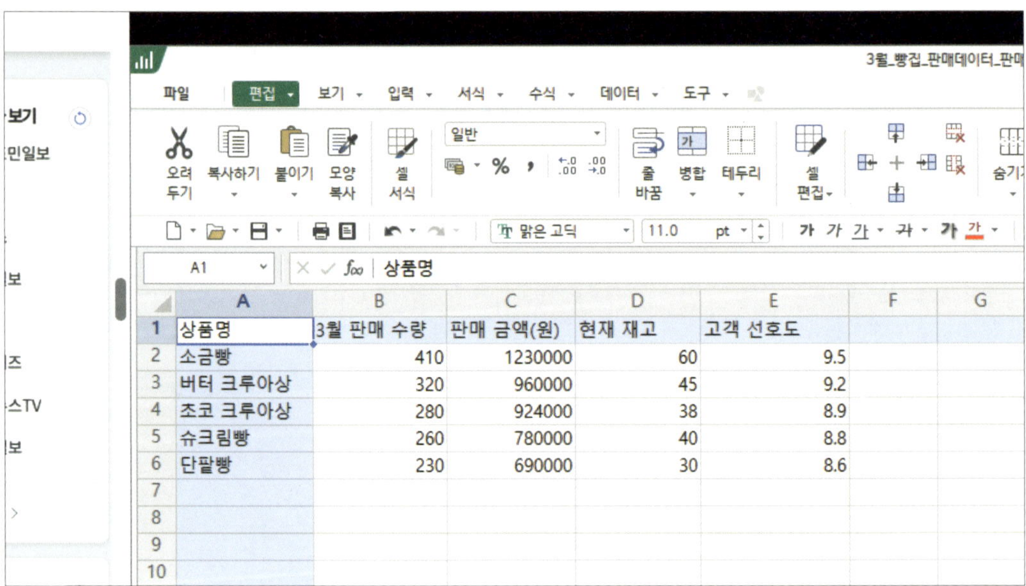

	A	B	C	D	E	F	G
1	상품명	3월 판매 수량	판매 금액(원)	현재 재고	고객 선호도		
2	소금빵	410	1230000	60	9.5		
3	버터 크루아상	320	960000	45	9.2		
4	초코 크루아상	280	924000	38	8.9		
5	슈크림빵	260	780000	40	8.8		
6	단팥빵	230	690000	30	8.6		
7							
8							
9							
10							

04 이번에는 판매량과 고객 선호도를 함께 비교하는 분석표를 생성하기 위해 다음과 같이 프롬프트를 입력하고 '제출' 아이콘(⬆)을 클릭합니다.

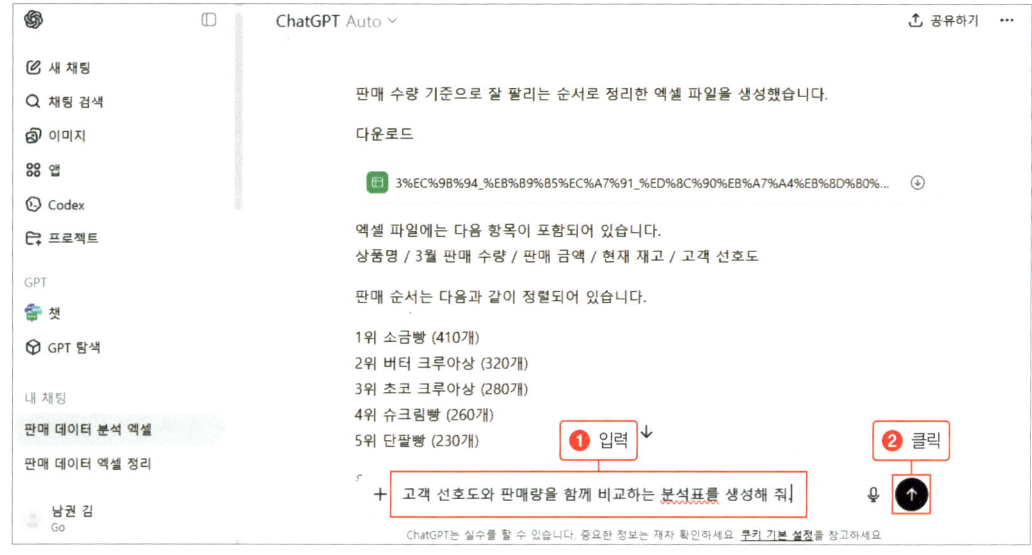

프롬프트 고객 선호도와 판매량을 함께 비교하는 분석표를 생성해 줘.

05 판매 순위와 선호도 순위를 동시에 볼 수 있는 표가 만들어집니다. 엑셀 파일이 생성되면 '다운로드' 아이콘(⬇)을 클릭하여 엑셀 파일을 내 PC에 저장합니다.

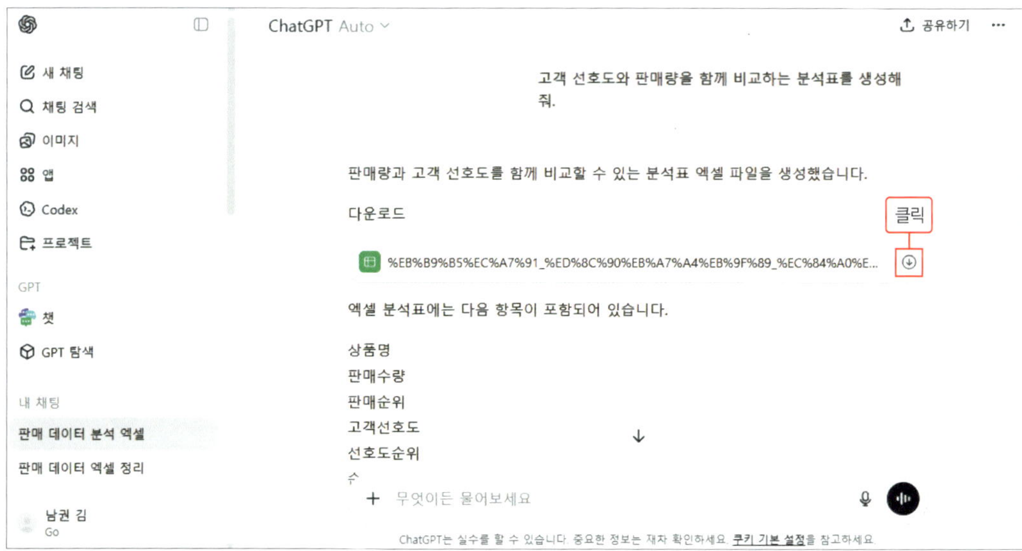

06 | 다운로드한 파일을 확인해 보면 선호도가 한눈에 확인되어 '많이 팔리면서도 만족도가 높은 메뉴', '좋아하지만 아직 많이 팔리지 않은 메뉴' 등을 구분할 수 있습니다.

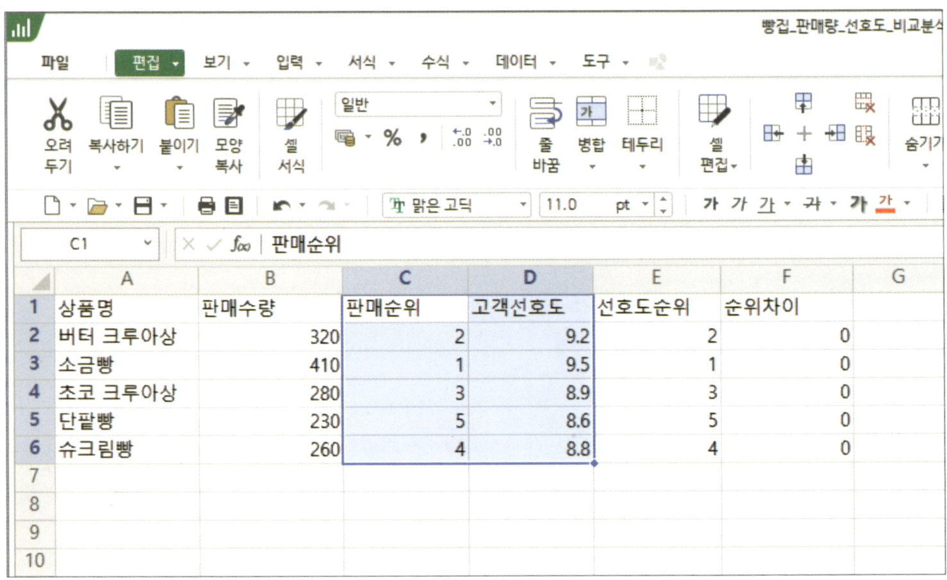

07 | 생성된 데이터를 바탕으로 마케팅 전략을 도출합니다. 효과적인 홍보 방식과 판매 전략을 제안받기 위해 다음과 같이 프롬프트를 입력하고 '제출' 아이콘(⬆)을 클릭합니다.

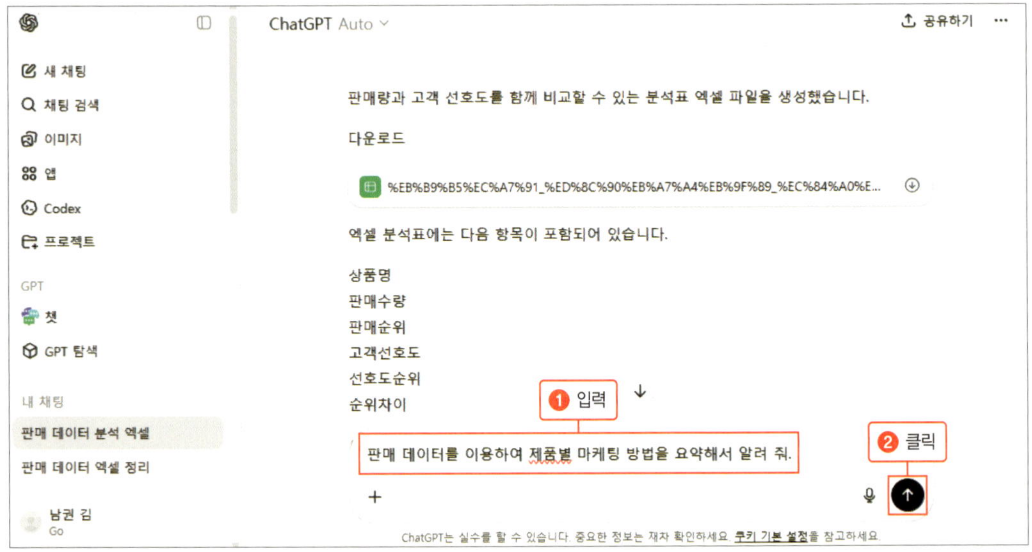

프롬프트 판매 데이터를 이용하여 제품별 마케팅 방법을 요약해서 알려 줘.

 3월 판매 데이터와 고객 선호도를 함께 보면 각 제품의 위치가 비교적 명확하게 드러납니다. 이를 기준으로 제품별 마케팅 전략을 간단히 정리하면 다음과 같습니다.

소금빵

판매량 1위이며 고객 선호도도 가장 높습니다. 매장의 대표 메뉴로 활용하는 전략이 효과적입니다. 매장 간판, 메뉴판, SNS 홍보 이미지에서 '베스트 메뉴' 또는 '시그니처 메뉴'로 강조하고, 갓 구운 소금빵 이미지나 영상 콘텐츠를 활용해 방문 동기를 만드는 것이 좋습니다.

버터 크루아상

판매량과 선호도가 모두 높은 안정적인 인기 메뉴입니다. 커피와 함께 구성하는 세트 메뉴나 아침 메뉴 프로모션을 활용하면 추가 판매를 늘릴 수 있습니다. 소금빵 다음으로 추천되는 메뉴로 홍보하는 것도 효과적입니다.

초코 크루아상

판매량은 중상위이지만 선호도는 상대적으로 약간 낮은 편입니다. 초콜릿의 풍미나 토핑을 강화하는 등 상품 개선을 시도하거나, 디저트 메뉴로 강조하는 홍보 전략을 적용하면 만족도와 판매량을 동시에 높일 수 있습니다.

슈크림빵

판매량이 중간 수준이고 선호도도 안정적인 편입니다. 계산대 주변 진열이나 '오늘의 추천 빵'과 같은 문구를 활용해 충동 구매를 유도하는 전략이 효과적입니다. 세트 메뉴나 할인 이벤트에 활용하기에도 좋은 상품입니다.

단팥빵

판매량과 선호도가 모두 상대적으로 낮은 편입니다. 전통 메뉴라는 특성을 살려 '수제 단팥', '옛날 단팥빵' 같은 콘셉트로 스토리를 강화하거나, 레시피 개선을 통해 상품 경쟁력을 높이는 전략이 필요합니다. 일정 기간 판매 반응을 보며 메뉴 개선 여부를 판단하는 것이 좋습니다.

이처럼 판매 데이터 기반으로 메뉴를 구분하면 대표 메뉴 강화, 세트 판매 확대, 상품 개선, 메뉴 재정비와 같은 전략을 제품별로 적용할 수 있어 매장 전체 매출 구조를 안정적으로 성장시키는 데 도움이 됩니다.

09 외국어 대화도 실시간 OK!
동시 번역 사용하기

챗GPT의 Voice 기능은 음성 인식, 번역, 음성 합성을 결합해 서로 다른 언어 사용자 사이의 대화를 실시간 통역 형태로 연결해 주는 기능입니다. 사용자는 자신의 언어로 자연스럽게 말하기만 하면 되고, 챗GPT가 상대방 언어로 번역해 음성으로 전달하기 때문에 언어 장벽을 크게 줄일 수 있습니다.

챗GPT 보이스(Voice)로 언어 장벽 없이 대화하기

챗GPT의 Voice 기능을 활용하면 서로 다른 언어를 사용하는 사람들이 별도의 통역 없이 자연스럽게 대화를 이어갈 수 있습니다. 이 방식은 **음성 입력 → 실시간 번역 → 음성 출력**의 구조로 작동하며, 일종의 양방향 동시 통역 도구처럼 활용할 수 있습니다.

먼저 대화의 기본 흐름을 이해할 필요가 있습니다. 한국인과 미국인이 함께 대화하는 상황을 가정하면, 한국인이 한국어로 말을 하면 챗GPT가 해당 음성을 인식해 텍스트로 변환한 뒤 영어로 번역합니다. 이후 번역된 영어 문장을 음성으로 다시 읽어 주어 미국인이 자연스럽게 내용을 들을 수 있도록 합니다. 반대로 미국인이 영어로 말하면 챗GPT가 영어 음성을 인식한 뒤 한국어로 번역하여 한국어 음성으로 출력합니다. 이 과정을 반복하면 서로의 언어를 직접 이해하지 못해도 실시간에 가까운 대화를 이어갈 수 있습니다.

이 기능은 세 가지 핵심 기술의 결합으로 동작합니다.

❶ **음성 인식(Speech Recognition)**: 사용자가 말한 음성을 분석하여 텍스트로 변환하는 과정입니다.

❷ **자연어 번역(Machine Translation)**: 변환된 텍스트를 상대방의 언어로 자연스럽게 번역합니다.

❸ 음성 합성(Text-to-Speech): 번역된 문장을 다시 음성으로 변환하여 상대방이 즉시 들을 수 있도록 합니다.

이 세 단계가 매우 빠르게 처리되기 때문에 실제 대화에서는 통역자가 중간에 있는 것처럼 자연스러운 흐름이 만들어집니다. 실제 사용 방식도 비교적 간단합니다. 챗GPT 앱이나 음성 기능이 활성화된 환경에서 Voice 모드를 실행한 뒤 다음과 같이 설정하면 됩니다. 먼저 "지금부터 한국어와 영어를 서로 번역하면서 대화 통역을 해 주세요."라고 역할을 지정합니다. 이후 한국인이 한국어로 말하면 챗GPT가 영어로 음성 번역을 제공하고, 미국인이 영어로 말하면 한국어로 음성 번역을 제공하도록 요청합니다. 이렇게 역할을 설정하면 챗GPT는 대화의 맥락을 유지하면서 양쪽 언어를 번갈아 번역하는 통역 방식으로 작동합니다.

예를 들어 다음과 같은 상황이 가능합니다. 한국인이 "안녕하세요. 오늘 미팅 일정이 어떻게 되나요?"라고 말하면 챗GPT는 이를 영어로 번역해 음성으로 "Hello. What is the schedule for today's meeting?"이라고 전달합니다. 미국인이 "The meeting will start at 3 PM."이라고 말하면 챗GPT는 한국어로 "회의는 오후 3시에 시작합니다."라고 음성으로 전달합니다. 이렇게 양쪽 언어가 자동으로 번역되어 전달되기 때문에 실제 대화처럼 자연스럽게 이어집니다.

음성 통역 기반 대화 작업은 대부분 스마트폰 환경에서 활용하는 것이 더 편리한 경우가 많습니다. 이는 사용 방식 자체가 이동성과 실시간 대화를 전제로 설계되어 있기 때문으로, 언제 어디서든 즉각적으로 음성을 입력하고 결과를 확인할 수 있는 스마트폰의 특성과 매우 잘 맞습니다.

이러한 방식은 해외 바이어와의 상담, 관광 안내, 해외 전시회 현장 대화, 국제 회의, 외국인 고객 응대 등 다양한 실무 상황에서 유용하게 활용할 수 있습니다. 특히 빠르게 의사소통이 이루어져야 하는 환경에서는 실시간 음성 인식과 번역 기능이 업무 효율을 크게 높여주며, 언어 장벽으로 인한 소통의 한계를 효과적으로 줄여줍니다.

01 | 스마트폰에서 챗GPT 앱을 실행합니다. 대화 화면이 표시되면 화면 오른쪽 하단에 위치한 'Voice 사용' 아이콘(◉)을 탭하여 실행합니다. 시작되면 보이스(Voice) 모드로 전환되어 바로 대화가 가능합니다.

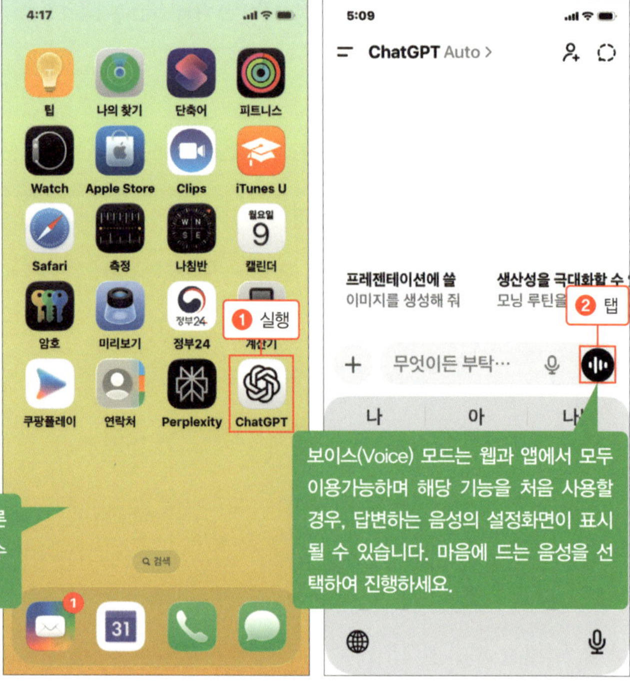

예제에서는 iOS 환경에서 진행하였습니다. 다른 환경에서 이용 시 약간의 디자인 차이가 있을 수 있으나 과정을 따라하기에 무리없습니다.

보이스(Voice) 모드는 웹과 앱에서 모두 이용가능하며 해당 기능을 처음 사용할 경우, 답변하는 음성의 설정화면이 표시될 수 있습니다. 마음에 드는 음성을 선택하여 진행하세요.

02 | 음성으로 번역을 위한 역할을 지정해 보겠습니다. 예제에서는 한국어와 영어를 동시에 통역하는 동시통역사 역할을 설정하는 프롬프트를 음성으로 요청합니다.

번역 기능을 사용할 때 가장 효과적인 직역과 의역을 함께 요청할 수도 있습니다. 단순히 번역해 달라고 하기보다 "직역과 자연스러운 의역을 함께 제시해 줘."라고 요청하면, 원문의 의미를 정확히 이해하면서도 실제 사용에 적합한 문장을 동시에 확인할 수 있습니다.

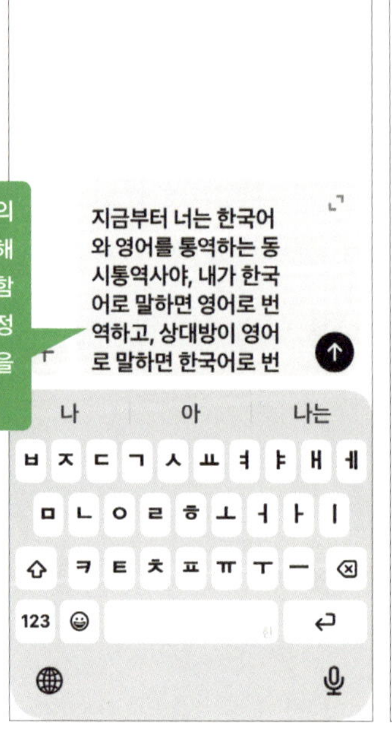

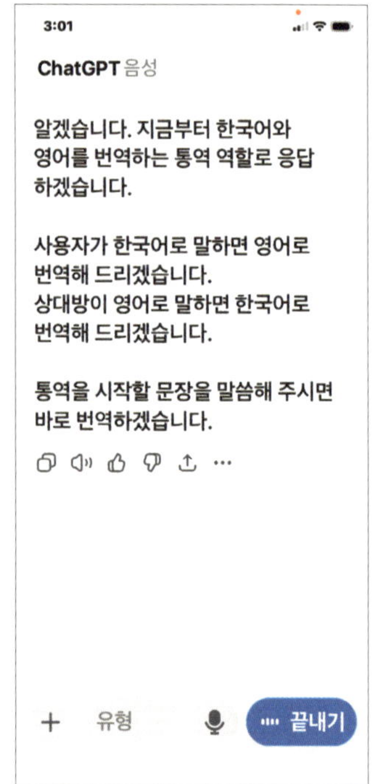

 🫦 지금부터 너는 한국어와 영어를 통역하는 동시 통역사야. 내가 한국어로 말하면 영어로 번역하고, 상대방이 영어로 말하면 한국어로 번역하여 대답해 줘.

 🎙 알겠습니다. 지금부터 한국어와 영어를 번역하는 통역 역할로 응답하겠습니다. 사용자가 한국어로 말하면 영어로 번역해 드리겠습니다. 상대방이 영어로 말하면 한국어로 번역해 드리겠습니다. 통역을 시작할 문장을 말씀해 주시면 바로 번역하겠습니다.

03 | 이후 실제 대화를 진행하면 됩니다. 한국어 사용자가 한국어로 말을 하면 챗GPT가 해당 내용을 영어로 번역해 음성으로 읽어줍니다. 반대로 영어 사용자가 영어로 말하면 챗GPT가 이를 한국어로 번역해 음성으로 전달합니다.

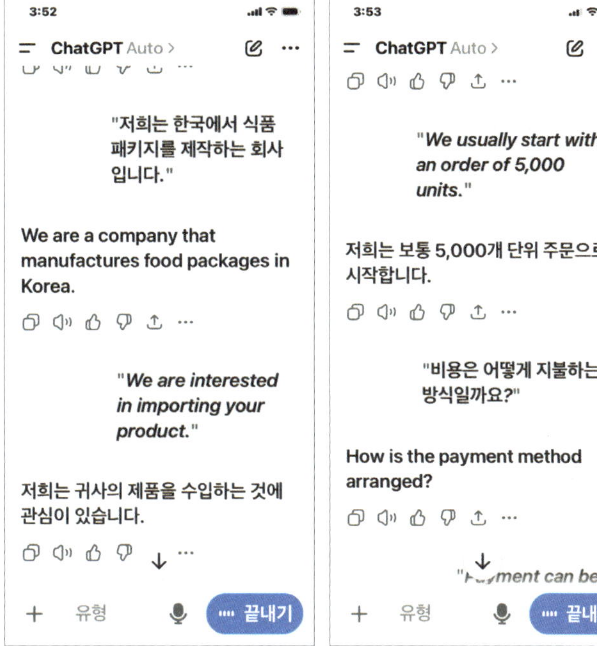

 🫦 (한국인 A 음성) 저희는 한국에서 식품 패키지를 제작하는 회사입니다.

 🎙(번역 음성) We are a company that manufactures food packages in Korea.

 🫦 (미국인 B 음성) We are interested in importing your product.

 🎙(번역 음성) 저희는 귀사의 제품을 수입하는 것에 관심이 있습니다.

 🫦 (한국인 A 음성) 최소 주문 수량은 어느 정도를 생각하고 계신가요?

 🎙(번역 음성) What kind of minimum order quantity are you considering?

 👄 (미국인 B 음성) We usually start with an order of 5,000 units.

 🔊 (번역 음성) 저희는 보통 5,000개 단위 주문으로 시작합니다.

 👄 (한국인 A 음성) 비용은 어떻게 지불하는 방식일까요?

 🔊 (번역 음성) How is the payment method arranged?

 👄 (미국인 B 음성) Payment can be made by bank transfer or credit card.

 🔊 (번역 음성) 결제는 은행 송금이나 신용카드로 진행하실 수 있습니다.

 👄 (한국인 A 음성) 저희와 함께 거래해 주셔서 감사합니다.

 🔊 (번역 음성) Thank you for your business.

04 | 대화 중에는 별도의 버튼을 계속 누를 필요 없이 순서대로 말을 이어가면 됩니다. 챗GPT는 이전 대화의 맥락을 참고해 문장을 번역하기 때문에 단순한 단어 번역보다 자연스러운 문장 형태로 전달됩니다. 대화를 마친 뒤에는 화면의 [끝내기] 버튼을 탭하여 보이스(Voice) 모드를 종료하면 됩니다.

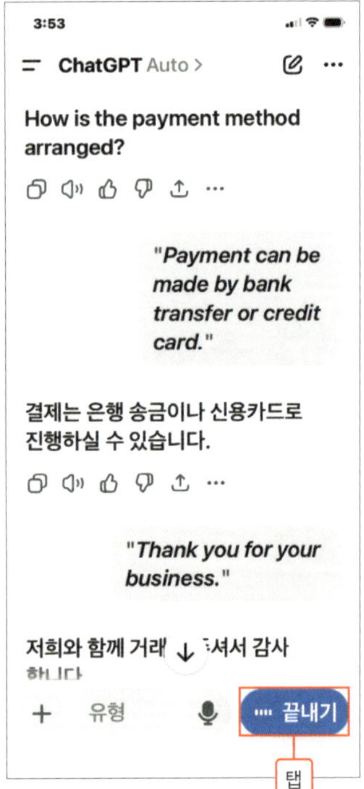

챗GPT 음성 입력 vs 보이스 모드, 답변의 차이가 있을까?

음성 입력 방식(STT: Speech-to-Text)과 보이스(Voice) 모드는 사용 방식에는 차이가 있지만, 답변의 기본적인 품질 자체가 크게

달라지는 것은 아닙니다. 두 기능 모두 동일한 챗GPT 언어 모델을 기반으로 답변이 생성되기 때문입니다. 다만 질문이 전달되는 방식과 처리 과정이 다르기 때문에 실제 사용 경험에서는 약간의 차이가 느껴질 수 있습니다.

먼저 **음성 입력(🎤) 방식**은 사용자가 말한 내용을 음성 인식 기술을 통해 텍스트로 변환한 뒤, 일반적인 채팅 질문처럼 처리되는 구조입니다. 다시 말해 음성은 단지 입력 수단일 뿐이며, 챗GPT는 최종적으로 텍스트 형태의 질문을 받아 답변을 생성합니다. 이러한 구조 때문에 음성 입력은 키보드로 직접 입력하는 방식과 거의 동일한 결과를 얻을 수 있습니다. 질문이 텍스트 형태로 정리된 상태에서 처리되기 때문에 설명이 길거나 구조적인 답변을 요청하는 상황에서 비교적 안정적인 결과를 얻을 수 있습니다. 예를 들어 보고서 작성 방법, 기획 아이디어 정리, 번역 작업, 기술 설명처럼 정보의 구조가 중요한 질문에서는 음성 입력 방식이 매우 효과적입니다.

반면 **보이스 모드(🎙)**는 음성 대화를 중심으로 설계된 기능입니다. 사용자가 말을 하면 챗GPT가 음성을 인식해 내용을 이해하고, 그 결과를 다시 음성으로 생성해 전달합니다. 이 과정에서는 텍스트 대화보다 반응 속도와 대화 흐름이 중요하게 작용합니다. 사용자가 말을 멈추면 챗GPT가 즉시 답변을 생성해 음성으로 들려주기 때문에 실제 사람과 대화하는 것과 유사한 경험을 제공합니다. 이러한 특성 때문에 보이스 모드에서는 설명이 비교적 간결한 문장으로 구성되거나 대화형 표현이 사용되는 경우가 많습니다.

또 하나의 차이는 음성 처리 과정입니다. 보이스 모드에서는 음성 인식과 음성 합성이라는 두 단계가 추가로 포함됩니다. 사용자의 음성을 텍스트로 변환하는 음성 인식 과정과, 챗GPT가 생성한 문장을 다시 음성으로 읽어 주는 음성 합성 과정이 동시에 작동합니다. 이 과정이 매우 빠르게 처리되지만, 주변 환경의 소음이나 발음, 말하는 속도에 따라 일부 단어가 잘못 인식될 가능성도 있습니다. 만약 질문의 일부가 잘못 인식되면 챗GPT가 이해하는 질문의 의미가 달라질 수 있으며, 그에 따라 답변 내용도 달라질 수 있습니다.

반대로 텍스트 기반 질문이나 음성 입력 방식은 이러한 인식 오류가 상대적으로 적습니다. 질문 내용을 직접 확인하고 수정할 수 있기 때문에 정보 전달의 정확도가 높아지는 장점이 있습니다. 따라서 분석이나 설명 중심의 질문에서는 텍스트 기반 입력 방식이 더 안정적인 결과를 제공할 수 있습니다.

결과적으로 두 방식은 각각의 활용 목적이 다릅니다. 음성 입력은 텍스트 기반 질문과 동일한 구조로 작동하기 때문에 정리된 정보와 길고 구조적인 답변을 얻는 데 유리합니다. 반면 보이스 모드는 자연스러운 대화를 중심으로 설계되어 빠른 상호작용과 실시간 대화에 강점을 보입니다. 따라서 사용 목적에 따라 두 기능을 적절히 선택하면 챗GPT를 보다 효율적으로 활용할 수 있습니다.

10 시간을 절약하는 영상 강의 스마트 정리 방법

영상을 보지 않고도 출연자가 말하는 내용을 인식하여 문장으로 정리할 수 있으며, 챗GPT를 이용하여 영상 내용을 요약하거나 번역할 수도 있습니다. 유튜브 영상을 텍스트화하면 나중에 키워드로 특정 단어나 영상의 장면을 빠르게 찾을 수 있는 장점도 있습니다.

챗GPT 확장 프로그램으로 영상 정리하기

유튜브 영상은 단순히 시청하는 콘텐츠를 넘어, 내용을 분석하고 활용할 수 있는 학습 자료로도 활용할 수 있습니다. 챗GPT를 활용하면 영상을 직접 보지 않더라도 출연자가 말하는 내용을 텍스트로 인식하여 문장 형태로 정리할 수 있으며, 이를 기반으로 영상의 핵심 내용을 요약하거나 다른 언어로 번역하는 작업도 가능합니다. 특히 영상 내용을 텍스트로 변환해 두면 특정 주제나 키워드를 기준으로 원하는 부분을 빠르게 검색할 수 있기 때문에 긴 영상에서도 필요한 정보를 효율적으로 찾을 수 있는 장점이 있습니다.

또한 구글 크롬 스토어에서 제공되는 'YouTube Summary with ChatGPT'와 같은 확장 프로그램을 활용하면 유튜브 영상 화면에 자동으로 스크립트를 정리해 주는 기능을 사용할 수 있습니다. 이 기능을 이용하면 영상의 음성 내용을 텍스트로 정리한 자료를 바로 확인할 수 있으며, 해당 텍스트를 복사하여 문서 형태로 저장하거나 학습 자료로 정리하는 것도 가능합니다.

이렇게 정리된 텍스트 자료는 다양한 방식으로 활용할 수 있습니다. 예를 들어 핵심 내용을 요약하여 강의 노트나 콘텐츠 기획 자료로 활용할 수 있고, 필요한 부분만 재구성하여 새로운 스크립트로 정리할 수도 있습니다. 또한 정리된 스크립트를 기반으로 자막 중심의 영상이나 텍스트 기반 설명 영상 등 다른 형태의 콘텐츠를 제작하는 것도 가능하기 때문에, 영상 콘텐츠를 보다 체계적으로 분석하고 확장 활용하는 데 유용한 방법이 됩니다.

예를 들어 다음과 같은 방식으로 프롬프트를 작성할 수 있습니다.

프롬프트 다음 유튜브 영상 내용을 강의 주제, 핵심 개념을 기준으로 학습자가 빠르게 이해할 수 있도록 3가지 학습 포인트로 요약해 주세요.

https://youtu.be/_JiE9Zk_m1M

https://유튜브 주소

이와 같이 유튜브 영상을 강의 노트 형태로 정리하면 단순한 영상 시청을 넘어 체계적인 학습 자료로 활용할 수 있습니다. 특히 강의 내용을 구조적으로 정리할 수 있기 때문에 학습 효율을 높이고 복습 자료로 활용하기에도 매우 효과적인 방법입니다.

01 | 웹브라우저에 'google.com'를 입력하여 구글에 접속합니다. 오른쪽 상단에 위치한 'Google 앱' 아이콘(▦)을 클릭하고 [Chrome 웹 스토어]를 선택합니다.

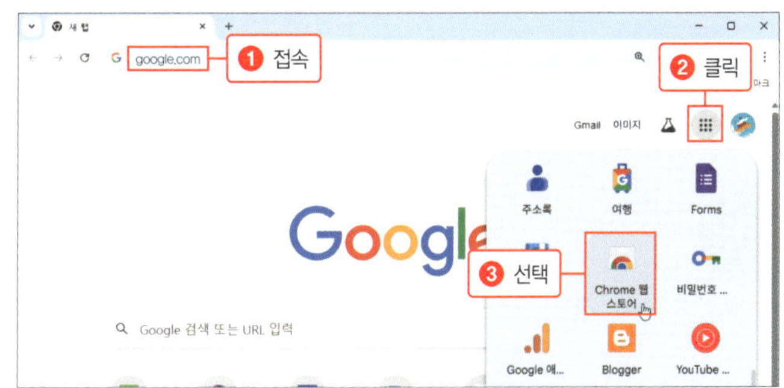

02 | Chrome 앱 스토어의 검색 창에 'youtube summary'를 입력한 다음 검색한 항목에서 'YouTube Summary with ChatGPT & Cloude'를 선택합니다.

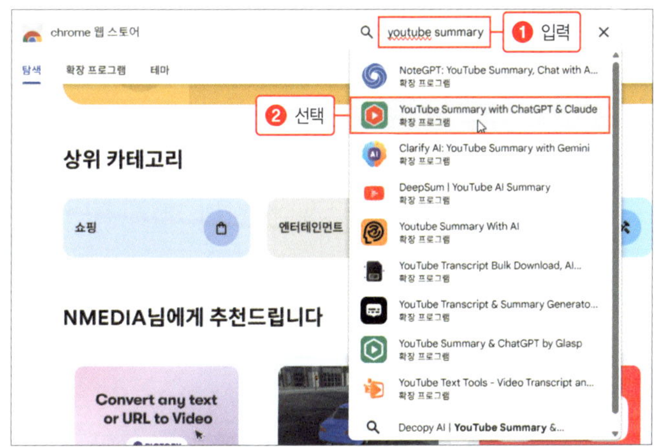

03 | 'YouTube Summary with ChatGPT & Cloude' 확장 프로그램을 크롬 브라우저에 추가하기 위해 [Chrome에 추가] 버튼을 클릭합니다. 이 확장 프로그램을 추가할 것인지 묻는 대화상자가 표시되면 [확장 프로그램 추가] 버튼을 클릭합니다.

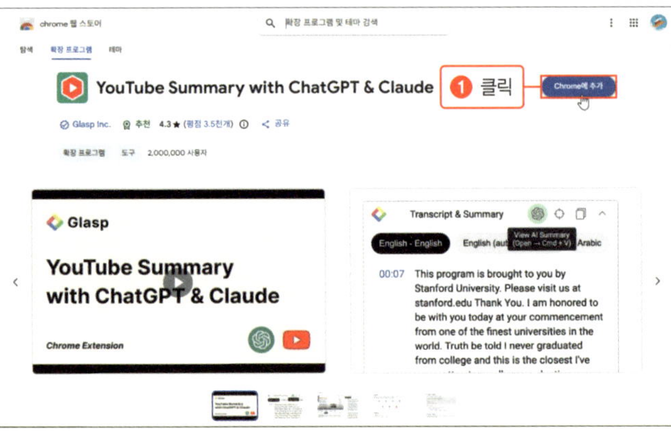

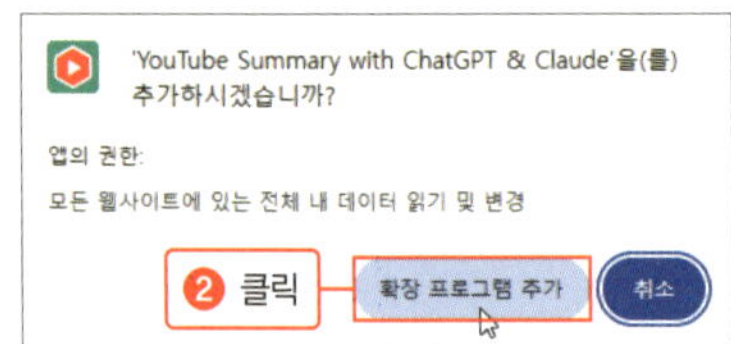

04 | 'YouTube Summary with ChatGPT & Cloude' 확장 프로그램이 추가되었음을 알리는 메시지가 표시됩니다.

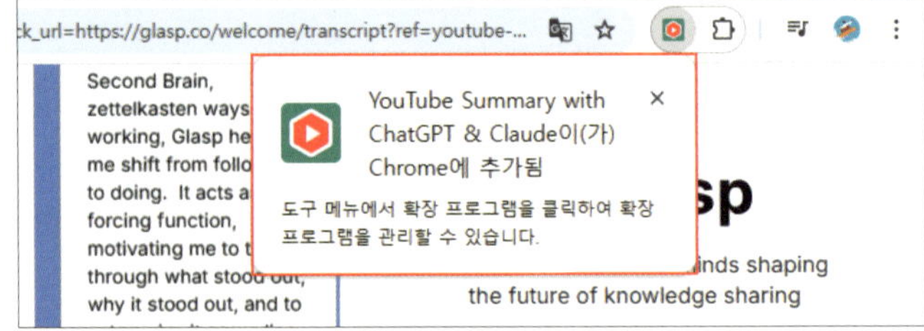

알아두기 **설치한 확장 프로그램을 비활성화하거나 삭제하려면?**

구글 크롬에서 확장 프로그램을 끄는 방법은 크게 '일시 비활성화'와 '완전 삭제' 두 가지로 나뉩니다. 먼저 크롬 브라우저 오른쪽 상단의 '옵션' 아이콘(⋮)을 클릭한 다음 **[확장 프로그램]-[확장 프로그램 관리]**를 클릭합니다. 확장 프로그램 목록이 표시되면 스위치 버튼을 이용하여 끄거나 다시 켤 수 있으며, [삭제]를 클릭하여 완전하게 삭제할 수 있습니다.

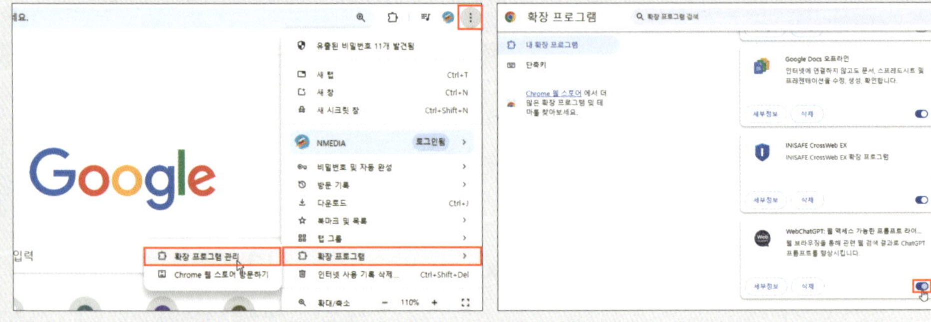

확장 프로그램 관리 메뉴 선택   확장 프로그램의 스위치 버튼이나 [삭제]를 클릭

05 유튜브로 이동하여 강의 영상을 재생합니다. 오른쪽 화면 상단에 'Transcript & Summary' 아이콘(∧)을 클릭한 다음 'Summarize Video' 아이콘(◉)을 클릭하여 사용하는 챗GPT 버전을 선택합니다.

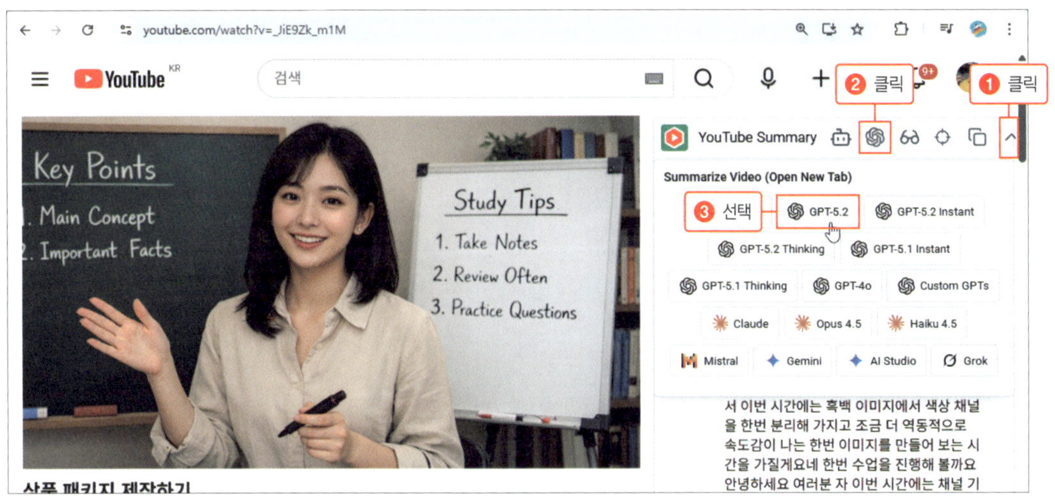

06 챗GPT 사이트로 이동되면서 화면에 영상의 타이틀과 주소, 대본이 텍스트 형태로 표시됩니다. 해당 내용을 요약하기 위해 다음의 프롬프트를 입력하고 '제출' 아이콘(↑)을 클릭합니다.

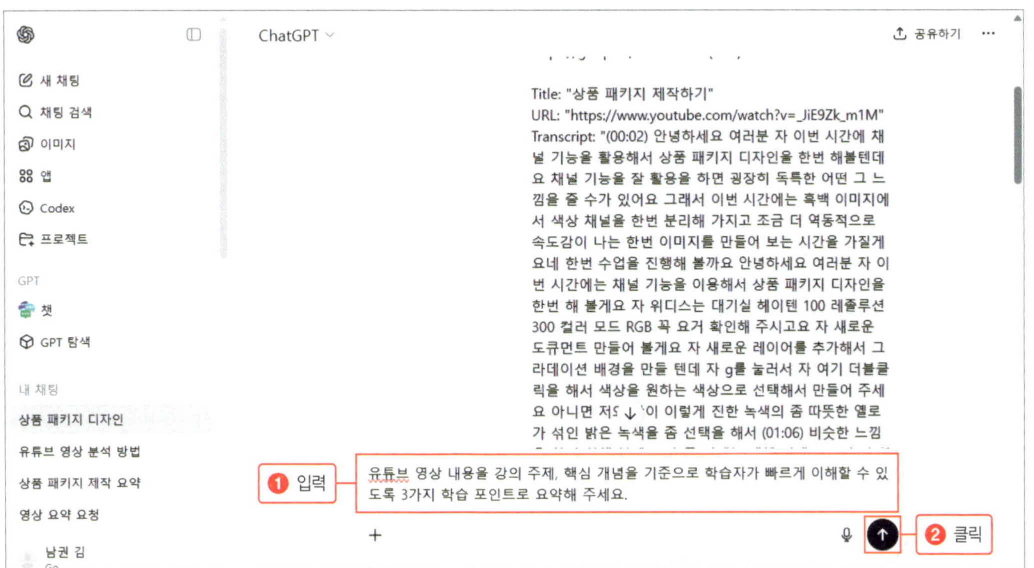

> **프롬프트** 유튜브 영상 내용을 강의 주제, 핵심 개념을 기준으로 학습자가 빠르게 이해할 수 있도록 3가지 학습 포인트로 요약해 주세요.

07 그림과 같이 유튜브 영상의 내용을 강의 주제와 핵심 개념을 기준으로 정리하면, 학습자가 빠르게 이해할 수 있도록 세 가지 학습 포인트로 요약된 내용을 확인할 수 있습니다.

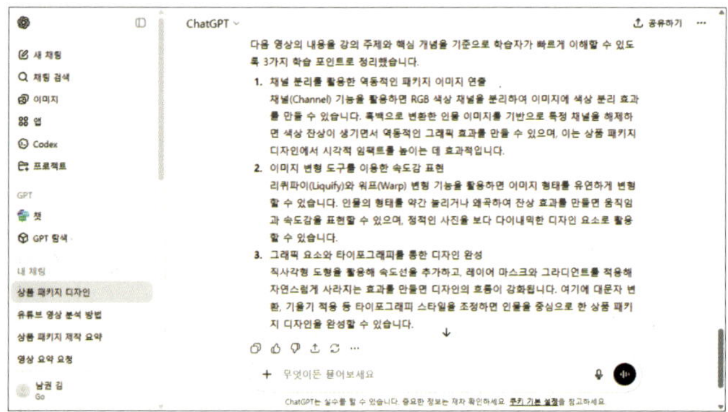

🟢 알아두기 · 챗GPT와 함께 쓰기 좋은 크롬 확장 프로그램

챗GPT와 함께 사용할 때 생산성을 크게 높여주는 크롬 확장 프로그램은 기능별로 나눠서 선택하는 것이 가장 효율적입니다. 실무 기준으로 바로 활용 가능한 핵심 확장 프로그램은 다음과 같습니다.

❶ WebChatGPT

기존 챗GPT는 최신 정보 반영에 한계가 있지만, WebChatGPT를 활용하면 실시간 웹 검색 데이터를 함께 반영할 수 있습니다. 특히 최신성이 중요한 작업에서 유용합니다.

- **기능**: 챗GPT에 실시간 웹 정보 추가
- **활용**: 최신 트렌드, 뉴스, 시장 조사

❸ ChatGPT Writer

이메일이나 메시지 등 반복적으로 작성하는 문서를 자동 생성해 업무 시간을 줄여 줍니다. 비즈니스 커뮤니케이션에서 유용합니다.

- **기능**: 이메일, 메시지 자동 작성
- **활용**: 비즈니스 메일, 제안서 초안

❺ 프롬프트 지니(Prompt Genie)

이미지·영상 생성에 유리한 영어 프롬프트를 자동으로 변환해주는 도구입니다. 번역 과정의 부담을 줄여줍니다.

- **기능**: 한글 ↔ 영어 자동 변환
- **활용**: 이미지·영상 프롬프트 작성

❷ ChatGPT for Google

구글 검색 결과와 챗GPT의 답변을 동시에 확인할 수 있어, 정보를 찾는 과정과 정리하는 과정을 하나로 통합해줍니다. 검색 후 다시 챗GPT로 이동하는 번거로움을 줄여 주는 효율적인 확장 프로그램입니다.

- **기능**: 구글 검색 결과 옆에 GPT 답변 표시
- **활용**: 검색 + 요약 동시에 수행

❹ AIPRM for ChatGPT

검증된 프롬프트를 템플릿 형태로 제공하여, 초보자도 쉽게 높은 품질의 결과를 얻을 수 있습니다. 다양한 분야에서 활용 가능합니다.

- **기능**: 검증된 프롬프트 템플릿 제공
- **활용**: SEO, 마케팅, 콘텐츠 제작

❻ ChatGPT Export

챗GPT 대화 내용을 문서 형태로 저장해 외부 자료로 활용할 수 있습니다. 보고서나 강의 자료 제작에 적합합니다.

- **기능**: 대화 내용 PDF, 이미지로 저장
- **활용**: 보고서, 강의 자료 제작

11 챗GPT로 돈버는 구조 만들기

지금은 누구나 콘텐츠를 만들 수 있는 시대이지만, 그 콘텐츠가 실제 수익으로 이어지는 경우는 생각보다 많지 않습니다. 단순히 좋은 글을 쓰거나 영상을 만드는 것만으로는 충분하지 않으며, '어떻게 돈으로 연결할 것인가'에 대한 구조적인 이해가 필요합니다. 특히 1인 창작자나 소상공인의 경우, 시간과 자원이 제한되어 있기 때문에 더욱 효율적인 방법이 중요합니다. 이때 주목해야 할 것이 바로 챗GPT를 활용한 수익 구조 설계입니다.

챗GPT로 돈을 버는 방법은 생각보다 복잡하지 않습니다. 핵심은 하나의 흐름을 이해하는 것입니다. 이 흐름은 크게 세 단계로 나뉩니다. 콘텐츠를 만들고, 사람들에게 보여 주고, 결국 구매로 연결하는 구조입니다. 수익은 우연히 만들어지지 않습니다. 반드시 일정한 흐름을 따라 만들어집니다. 그 흐름은 바로 **콘텐츠 생성 → 관심 유도 → 구매 전환**이라는 세 단계로 구성됩니다. 먼저 사람들의 시선을 끌 수 있는 콘텐츠를 만들고, 그 콘텐츠를 통해 더 많은 사람들에게 노출되며, 마지막으로 그중 일부가 실제 행동, 즉 구매로 이어지는 구조입니다.

이 구조를 이해하면 챗GPT의 역할도 명확해집니다. 챗GPT는 단순히 글을 대신 써 주는 도구가 아니라 콘텐츠를 빠르게 만들어내고, 노출을 높이며, 설득력 있는 문장을 통해 전환까지 연결하는 전 과정에 활용할 수 있는 도구입니다. 즉, 아이디어를 현실로 바꾸고, 그 결과를 수익으로 연결하는 데 필요한 시간을 획기적으로 줄여 주는 역할을 합니다.

콘텐츠 생성 단계

콘텐츠 생성은 모든 수익 활동의 출발점입니다. 블로그 글, 인스타그램 게시물, 이미지, 영상처럼 사람들이 실제로 접하게 되는 모든 형태의 결과물이 바로 콘텐츠입니다. 결국 사람들은 이 콘텐츠를 통해 정보를 얻고, 흥미를 느끼며, 행동을 결정하게 됩니다. 따라서 어떤 콘텐츠를 어떻게 만드느냐에 따라 이후의 관심과 수익이 크게 달라집니다.

이때 중요한 것은 단순히 정보를 나열하는 것이 아니라, 사람들이 '보고 싶어지는 콘텐츠'를 만드는 것입니다. 예를 들어 '꽃다발 판매합니다.'라는 문장은 기능만 전달할 뿐, 사람의 감정을 움직이기에는 부족합니다. 반면 '오늘 누군가의 마음을 전해줄 꽃을 준비했습니다.'와 같이 감정을 담은 문장은 보는 사람의 상황을 떠올리게 만들고, 자연스럽게 관심을 끌어냅니다. 이렇게 콘텐츠에 감정과 스토리를 더하면 단순한 정보가 아닌 '공감'을 만드는 메시지로 바뀌게 됩니다.

또한 좋은 콘텐츠는 타깃을 명확히 설정하는 것에서 시작됩니다. 누가 이 콘텐츠를 보게 될지, 어떤 상황에서 필요로 하는지까지 고려하면 메시지는 훨씬 구체적이고 설득력 있게 변합니다. 같은 꽃다발이라도 '기념일을 준비하는 연인', '감사의 마음을 전하고 싶은 직장인' 등 대상에 따라 표현 방식은 달라져야 합니다. 이런 차이가 결국 클릭과 구매의 차이를 만들어냅니다.

이 과정에서 챗GPT는 매우 강력한 도구로 활용할 수 있습니다. 다양한 상황과 타깃에 맞는 문장을 빠르게 생성할 수 있고, 여러 버전을 비교하며 더 효과적인 표현을 선택할 수 있습니다. 아이디어가 떠오르지 않을 때는 방향을 제시해주고, 이미 작성한 문장은 더 매력적으로 다듬어 줍니다.

챗GPT를 활용하면 콘텐츠 제작에 들어가는 시간을 크게 줄이면서도, 완성도는 오히려 높일 수 있습니다. 이는 곧 더 많은 콘텐츠를 꾸준히 생산할 수 있다는 의미이며, 그만큼 수익으로 연결될 수 있는 기회도 함께 늘어난다고 볼 수 있습니다.

1 상품 상세 페이지 구성

일례로 온라인에서 꽃을 판매하는 경우, 고객은 실제 상품을 직접 볼 수 없기 때문에 텍스트와 이미지가 구매를 결정하는 핵심 요소가 됩니다. 이때 챗GPT를 활용하면 꽃의 종류, 색감, 추천 상황과 같은 정보만 입력해도 하나의 완성된 설명 구조를 만들 수 있습니다. 예를 들어 '따뜻한 색감, 연인 선물, 로맨틱한 분위기'라는 조건을 입력하면, 단순한 정보 나열이 아니라 '이 꽃을 선물했을 때의 장면'을 상상하게 만드는 문장과 이미지를 생성할 수 있습니다. 이러한 방식은 고객의 감정을 자극하고, 결과적으로 구매 전환율을 높이는 데 큰 역할을 합니다.

인스타그램에 올릴 꽃을 받는 순간의 감정을 자연스럽게 떠올리게 만드는 문장을 생성해 줘.

문득, 오늘이 조금 더 특별해지는 순간.
손에 쥐어진 작은 꽃다발 하나로
하루의 기분이 환하게 바뀝니다.
그 마음,
꽃으로 전해보세요.

연인에게 선물하기 좋은 라넌큘러스를 로맨틱한 분위기의 상품 소개와 함께 연출 이미지를 생성해 줘.

2 숏폼 영상 마케팅

최근 숏폼 영상이 매우 중요한 마케팅 수단으로 자리 잡았습니다. 짧은 영상 하나가 매장 방문이나 주문으로 직접 이어지는 경우도 많기 때문에, 영상 콘텐츠를 꾸준히 제작하는 것이 중요합니다. 하지만 아이디어를 떠올리고 스토리를 구성하는 과정이 부담이 될 수 있는데, 이때 챗GPT를 활용하면 영상의 기획부터 자막까지 한 번에 정리할 수 있습니다. 예를 들어 '졸업식 꽃다발 제작 과정'을 주제로 한다면, 챗GPT를 통해 영상의 흐름을 구성하고, '오늘 누군가의 새로운 시작을 준비합니다.'와 같은 오프닝 문구를 만들 수 있습니다.

 플로리스트가 졸업식 꽃다발 만들면서 졸업생을 위한 멘트와 영상 생성 프롬프트를 작성해 줘.

 **영상 생성 프롬프트**

밝은 자연광이 들어오는 아늑한 플라워샵 내부, 20대 한국 여성 플로리스트가 졸업식 꽃다발을 정성스럽게 제작하는 장면. 파스텔 톤의 튤립, 라넌큘러스, 화이트 플라워를 하나씩 손으로 고르며 부드럽게 배열한다. 카메라는 손의 움직임과 꽃잎의 질감을 클로즈업으로 담으며 따뜻한 분위기를 강조한다.
중간 장면에서는 포장지를 감싸고 리본을 묶는 과정이 슬로우 모션으로 표현된다. 완성된 꽃다발이 햇빛 아래에서 부드럽게 빛나는 장면.

내레이션

지금까지 잘 해왔다는 말, 그리고 앞으로 더 잘 해낼 거라는 믿음을 이 꽃다발에 담았습니다.
당신의 시작을 진심으로 응원합니다.

❶ 웹브라우저에 'kling.ai'를 입력해 클링 AI에 접속하고 [비디오 생성] 화면에 제안받은 프롬프트를 붙여넣습니다. 생성 옵션을 클릭하고 생성 시간을 '15s'로 설정한 다음 [생성] 버튼을 클릭합니다.

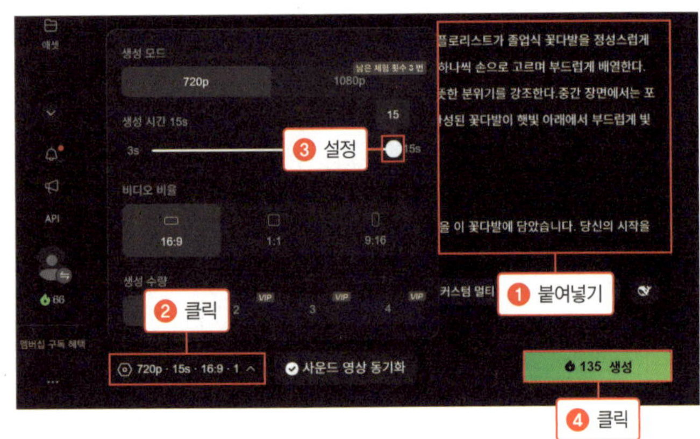

❷ 영상을 재생하면 내레이션 음성과 함께 플로리스트가 정성스럽게 꽃다발을 만드는 영상이 생성됩니다.

영상 생성하기 232쪽 참조

관심 유도(노출) 단계

아무리 좋은 콘텐츠라도 사람들이 보지 않으면 의미가 없습니다. 따라서 콘텐츠는 검색이나 추천을 통해 많은 사람들에게 보여져야 합니다. 블로그 글은 검색 키워드를 통해 유입이 생기고, SNS 콘텐츠는 해시태그나 알고리즘을 통해 퍼집니다. 이때 챗 GPT를 활용하면 제목을 더 눈에 띄게 만들거나, 사람들이 많이 찾는 키워드를 반영할 수 있어 노출 가능성을 높일 수 있습니다. 쉽게 말해, 콘텐츠를 잘 만드는 것뿐만 아니라 '잘 보이게 만드는 것'까지 함께 해야 합니다.

가게를 홍보하는 블로그 제목과 인스타그램의 해시태그를 제안해 줘.

꽃가게 홍보를 위한 콘텐츠는 '검색되는 제목'과 '확산되는 해시태그'를 함께 설계하는 것이 중요합니다. 다음은 실제 유입과 노출을 고려한 예시입니다.

1. 블로그 제목 제안(검색 유입 중심)

'서울 꽃다발 추천, 기념일에 어울리는 감성 꽃집 찾기'

'졸업식 꽃다발 어디서 살까? 요즘 인기 있는 꽃집 추천'

'여자친구 선물 고민이라면, 실패 없는 꽃다발 추천'

'봄 시즌 튤립 꽃다발 추천, 감성 플라워샵 소개'

'당일 제작 가능한 꽃집, 급하게 꽃이 필요할 때 추천'

'인스타 감성 꽃다발, 요즘 인기 있는 플라워 스타일 정리'

'기념일 꽃 선물 제대로 고르는 방법과 추천 꽃다발'

2. 인스타그램 해시태그 제안(노출 확산 중심)

#꽃다발	#꽃집추천	#졸업식꽃다발
#꽃선물	#기념일꽃	#감성꽃다발
#플라워샵	#생일꽃다발	#꽃스타그램
#플라워디자인	#여자친구선물	#서프라이즈선물

핵심 전략

- **블로그 콘텐츠**

  사람들이 실제로 검색하는 키워드를 중심으로 구성하는 것이 중요합니다. 단순한 제목보다 '추천', '방법', '어디서', '가격'과 같은 검색 의도가 담긴 단어를 함께 사용하면 검색 결과에 노출될 가능성이 높아지고, 실제로 구매를 고민하는 고객의 유입으로 이어지기 쉽습니다.

- **인스타그램**

  검색보다 노출과 확산이 중심이기 때문에, 감성적인 표현에 상황과 지역 키워드를 함께 조합하는 방식이 효과적입니다. 예를 들어 '기념일', '선물', '데이트'와 같은 상황 키워드에 지역명을 더하면 실제 방문이나 주문으로 연결될 가능성이 높아집니다. 또한 너무 구체적인 해시태그만 사용하는 것이 아니라, '꽃다발', '플라워샵'과 같은 넓은 키워드와 '졸업식꽃다발', '강남꽃집'과 같은 타깃 키워드를 함께 사용하는 것이 노출 범위를 넓히는 데 도움이 됩니다.

구매 전환 단계

콘텐츠를 본 사람이 실제로 행동을 하도록 만드는 과정입니다. 여기에는 상품 구매, 문의, 링크 클릭 등이 포함됩니다. 이 단계에서는 설득이 중요합니다. 단순히 상품을 설명하는 것이 아니라, 이걸 왜 지금 사야 하는지를 자연스럽게 전달해야 합니다.

예를 들어 '기념일에 어울리는 꽃입니다.'보다 '오늘을 더 특별하게 만들어 줄 작은 선물을 준비해 보세요.'라는 문장이 더 효과적입니다. 챗GPT는 이런 구매 유도 문장을 만들어 주는 데에도 매우 유용합니다.

꽃은 단순한 선물이 아니라, 말로 다 전하지 못한 마음을 대신 전해주는 가장 쉬운 방법입니다.
특별한 날이 아니어도 괜찮습니다. 오히려 아무 이유 없이 건네는 꽃 한 다발이 더 오래 기억에 남습니다.
바쁜 일상 속에서 표현하지 못했던 마음을,
지금 이 순간 꽃으로 전해보세요. 그 작은 선택 하나가 누군가의 하루를 환하게 바꿔줄 수 있습니다.
오늘 전하는 꽃 한 다발이 가장 좋은 선물이 될 수 있습니다.

지금 바로 아래 메뉴와 링크에서 마음을 담은 꽃다발을 확인해 보세요.
주문은 간단하게, 전달되는 감정은 오래 남습니다.

이 과정을 하나의 흐름으로 연결하면, 플라워 상점 운영 방식 자체가 달라지게 됩니다. 하루에 하나의 콘텐츠를 만든다고 가정하면 챗GPT를 활용해 SNS 글, 이미지 콘셉트, 영상 아이디어를 동시에 생성할 수 있습니다. 이후 실제 꽃 사진이나 생성 이미지를 활용해 콘텐츠를 완성하고 이를 인스타그램이나 유튜브 쇼츠에 업로드합니다. 그리고 프로필 링크나 메시지 연결을 통해 주문으로 이어지도록 구조를 설계하면, 하나의 콘텐츠가 단순 게시물이 아니라 매출을 만드는 도구로 작동하게 됩니다.

챗GPT의 가장 큰 역할은 콘텐츠 제작을 쉽게 만드는 것이 아니라, 콘텐츠를 '지속적으로' 만들 수 있게 해 준다는 점에 있습니다. 이전에는 아이디어가 부족하거나 글을 쓰는 데 시간이 오래 걸려 꾸준한 운영이 어려웠다면, 이제는 챗GPT를 통해 매일 새로운 콘텐츠를 빠르게 생산할 수 있습니다. 이 반복이 쌓이면 브랜드의 이미지가 형성되고, 고객과의 접점이 늘어나며 신뢰가 만들어집니다. 그리고 이 신뢰가 결국 매출로 이어지는 결과를 만들어냅니다.

나노바나나보다 리얼하게, 챗GPT에서 이미지 생성하기

챗GPT는 문장을 이해하는 능력이 뛰어나기 때문에, 같은 내용을 입력해도 더 자연스럽고 완성도 높은 이미지를 만들어낼 수 있습니다. 제미나이의 나노바나나와 같은 다른 도구와 비교했을 때, 인물의 동일성을 유지하면서 선명하고 디테일이 살아 있는 고해상도 이미지 생성이 가능합니다. 여기에 더해 챗GPT 안에서는 이미지 생성뿐 아니라 포토샵 앱을 연동하여 슬라이더 드래그하는 방식으로 직접 보면서 보정 작업까지 함께 진행할 수 있습니다. 밝기, 색감, 배경, 구도 등을 슬라이더 기반으로 직관적으로 조절할 수 있어 결과물을 원하는 수준까지 고품질의 이미지를 완성합니다.

01 간단한 이미지 생성이라면, 간단명료한 프롬프트 작성법

이미지 생성형 인공지능을 사용할 때 많은 사용자가 가장 먼저 고민하는 부분은 '어떻게 프롬프트를 작성해야 원하는 이미지를 얻을 수 있을까'라는 점입니다. 처음에는 가능한 한 많은 설명을 넣어야 좋은 결과가 나온다고 생각하기 쉽지만, 실제로는 그 반대인 경우도 많습니다.

이미지 생성의 기본 구조

이미지 생성에서 간단명료한 프롬프트는 원하는 장면을 빠르게 얻기 위한 설계 문장이라고 이해하면 됩니다. 이미지 생성 인공지능은 사용자가 입력한 문장을 바탕으로 장면의 구성 요소를 해석하고 시각적으로 재구성하기 때문에 프롬프트가 명확할수록 결과의 방향도 안정적으로 형성됩니다. 많은 사용자가 처음에는 길고 화려한 설명이 더 좋은 이미지를 만들어 줄 것이라고 생각하지만, 실제로는 핵심 정보가 분명한 짧은 문장이 훨씬 효과적인 경우가 많습니다. 장면을 구성하는 중요한 요소만 정확하게 전달하면 이미지 생성 모델이 불필요한 해석 없이 장면의 의도를 명확하게 이해할 수 있기 때문입니다.

특히 광고 영상 콘셉트 이미지나 스토리보드를 만들 때 장면의 핵심 정보를 한 문장 안에 정리하는 방식이 매우 효율적입니다. 광고 장면은 특정 메시지와 분위기를 전달해야 하기 때문에 인물, 행동, 장소, 조명과 분위기, 그리고 전체적인 스타일이 명확하게 드러나야 합니다. 이러한 요소를 체계적으로 정리하면 이미지 생성 모델이 장면의 구조를 빠르게 파악하고 원하는 방향에 가까운 이미지를 만들어 냅니다. 따라서 프롬프트를 작성할 때는 장면의 주제와 행동, 장소와 분위기, 스타일을 중심으로 간결하게 구성하는 것이 중요합니다.

예를 들어 '20대 여성 모델이 커피를 들고 창가에 서 있는 장면, 모던 카페, 따뜻한 아침 햇살, 감성 광고 사진 스타일'과 같이 작성하면 인물의 특징과 행동, 촬영 장소, 조명의 분위기, 그리고 이미지의 표현 스타일까지 한 번에 전달할 수 있습니다. 이러한 방식의 프롬프트는 이미지 생성 모델이 장면의 방향을 명확하게 이해하도록 돕고, 사용자가 의도한 콘셉트에 가까운 이미지를 보다 빠르게 얻을 수 있게 합니다.

가장 기본 구조는 다음 5요소입니다.

❶ **주제** + ❷ **행동** + ❸ **장소** + ❹ **분위기** + ❺ **스타일**

🔳 20대 한국 여성 모델 + 커피를 들고 창가에 서 있는 장면 + 모던 카페 + 따뜻한 아침 햇살 + 감성 광고 사진 스타일

20대 한국 여성 모델이 커피를 들고 창가에 서 있는 장면, 모던 카페, 따뜻한 아침 햇살, 감성 광고 사진 스타일로 이미지를 생성해 줘.

 **주제 +  행동 + ❸ 장소 + ❹ 분위기 + ❺ 스타일**

예 20대 한국 남성 모델 + 암벽을 오르며 클라이밍에 집중하는 장면 + 실내 클라이밍 체육관 + 역동적이고 긴장감 있는 분위기 + 스포츠 브랜드 광고 사진 스타일

20대 한국 남성 모델이 암벽을 오르며 클라이밍에 집중하는 장면, 배경은 실내 클라이밍 체육관, 역동적이고 긴장감 있는 분위기, 스포츠 브랜드 나이키 광고 사진 스타일 이미지를 생성해 줘.

좋은 간단 프롬프트는 문장이 짧지만 정보가 정확하고 한 문장에 하나의 장면만 담으며 형용사를 남용하지 않는 특징을 갖습니다. 반대로 '엄청 예쁘고 멋진 느낌의 사진' 같은 문장은 대상과 상황이 없기 때문에 결과가 불안정합니다.

02 디테일이 필요하다면, 구조적인 프롬프트 작성법

구조적인 프롬프트 작성법에서는 하나의 이미지를 구성하는 핵심 요소를 단계적으로 정리해 입력합니다. 일반적으로 '주제, 행동, 배경, 분위기, 스타일, 카메라, 디테일'과 같은 항목으로 나누어 장면을 설계합니다. 이러한 방식은 이미지 생성 모델이 장면의 구성과 표현 방식을 동시에 이해하도록 돕기 때문에 결과의 완성도를 높이는 데 효과적입니다.

주제 + 행동 + 배경 + 분위기 + 스타일 + 카메라 + 디테일

먼저 '주제'는 이미지의 중심이 되는 대상입니다. 인물, 제품, 동물, 음식, 사물 등 장면에서 가장 중요한 요소가 무엇인지 명확하게 지정합니다. 예를 들어 '20대 한국 여성 모델', '스마트폰을 들고 있는 직장인', '갓 구운 크루아상'처럼 장면의 중심 대상을 구체적으로 제시하면 이미지 생성 모델이 무엇을 강조해야 하는지 쉽게 파악할 수 있습니다.

다음으로 '행동'은 주제가 어떤 동작이나 상황에 놓여 있는지를 설명하는 요소입니다. 단순히 인물을 제시하는 것보다 '커피를 들고 창가에 서 있는 모습', '노트북으로 작업하는 장면', '빵을 오븐에서 꺼내는 순간'처럼 행동이나 상황을 함께 제시하면 장면에 자연스러운 스토리와 움직임이 생깁니다.

'배경'은 장면이 펼쳐지는 공간과 환경을 의미합니다. 카페, 거리, 사무실, 해변, 주방 등 장소를 지정하면 이미지의 공간적 맥락이 형성됩니다. 예를 들어 '모던 카페 내부', '도심의 야경이 보이는 옥상', '따뜻한 분위기의 베이커리 매장'처럼 배경을 구체적으로 설정하면 장면의 환경과 상황이 더욱 분명해집니다.

'분위기'는 이미지 전체에서 전달되는 감정과 조명, 색감의 느낌을 결정하는 요소입니다. 따뜻한 아침 햇살, 부드러운 자연광, 차분한 저녁 분위기, 활기찬 낮 시간 등과 같이 표현하면 이미지의 감성적인 톤이 형성됩니다. 이러한 분위기 설정은 광고 이미지나 콘텐츠 제작에서 특히 중요한 역할을 합니다.

'스타일'은 이미지가 어떤 시각적 표현 방식으로 만들어질지를 지정하는 요소입니다. 예를 들어 광고 사진 스타일, 영화 스틸컷 스타일, 패션 화보 스타일, 다큐멘터리 사진 스타일, 3D 렌더링 스타일 등과 같이 표현하면 이미지의 전체적인 시각적 방향이 결정됩니다.

'카메라' 요소는 촬영 구도와 시점을 설명하는 부분입니다. 클로즈업, 미디엄 샷, 와이드 샷, 아이레벨, 로우 앵글, 드론 샷 등 카메라 구도를 지정하면 장면의 시각적 구성이 더욱 명확해집니다. 이는 실제 촬영 콘티나 스토리보드를 만들 때 특히 유용한 요소입니다.

마지막으로 '디테일'은 장면의 완성도를 높이는 세부 정보입니다. 의상, 소품, 질감, 빛의 반사, 배경의 작은 요소 등 세부적인 정보를 추가하면 이미지의 현실감과 몰입도가 높아집니다. 예를 들어 '나무 테이블 위의 커피잔', '창가로 들어오는 부드러운 햇빛', '잔잔한 김이 올라오는 따뜻한 커피'와 같은 표현이 여기에 해당합니다.

이처럼 '주제, 행동, 배경, 분위기, 스타일, 카메라, 디테일'의 구조로 프롬프트를 설계하면 장면을 하나의 시각적 설계도처럼 구성할 수 있습니다. 이러한 구조적 프롬프트는 광고 콘셉트 이미지, 스토리보드 제작, 제품 홍보 이미지 등에서 특히 효과적이며, 원하는 장면을 보다 안정적으로 재현할 수 있는 방법입니다.

예를 들어 커피 광고 이미지를 구조적으로 설계한다면 '주제는 20대 한국 여성 커피점 직원 모델과 커피잔, 행동은 커피머신에서 커피를 내리는 장면, 배경은 스타벅스 갤러리 인테리어, 분위기는 따뜻한 아침 감성, 스타일은 프리미엄 광고 사진, 카메라는 50mm 렌즈 자연광 촬영'처럼 항목별로 정리해 하나의 문장으로 연결합니다. 이렇게 구성하면 같은 콘셉트를 반복 생성하거나 수정할 때도 특정 항목만 바꾸면 되기 때문에 작업 효율이 높아집니다.

 **1 주제 + 2 행동 + 3 배경 + 4 분위기 + 5 스타일 + 6 카메라 + 7 디테일**

 예 20대 한국 여성 커피점 직원 모델과 커피잔 + 커피머신에서 커피를 내리는 장면 + 스타벅
스 갤러리 인테리어 + 따뜻한 아침 햇살 + 프리미엄 광고 사진 + 50mm 렌즈 자연광 촬영

장면 수정을 돕는 프롬프트 활용하기

구조적인 프롬프트 작성 방식은 콘티 제작과 수정 과정에서 특히 큰 장점을 제공합니다. 영상 제작은 장면이 여러 컷으로 나누어지고, 각 컷이 하나의 흐름으로 연결되기 때문에 장면의 구성 요소를 명확하게 관리하는 것이 중요합니다. 구조적인 프롬프트를 사용하면 '주제, 행동, 배경, 분위기, 스타일, 카메라, 디테일'과 같은 동일한 틀을 유지한 채 주제나 행동만 변경해 다양한 컷을 설계할 수 있습니다. 이 방식은 장면 간의 시각적 일관성을 유지하면서도 필요한 부분만 빠르게 수정할 수 있게 해 주기 때문에 콘티 제작 과정에서 매우 효율적으로 활용됩니다.

특히 영상 제작 현장에서는 콘셉트 수정이 자주 발생합니다. 클라이언트의 요청이나 기획 방향의 변화에 따라 인물의 행동, 촬영 구도, 조명 분위기, 배경 요소 등이 반복적으로 수정되는 경우가 많습니다. 이때 구조적인 프롬프트를 사용하면 어떤 요소가 변경되었는지 명확하게 구분할 수 있습니다. 예를 들어 동일한 장면에서 배경만 변경하거나 카메라 구도만 수정해야 할 경우, 전체 프롬프트를 다시 작성할 필요 없이 해당 항목만 수정하면 되기 때문에 작업 속도가 크게 향상됩니다.

20대 한국 여성 커피점 직원 모델이 스타벅스 커피잔에 커피를 손님에게 두 손으로 전달하는 장면, 갤러리 인테리어 배경, 따뜻한 아침 감성 분위기, 프리미엄 광고 사진 스타일, 카메라는 50mm 렌즈 자연광 촬영

또한 클라이언트와 콘셉트를 공유할 때도 구조적인 프롬프트는 매우 유용합니다. 장면을 구성하는 요소가 항목별로 정리되어 있기 때문에 어떤 부분이 기획 의도인지, 어떤 요소가 수정 가능한 영역인지 쉽게 설명할 수 있습니다.

구조적인 프롬프트 작성법은 이미지를 감각적으로 요청하는 방식에서 벗어나 장면을 설계하고 관리하는 방식이며, 반복 작업이 많은 광고와 영상 제작 환경에서 가장 안정적이고 전문적인 이미지 생성 방법입니다.

03 수정 방식의 프롬프트 작성법 프롬프트 레이어링 이해하기

이미지 생성 인공지능을 활용할 때 많은 사용자가 한 번의 프롬프트로 완성도 높은 이미지를 얻으려고 시도합니다. 그러나 실제 작업 환경에서는 한 번의 입력으로 원하는 결과를 정확하게 얻는 경우가 많지 않습니다. 처음부터 복잡한 프롬프트를 작성하는 방식보다 단계적으로 장면을 설계해 나가는 접근이 훨씬 효과적입니다.

단계적으로 이미지를 설계하는 방법

프롬프트 레이어링은 이미지를 한 번에 완성하려고 하기보다 가장 단순한 프롬프트로 시작해 결과를 확인하면서 요소를 단계적으로 추가해 나가는 작업 방식입니다. 이 방법은 광고 이미지나 영상 콘티 제작처럼 방향 수정이 반복되는 작업에서 특히 효과적이며, 모델이 만들어낸 결과를 기준으로 장면을 점진적으로 정교화한다는 점에서 촬영 현장의 테스트 촬영과 비슷한 개념입니다.

처음 단계에서는 장면의 핵심 구조만 넣습니다. 예를 들어 '20대 여성 모델이 커피를 들고 서 있는 장면, 카페, 따뜻한 분위기'처럼 주제와 행동, 장소 정도만 설정합니다. 이 단계의 목적은 장면의 큰 틀을 확인하는 것이며 인물 위치, 배경 구성, 전반적인 분위기가 맞는지를 판단하는 기준이 됩니다. 결과가 마음에 들지 않으면 이 단계에서 주제나 장소를 수정합니다.

두 번째 단계에서는 시각적 방향을 강화합니다. 색감, 시간대, 조명 조건 같은 요소를 추가합니다. 예를 들어 '아침 자연광, 저녁 조명, 파란색 톤 색감, 창가 역광' 같은 정보를 넣으면 이미지의 감정과 브랜드 분위기가 명확해집니다. 광고 작업에서는 이 단계에서 브랜드 톤앤매너와 맞는 색감을 찾는 것이 중요합니다.

세 번째 단계에서는 비율과 구도, 카메라 설계입니다. 목적에 따라 이미지 비율이나 구도, 상반신 클로즈업, 로우 앵글'처럼 촬영 정보를 추가하면 이미지가 실제 촬영 콘셉트에 가까워집니다. 이 단계는 영상 콘티 제작에서 매우 중요하며 컷의 감정과 시선을 결정합니다.

이 과정을 반복하면 프롬프트가 점점 정교해지며 어떤 요소가 결과에 영향을 주는지 경험적으로 이해하게 됩니다. 또한 문제의 원인을 빠르게 찾을 수 있다는 장점이 있습니다. 처음부터 긴 프롬프트를 쓰면 어떤 문장이 결과를 바꿨는지 알기 어렵지만 레이어링 방식에서는 한 단계씩 추가하기 때문에 수정 방향이 명확해집니다.

영상 제작 관점에서는 프롬프트 레이어링이 콘티 설계와 동일한 흐름을 가집니다. 먼저 장면의 이야기 구조를 만들고, 다음으로 빛과 색감을 정하고, 그다음 카메라 움직임과 구도를 정하고, 마지막으로 소품과 디테일을 넣는 방식입니다. 이 과정은 실제 촬영 준비 단계와 동일하기 때문에 AI 이미지 결과가 촬영 콘셉트와 자연스럽게 연결됩니다.

프롬프트 레이어링은 이처럼 단순히 문장을 길게 쓰는 기술이 아니라 장면을 설계하고 검증하는 작업 프로세스이며, 반복 수정이 필요한 광고와 영상 제작 환경에서 가장 안정적이고 전문적인 이미지 생성 방법입니다. 이 방식을 습관화하면 이미지 생성 속도가 빨라지고 결과의 품질도 일정하게 유지되며, 클라이언트와 콘셉트를 공유할 때도 수정 지점을 명확하게 설명할 수 있습니다.

알아두기 프롬프트 레이어링이란?

프롬프트 레이어링은 한 번의 입력으로 완성된 이미지를 만들기보다, 단계적으로 요소를 추가하며 이미지를 완성해 나가는 방식입니다. 처음부터 길고 복잡한 프롬프트를 작성하기보다는, 장면의 핵심 구조를 먼저 설정한 뒤 결과를 확인하고 필요한 요소를 하나씩 덧붙여 수정해 나가는 과정입니다. 이미지 생성은 한 번에 원하는 결과가 정확하게 나오지 않는 경우가 많기 때문에, 특히 광고 이미지나 콘텐츠 제작처럼 세밀한 완성도가 요구되는 작업에서는 이러한 접근 방식이 더욱 효과적입니다.

❶ 기본 인물 생성

❷ 겨울 의상으로 교체

❸ 스키장 배경으로 교체

❹ 촬영 시간과 조명 교체

❺ 이미지 비율 수정

04 챗GPT로 일상 사진을 증명 사진으로 만들려면?

챗GPT를 활용하면 스마트폰으로 찍은 스냅 사진도 규격에 맞는 증명사진으로 변환해 영상 썸네일이나 프로필 이미지로 바로 활용할 수 있습니다. 인물의 시선과 배경, 의상, 이미지의 비율 등을 원하는 형태로 수정하는 방법을 알아봅니다.

- **예제 파일**: source\스냅.png
- **완성 파일**: source\스냅완성.png

❶ 원본 사진

❷ 정면 샷으로 변경

❸ 가로 비율을 세로 비율로 변경

❹ 증명 사진 스타일로 생성

측면 얼굴을 정면 얼굴로 바꾸기

01 | 웹브라우저에 'chatgpt.com'를 입력하여 챗GPT 사이트로 이동하고 이미지를 불러오기 위해 '파일 추가' 아이콘(+)을 클릭한 다음 [사진 및 파일 추가]를 선택합니다.

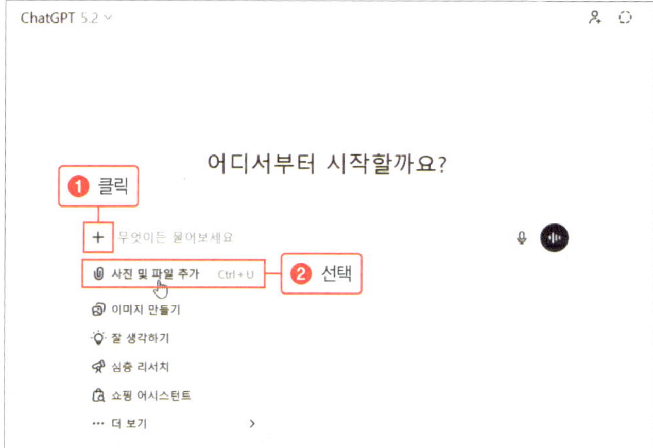

02 | 열기 대화상자가 표시되면 source 폴더에서 '스냅.png' 파일을 선택하고 [열기(O)] 버튼을 클릭합니다. 사무실에서 촬영한 스냅 사진 인물 이미지가 프롬프트 입력 창에 표시됩니다.

03 | 옆면 얼굴을 기준으로 정면 얼굴로 변경하기 위해 프롬프트 입력 창에 다음과 같이 입력하고 '제출' 아이콘(⬆)을 클릭합니다.

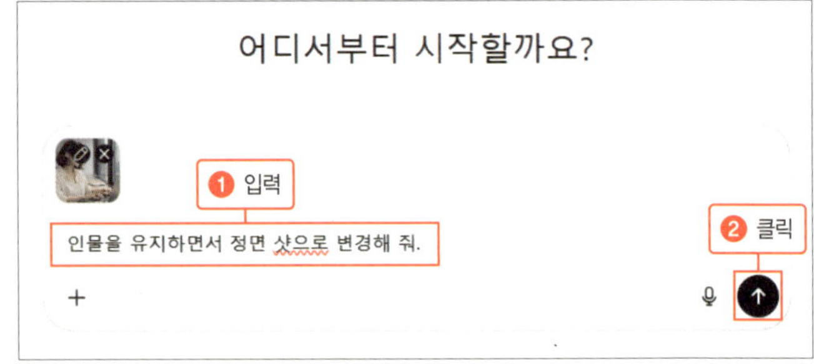

이미지 비율 변경하기

04 | 인물은 유지하면서 측면 얼굴이 정면 얼굴 샷으로 변경되었습니다. 가로 형태의 이미지를 세로 형태의 비율로 변경하기 위한 프롬프트를 입력하고 '제출' 아이콘(⬆)을 클릭합니다.

증명 사진 만들기

05 | 스냅 사진을 증명 사진으로 변경하기 위해 다음과 같이 프롬프트를 입력하고 '제출' 아이콘(↑)을 클릭합니다.

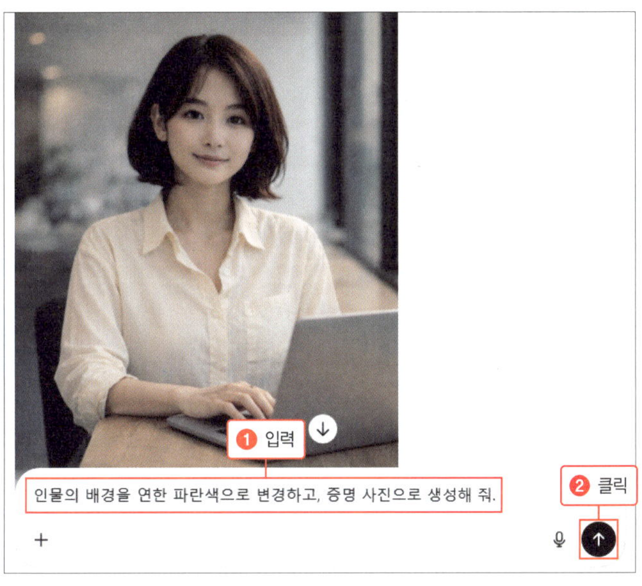

 인물의 배경을 연한 파란색으로 변경하고, 증명 사진으로 생성해 줘.

06 | 그림과 같이 인물 포즈와 배경이 삭제되고 단색의 배경이 있는 증명 사진 스타일로 변경되었습니다. 추가로 의상을 정장 스타일로 변경하기 위해 다음의 프롬프트를 입력하고 '제출' 아이콘(↑)을 클릭합니다.

 의상을 정장 스타일로 변경해 줘.

알아두기

챗GPT에서 완벽하게 인물 동일성 유지하는 방법

챗GPT의 이미지 생성 기능은 동일한 프롬프트 구조와 조건을 반복하면 유사한 얼굴, 스타일, 분위기를 재현할 수 있는 구조입니다. 반복 생성 시 미세한 차이가 발생하기도 하지만 헤어스타일, 분위기, 체형 등은 비교적 안정적으로 유지가 가능합니다.

❶ 1장의 대표 인물 생성하기

실무에서 인물 동일성을 안정적으로 유지하기 위해서는 먼저 기준이 되는 대표 이미지를 한 장 생성한 뒤, 이후 모든 작업을 해당 이미지를 중심으로 확장하는 방식이 가장 효과적이며, 이 기준 이미지는 전체 프로젝트에서 인물의 정체성을 결정하는 핵심 역할을 합니다.

❷ 이미지 기반으로 확장하기

이미지를 다시 업로드한 뒤 해당 이미지를 기준으로 "이 인물을 유지하고 포즈만 변경"하거나 "같은 인물이 다른 장소에 있는 장면"과 같이 요청하면 텍스트만으로 생성하는 방식보다 훨씬 안정적으로 인물의 동일성을 유지할 수 있습니다.

05 사진 이미지를
일러스트 로고로 만들려면?

촬영한 사진 한 장을 감각적인 일러스트 스타일로 변환해 브랜드에 맞는 패키지 디자인과 마케팅 콘텐츠에 완성도 있게 적용할 수 있습니다. 예제에서는 컵케이크 사진 이미지를 일러스트 이미지로 변경한 다음 로고로 생성하여 패키지 이미지와 합성해 보겠습니다.

• **예제 파일**: source\디저트.png   • **완성 파일**: source\로고1~3.png

❶ 원본 컵케이크 이미지

❷ 일러스트 스타일 이미지로 변경

❸ 일러스트 로고 스타일로 변경

❹ 상품 패키지에 로고 합성 이미지

사진 이미지를 일러스트 이미지로 변경하기

01 | 웹브라우저에 'chatgpt.com'를 입력하여 챗GPT 사이트로 이동하고 이미지를 불러오기 위해 '파일 추가' 아이콘(+)을 클릭한 다음 [사진 및 파일 추가]를 선택합니다.

02 | 열기 대화상자가 표시되면 source 폴더에서 '디저트.png' 파일을 선택하고 [열기(O)] 버튼을 클릭합니다. 연출된 컵케이크 스냅 사진 이미지가 프롬프트 입력 창에 표시됩니다.

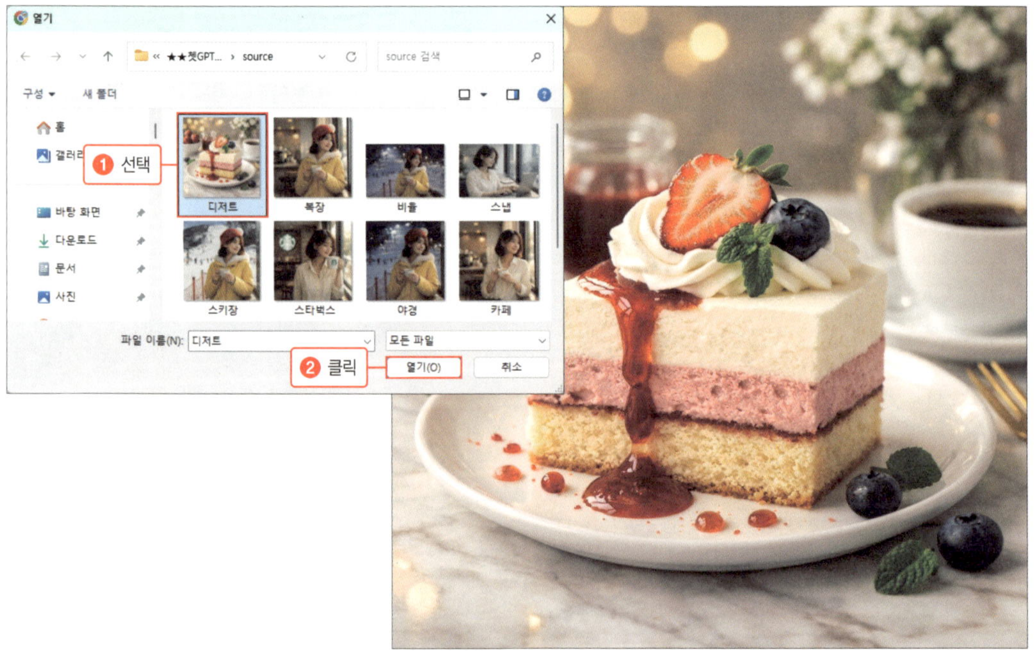

03 일러스트 이미지로 만들기 전에 깔끔한 일러스트로 변경하기 위한 프롬프트를 입력하고 '제출' 아이콘(⬆)을 클릭합니다.

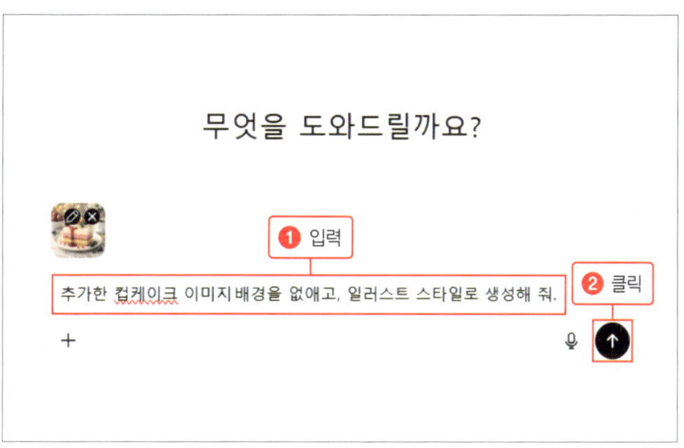

> **프롬프트** 추가한 컵케이크 이미지 배경을 없애고, 일러스트 스타일로 생성해 줘.

일러스트 로고 생성하기

04 일러스트 이미지가 생성되면 패키지 로고를 생성하기 위한 프롬프트를 입력하고 '제출' 아이콘(⬆)을 클릭 합니다.

> **프롬프트** 생성한 이미지로 컵케이크 패키지에 사용될 일러스트 로고를 생성해 줘.

로고가 적용된 패키지 이미지 만들기

05 │ 로고 형태의 이미지가 생성되었습니다. 원본 이미지를 불러오기 위해 '파일 추가' 아이콘(+)을 클릭한 다음 [사진 및 파일 추가]를 선택합니다.

06 │ 열기 대화상자가 표시되면 source 폴더에서 '디저트.png' 파일을 선택하고 [열기(O)] 버튼을 클릭합니다. 이미지가 프롬프트 입력 창에 표시되면 패키지에 생성된 로고 이미지와 합성하는 프롬프트를 입력하고 '제출' 아이콘(⬆) 클릭합니다.

프롬프트 이미지를 선물 패키지로 변경하고, 패키지에 일러스트 로고를 붙여 생성해 줘.

07 | 그림과 같이 컵케이크 패키지에 일러스트 로고가 합성된 이미지가 생성되었습니다.

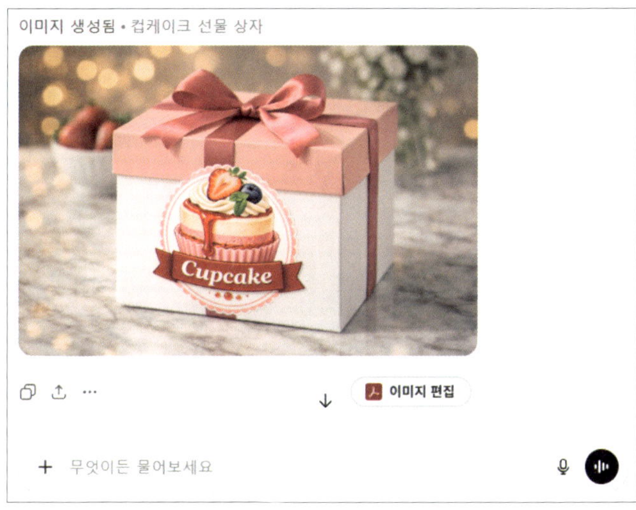

알아두기 AI 이미지 생성 결과물의 포맷 차이 이해하기

AI 이미지 생성 도구를 활용할 때 결과물의 품질은 단순히 프롬프트나 모델 성능에만 좌우되지 않습니다. 실제로는 어떤 파일 포맷으로 출력되느냐에 따라 이미지의 디테일, 색감, 그리고 후속 편집 과정에서의 안정성까지 크게 달라집니다. 특히 챗GPT와 제미나이처럼 서로 다른 생성 환경에서는 기본 출력 포맷이 다르게 설정되는 경우가 많으며, 이 차이를 이해하는 것은 콘텐츠 제작 품질을 결정짓는 중요한 요소입니다.

❶ 제미나이 이미지 생성 시 PNG 사용 특징

챗GPT에서 이미지를 생성하면 결과물은 기본적으로 PNG 포맷으로 제공됩니다. 이는 단순한 출력 형식이 아니라 원본 품질을 최대한 유지하기 위한 설계 방식입니다. PNG는 손실 압축이 없는 방식이기 때문에 이미지의 디테일과 색감이 훼손되지 않고 그대로 유지됩니다. 특히 인물 사진이나 광고 이미지처럼 미세한 질감과 색 표현이 중요한 작업에서 매우 유리하게 작용합니다. 또한 PNG는 편집 과정에서 반복적으로 저장하더라도 품질 저하가 발생하지 않습니다.

❷ 제미나이 이미지 생성 시 JPG 사용 특징

제미나이에서 이미지를 생성할 경우 환경이나 출력 방식에 따라 JPG 형태로 제공되는 경우가 있습니다. 이 경우 파일 용량을 줄이기 위한 손실 압축이 기본적으로 적용됩니다. JPG는 웹 환경이나 빠른 공유에는 유리합니다. 하지만 이미지 품질 측면에서는 한계가 존재합니다. 압축으로 인해 디테일 손실이 발생하고, 색 표현의 정확도가 떨어질 수 있습니다. 또한 반복 편집 시 품질이 지속적으로 저하되는 구조입니다.

06 인물을 유지하면서 포즈와 의상을 교체하려면?

인물을 유지하면서 포즈와 의상을 교체할 수 있는 기능은 같은 모델을 다시 촬영하지 않아도 다양한 장면을 제작할 수 있기 때문에 촬영 비용과 시간을 크게 줄일 수 있고, 의상이나 상황 별 연출을 빠르게 추가할 수 있습니다. 예제에서는 인물의 포즈 변경과 상품 의상 이미지를 이용하여 의상을 변경하는 방법을 알아봅니다.

- **예제 파일**: source\해변인물.jpg, 의상.png
- **완성 파일**: source\인물1~2.png

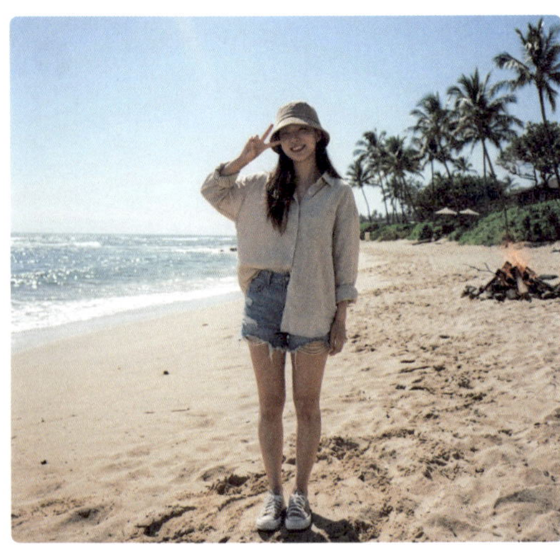

❶ 원본 사진 포즈 인물

❷ 해변을 걷는 인물로 변경

❸ 의상과 모자 상품 사진

❹ 원피스 의상을 착용하고 모자를 쓴 인물로 완성

인물 포즈 변경하기

01 | 웹브라우저에 'chatgpt.com'를 입력하여 챗GPT 사이트로 이동하고 이미지를 불러오기 위해 '파일 추가' 아이콘(+)을 클릭한 다음 [사진 및 파일 추가]를 선택합니다.

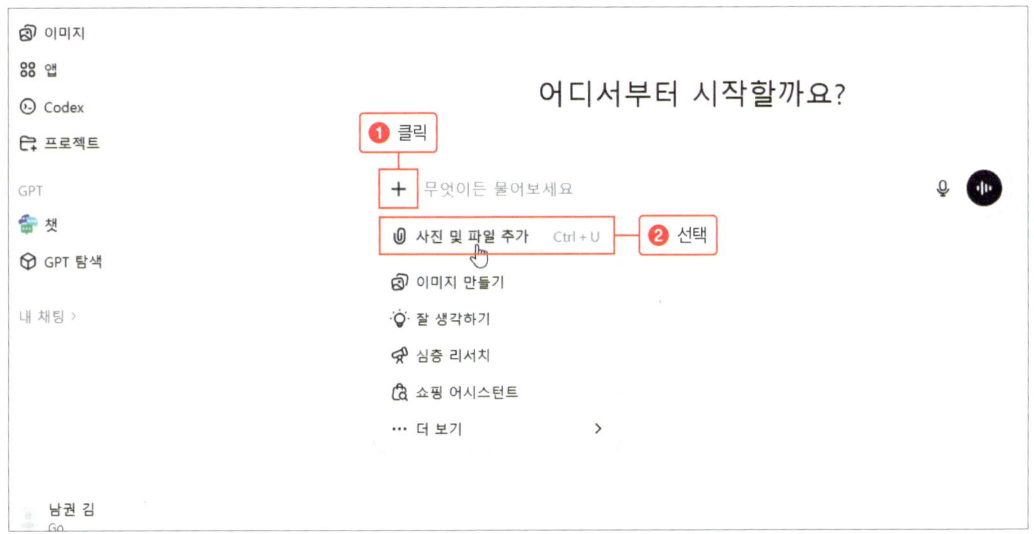

02 | 열기 대화상자가 표시되면 source 폴더에서 '해변인물.jpg' 파일을 선택하고 [열기(O)] 버튼을 클릭합니다.

03 | 인물이 서 있는 사진 포즈를 자연스럽게 해변을 걸어가는 장면으로 변경하기 위해 프롬프트를 입력하고 '제출' 아이콘(●)을 클릭합니다.

프롬프트 인물이 해변을 걸어가는 포즈로 변경해 줘.

04 | 그림과 같이 인물이 배경과 인물을 유지한 상태에서 인물이 해변을 걷는 장면이 생성되었습니다.

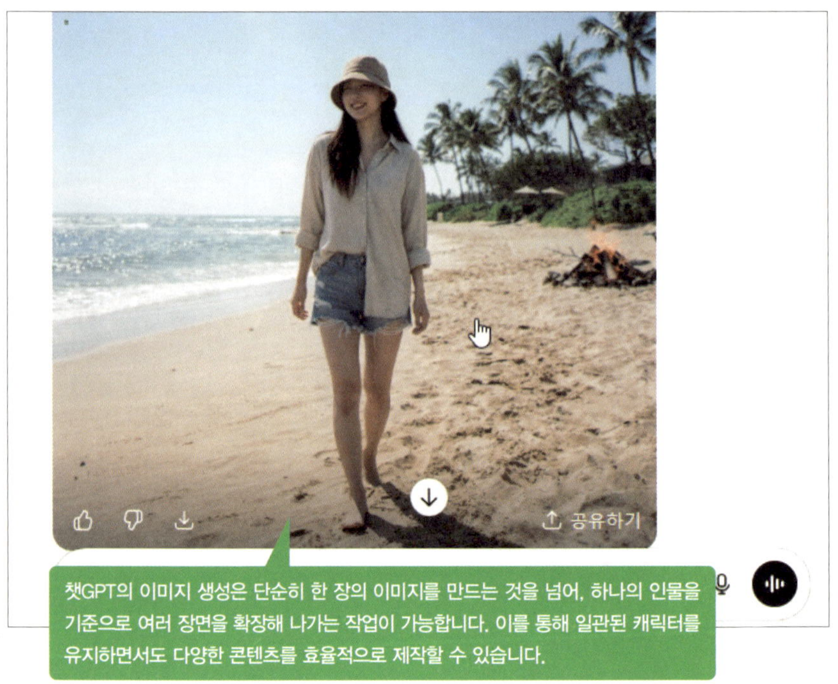

인물 의상 변경하기

05 | 인물의 의상을 변경하기 위해 먼저 변경시키려는 의상 사진을 불러오기 위해 '파일 추가' 아이콘(+)을 클릭한 다음 [사진 및 파일 추가]를 선택합니다.

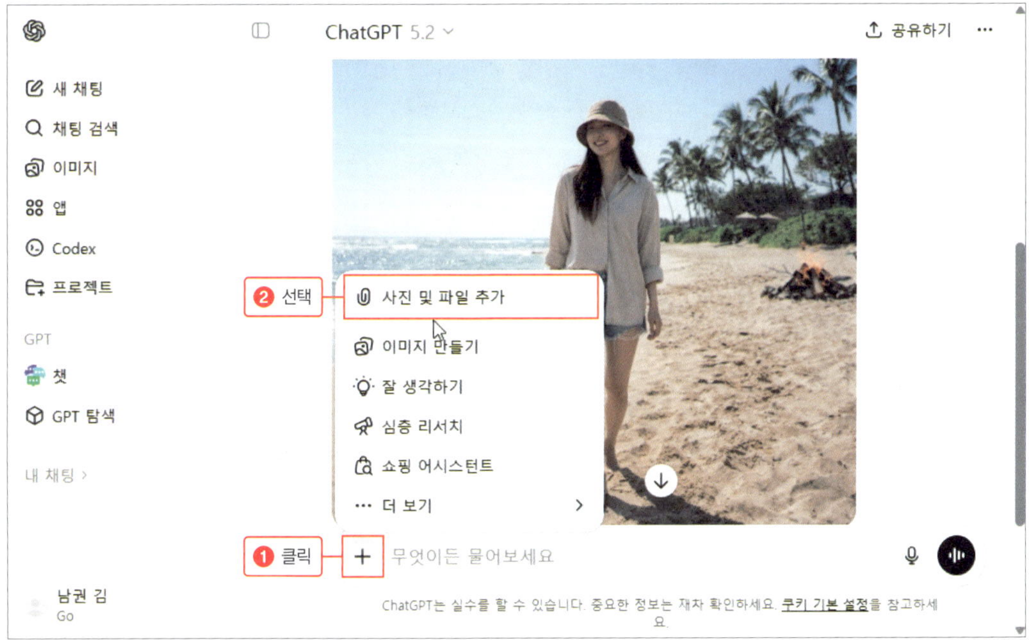

06 | 열기 대화상자가 표시되면 source 폴더에서 '의상.png' 파일을 선택하고 [열기(O)] 버튼을 클릭합니다.

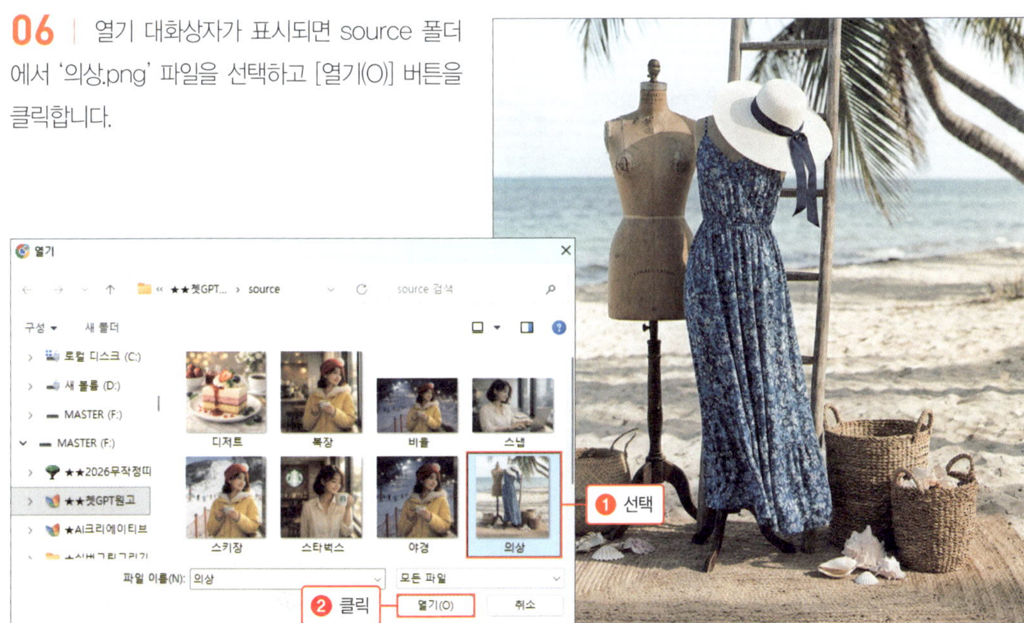

 추가된 의상 사진을 이용하여 인물의 의상을 교체하기 위한 프롬프트를 입력하고 '제출' 아이콘(⬆)을 클릭합니다.

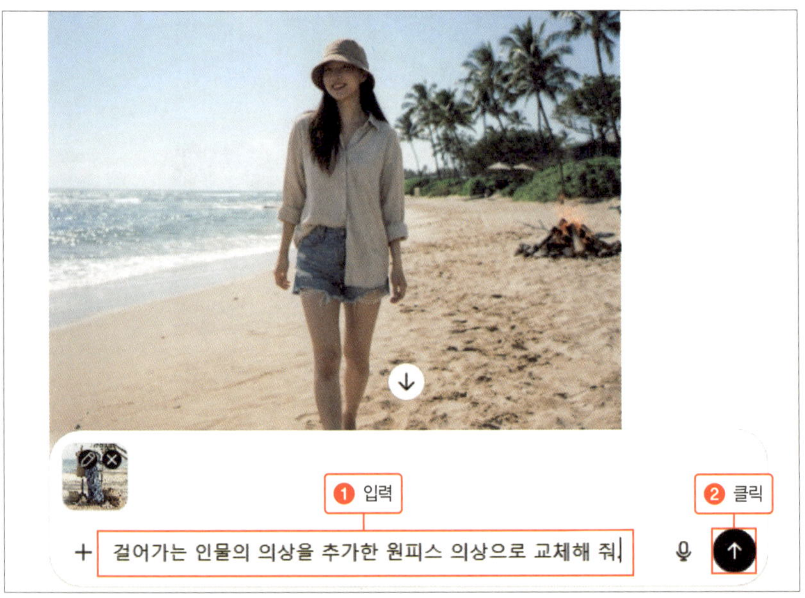

프롬프트 걸어가는 인물의 의상을 추가한 원피스 의상으로 교체해 줘.

08 그림과 같이 인물과 배경은 유지한 상태로 상품 의상과 모자를 착용하고 해변을 걷는 인물 이미지가 생성되었습니다.

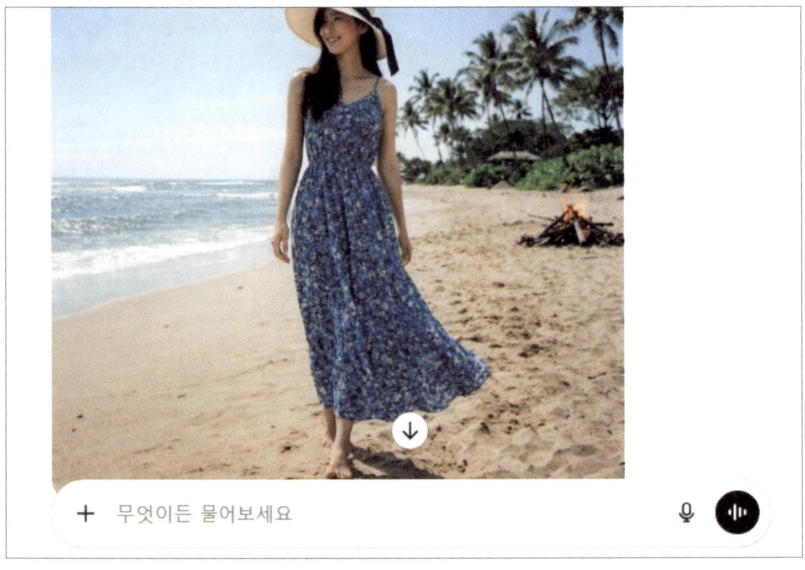

07 챗GPT로 이미지 속 문자 입력과 수정한 포스터 만들기

챗GPT를 활용하면 이미지 속 문자를 수정하거나 새로운 문자를 자연스럽게 추가하는 작업을 매우 효율적으로 수행할 수 있습니다. 특히 기존 이미지에 사용된 폰트의 분위기와 스타일을 유지한 상태에서 문구만 변경할 수 있다는 점은 디자인 작업에서 매우 유용합니다.

• **예제 파일**: source\스쿨.jpg   • **완성 파일**: source\스쿨완성1~2.png

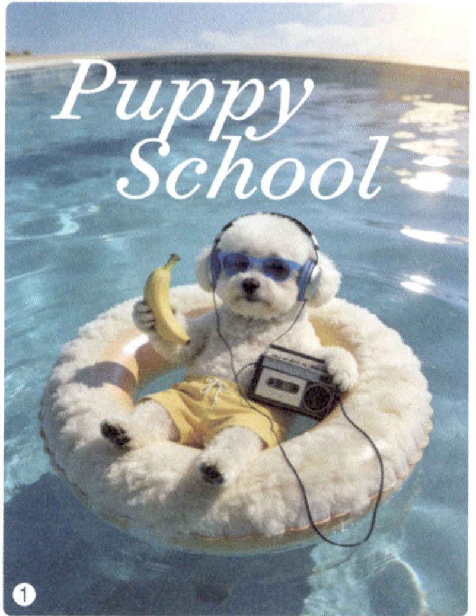

❶ 이탈릭체 문자 원본 이미지
❷ 이탈릭체 폰트를 유지하면서 문자 수정
❸ 한글 문자 추가
❹ 포스터 형태로 연출

원본에 있는 텍스트 변경하기

01 │ 웹브라우저에 'chatgpt.com'를 입력하여 챗GPT 사이트로 이동하고 이미지를 불러오기 위해 '파일 추가' 아이콘(＋)을 클릭한 다음 [사진 및 파일 추가]를 선택합니다.

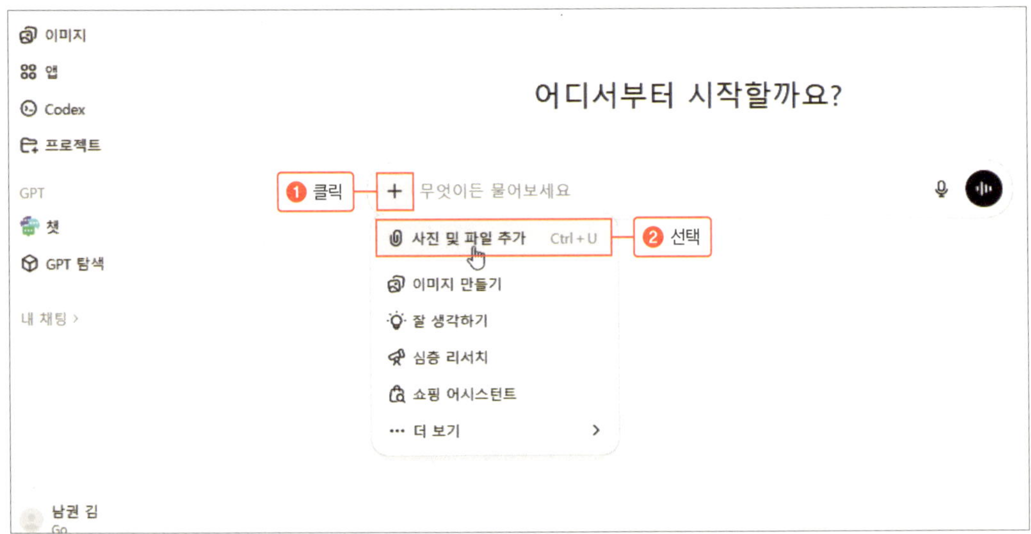

02 │ 열기 대화상자가 표시되면 source 폴더에서 '스쿨.jpg' 파일을 선택하고 [열기(O)] 버튼을 클릭합니다.

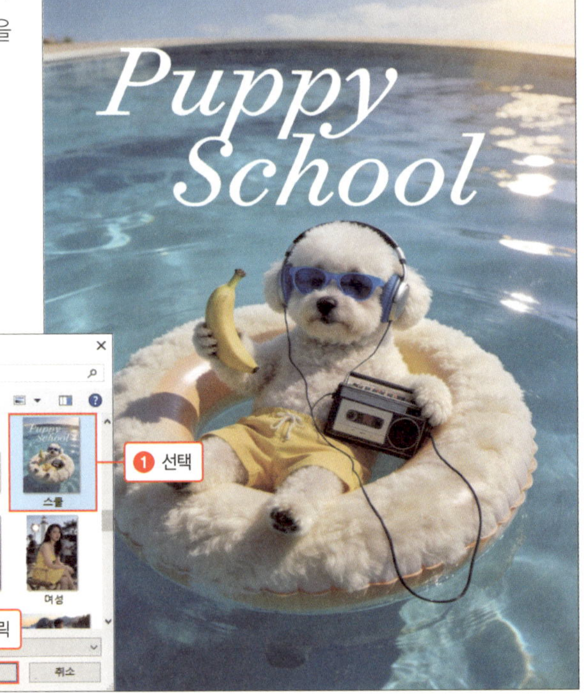

03 ┃ 'Puppy School' 문자를 'Dog Training Center' 문자로 교체하기 위한 프롬프트를 입력한 다음 '제출' 아이콘(↑)을 클릭합니다.

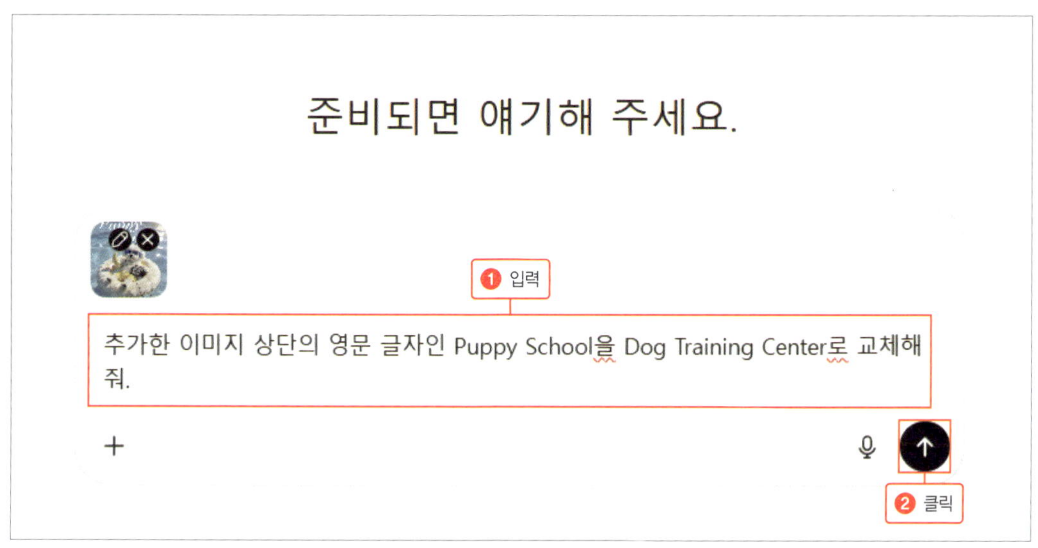

프롬프트 추가한 이미지 상단의 영문 글자인 Puppy School을 Dog Training Center로 교체해 줘.

04 ┃ 그림과 같이 문자의 폰트는 그대로 유지한 상태에서 'Puppy School' 문자가 'Dog Training Center' 문자로 교체된 것을 확인할 수 있습니다.

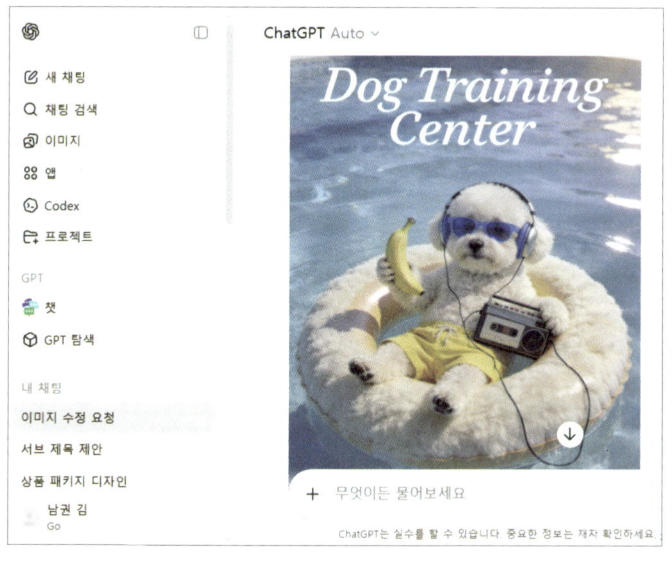

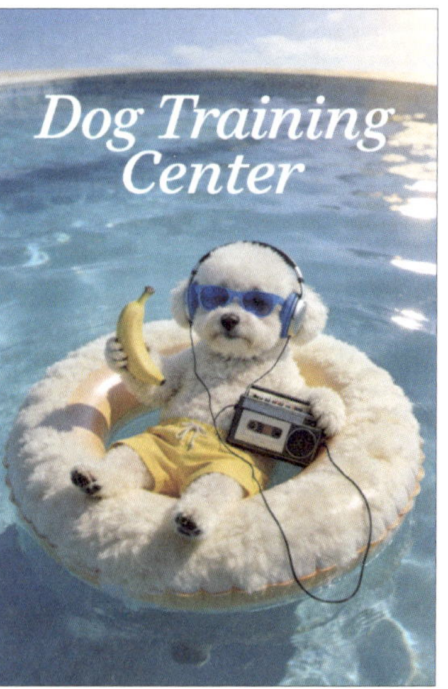

05 | 이미지 하단에 한글 문자를 추가 생성하기 위한 프롬프트를 입력하고 '제출' 아이콘(⬆)을 클릭합니다.

프롬프트 생성한 문자 하단에 '신입 반려견 모집' 이라고 한글로 문자를 추가해 줘.

06 | 한글 문자가 생성된 것을 확인할 수 있습니다. 생성한 이미지를 이용하여 포스터 연출 이미지를 만들기 위한 프롬프트를 입력하고 '제출' 아이콘(⬆)을 클릭합니다.

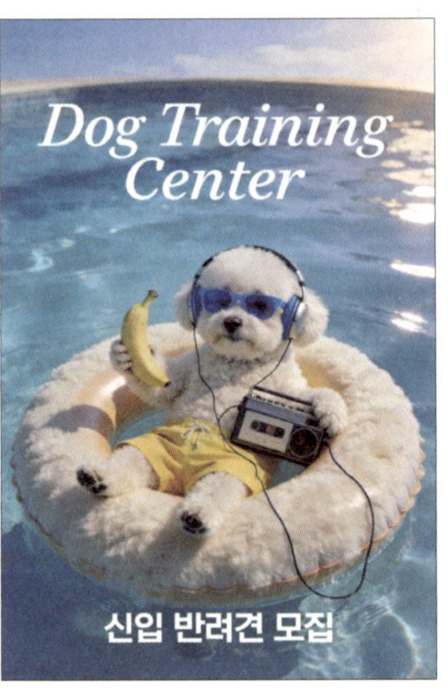

프롬프트 생성한 이미지를 반려견센터 유리창에 포스터 형식으로 붙여 줘.

07 | 작업한 이미지를 이용하여 유리창에 붙여진 포스터 연출 이미지로 생성된 것을 확인할 수 있습니다.

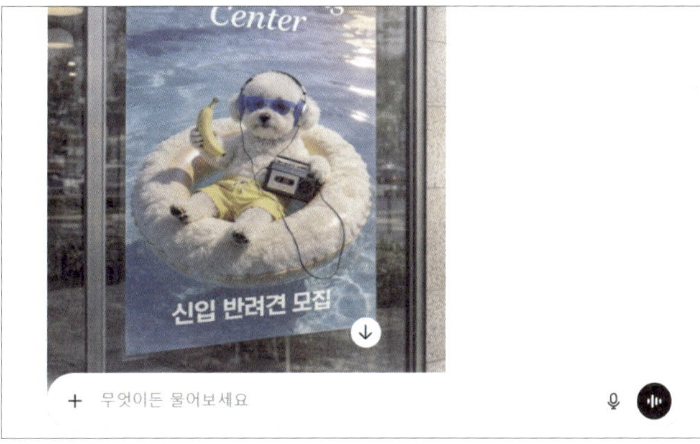

알아두기 **챗GPT에서 문자 생성과 수정의 장점**

챗GPT를 활용한 문자 수정과 문자 생성 기능은 디자인 일관성을 유지하면서 빠르게 콘텐츠를 수정하고 확장할 수 있다는 점에서 매우 실용적인 도구입니다. 특히 마케팅 이미지 제작, 홍보 포스터 수정, 간판 디자인 시안 제작 등 다양한 콘텐츠 제작 환경에서 효율적인 작업 방식으로 활용할 수 있습니다.

❶ 디자인의 일관성 유지 가능

기존 포스터나 광고 이미지에는 특정한 브랜드 이미지와 분위기를 형성하는 폰트 스타일이 적용되어 있습니다. 챗GPT 기반 이미지 생성 기능을 활용하면 기존에 사용된 폰트의 형태, 두께, 기울기, 자간 등의 특징을 그대로 유지하면서 텍스트 내용만 수정할 수 있습니다. 따라서 전체 디자인의 통일성을 해치지 않고 문구를 변경할 수 있으며 브랜드 아이덴티티를 유지하는 데에도 효과적입니다.

❷ **수정 작업 시간 크게 단축**

일반적인 디자인 작업에서는 문자를 수정하기 위해 포토샵이나 일러스트레이터 같은 프로그램에서 레이어를 찾아 수정하거나, 원본 파일이 없는 경우 동일한 폰트를 찾아 다시 디자인해야 하는 번거로움이 있습니다. 그러나 챗GPT를 활용하면 이미지를 기반으로 자연스럽게 문자만 교체하거나 새로운 문장을 추가할 수 있기 때문에 복잡한 편집 과정을 거치지 않고도 빠르게 결과를 얻을 수 있습니다.

❸ **원본 파일이 없어도 편집이 가능**

많은 경우 포스터나 홍보 이미지의 원본 PSD나 AI 파일이 없는 상태에서 문구 수정이 필요한 상황이 발생합니다. 이때 챗GPT를 활용하면 이미지 파일만으로도 기존 디자인을 유지한 채 텍스트를 수정하거나 추가할 수 있습니다. 이는 특히 소상공인 홍보물, 간판 디자인, 온라인 광고 이미지 수정과 같은 작업에서 매우 유용합니다.

❹ **다양한 홍보 콘텐츠로 빠르게 확장 가능**

하나의 이미지를 기반으로 문구만 바꾸어 여러 버전의 홍보 이미지를 만들 수 있습니다. 예를 들어 같은 포스터 이미지에 '신입 반려견 모집', '무료 상담 진행', '훈련 프로그램 안내' 등 다양한 문구를 적용하면 동일한 디자인 스타일을 유지하면서 여러 마케팅 콘텐츠를 제작할 수 있습니다. 이는 마케팅 효율을 높이는 데에도 큰 도움이 됩니다.

❺ **디자인 경험이 없어도 쉽게 활용**

챗GPT를 이용하면 복잡한 그래픽 프로그램을 다루지 않아도 텍스트 수정과 추가 작업을 수행할 수 있습니다. 간단한 요청만으로도 이미지 속 문자 교체, 문구 추가, 디자인 유지 등이 가능하기 때문에 디자인 경험이 없는 사용자도 홍보 이미지나 콘텐츠를 손쉽게 제작할 수 있습니다.

여러 장의 이미지를
한 장의 사진으로 합성하려면?

챗GPT에서 합성을 진행하면 프롬프트 기반으로 원하는 분위기와 구도를 계속 수정할 수 있다는 점이 큰 장점입니다. 기존 포토샵 합성은 수작업 수정이 반복되지만, 챗GPT에서는 문장 수정만으로 새로운 결과를 빠르게 얻을 수 있습니다. 이런 방식은 콘텐츠에서 다양한 버전을 빠르게 비교할 수 있게 만들어 주고, 최종 콘셉트를 결정하는 시간을 크게 줄여 줍니다.

• **예제 파일**: source\합성1~4.jpg　　• **완성 파일**: source\합성완성.png

❶ 인물 이미지
❷ 노란색 소파 이미지
❸ 강아지 이미지
❹ 미술 전시장 이미지
❺ 4장의 이미지를 합성한
　 이미지

4장의 이미지를 한번에 합성하기

01 | 웹브라우저에 'chatgpt.com'를 입력하여 챗GPT 사이트로 이동하고 이미지를 불러오기 위해 '파일 추가' 아이콘(+)을 클릭한 다음 [사진 및 파일 추가]를 선택합니다.

02 | 열기 대화상자가 표시되면 source 폴더에서 Shift를 누른채 '합성 1~4.jpg' 파일을 선택하고 [열기(O)] 버튼을 클릭합니다.

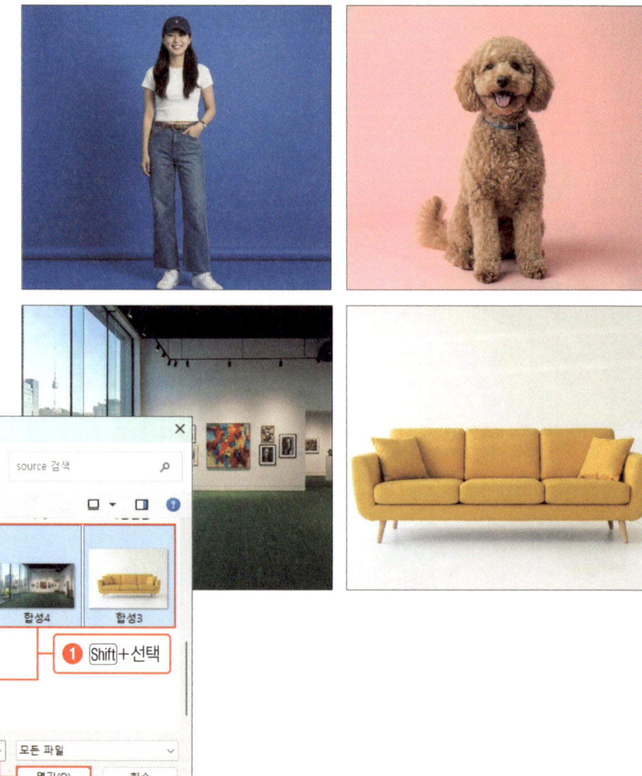

03 | 합성할 4장의 이미지 파일이 프롬프트 입력 창에 표시되면, 한 장의 이미지로 합성하기 위한 프롬프트를 입력하고 '제출' 아이콘(↑)을 클릭합니다.

프롬프트 추가한 4개의 이미지를 합성해서 한장의 이미지로 생성해 줘.

04 | 추가한 4개의 이미지를 인식한 다음 이미지의 구도와 비율, 위치 등을 조정하여 한 장의 이미지로 생성합니다.

05 그림과 같이 인물과 강아지, 소파, 전시장 등 4개의 이미지를 최적의 조합으로 한 장의 이미지로 합성하였습니다.

06 생성된 이미지의 구도가 마음에 들지 않으면 프롬프트를 수정하여 다시 생성합니다. 예제에서는 작품을 감상하는 뒷모습으로 수정 생성하였습니다.

프롬프트 생성된 이미지에서 인물과 강아지가 소파에 앉아 미술 작품을 감상하는 뒷모습을 생성해 줘.

09 동일한 인물의 나이든 모습 생성하기

동일한 인물의 나이든 모습을 생성할 수 있는 기능은 한 사람의 시간의 흐름을 시각적으로 표현할 수 있다는 점에서 매우 유용합니다. 현재의 인물 이미지를 기준으로 미래의 모습을 예측하거나 과거와 미래를 동시에 보여 줄 수 있기 때문에 스토리텔링이나 콘텐츠 제작에 활용도가 높습니다. 예제에서는 10대의 인물을 80대의 인물로 변경하고, 같은 인물을 한자리에서 포즈를 취하는 장면을 생성해 보겠습니다.

• **예제 파일:** source\10대.png   • **완성 파일:** source\80대,연령완성.png

❶ 10대 인물

❷ 80대 인물

❸ 원본 인물 이미지의 의상, 배경을 동일하게 유지한 상태에서 나이든 모습으로 수정 생성하여 합성한 이미지

동일한 인물을 나이든 모습으로 변경하기

01 | 웹브라우저에 'chatgpt.com'를 입력하여 챗GPT 사이트로 이동하고 이미지를 불러오기 위해 '파일 추가' 아이콘(+)을 클릭한 다음 [사진 및 파일 추가]를 선택합니다.

02 | 열기 대화상자에서 source 폴더에 '10대.png' 파일을 선택하고 [열기(O)] 버튼을 클릭합니다.

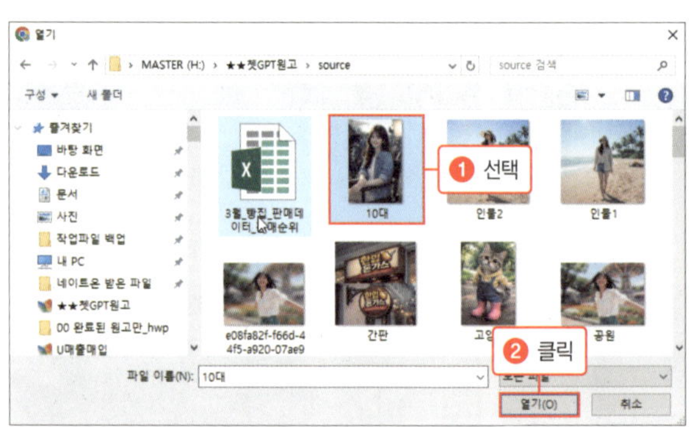

03 | 10대 인물 이미지가 표시되면, 프롬프트 입력 창에 10대 소녀를 기준으로 80대 노년 여성 이미지로 합성하기 위한 프롬프트를 입력하고 '제출' 아이콘(↑)을 클릭합니다.

프롬프트 추가한 인물을 기준으로 80대 모습을 생성해 줘.

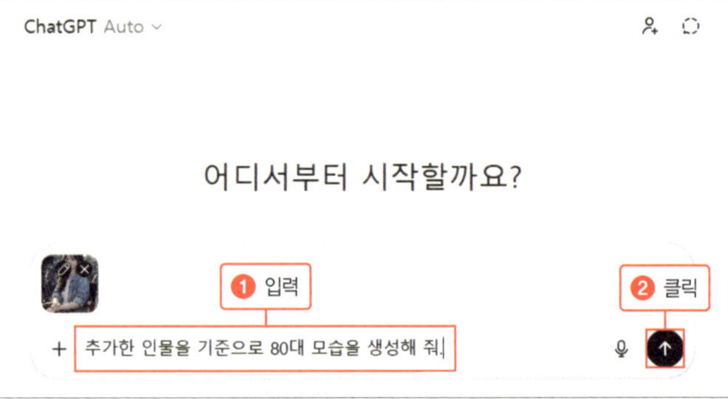

04 | 그림과 같이 10대 인물과 같은 의상, 포즈를 유지한 상태에서 얼굴과 머리카락, 주름, 피부 등 80대 인물로 변경된 것을 확인할 수 있습니다.

같이 촬영한 인물 사진 연출하기

05 | 10대의 인물과 80대 인물이 한 장소에서 같이 포즈를 취한 이미지를 생성하는 프롬프트를 입력한 다음 '제출' 아이콘(↑)을 클릭합니다.

> **프롬프트** 원본의 10대 인물과 80대 인물이 서로 손을 잡고 같이 앉아 있는 모습을 생성해 줘.

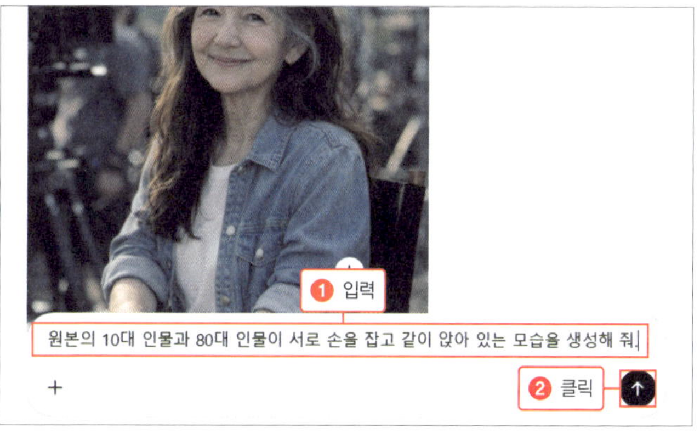

06 | 그림과 같이 10대 인물이 미래의 80대로 변한 인물이 같은 장소에 있는 모습을 생성하였습니다.

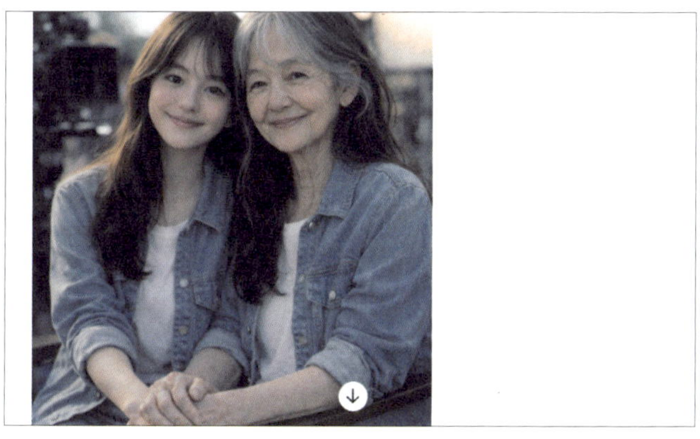

10 서로 다른 인물을 같이 합성하기

서로 다른 인물 사진을 하나의 장면으로 자연스럽게 합성하면 같은 장소에서 촬영하지 않아도 하나의 장면을 만들 수 있습니다. 또한 다양한 관계를 표현하는 이미지도 실제 모델을 모두 섭외하지 않고 자연스럽게 연출할 수 있습니다. 예제에서는 서로 다른 장소의 인물들을 같은 장소에서 같이 촬영하는 장면을 연출해 보겠습니다.

• **예제 파일**: source\여성, 남성.png   • **완성 파일**: source\커플1~2.png

❶ 놀이공원 배경의 남성 인물 사진

❷ 촬영장 배경의 여성 인물 사진

❸ 두 인물을 합성(놀이 공원 배경)한 사진

❹ 두 인물을 합성(클럽 배경)한 사진

다른 공간의 인물 합성하기

01 | 웹브라우저에 'chatgpt.com'를 입력하여 챗GPT 사이트로 이동하고 이미지를 불러오기 위해 '파일 추가' 아이콘(+)을 클릭한 다음 [사진 및 파일 추가]를 선택합니다.

02 | 열기 대화상자가 표시되면 source 폴더에서 '여성, 남성.png' 파일을 동시 선택하고 [열기(O)] 버튼을 클릭합니다.

03 | 두 인물을 놀이공원을 배경으로 합성하기 위한 프롬프트를 입력한 다음 '제출' 아이콘(●)을 클릭합니다.

> **프롬프트** 추가한 이미지의 여성과 남성 인물이 서로 놀이공원에서 셀카를 촬영하는 장면을 생성해 줘.

04 | 그림과 같이 놀이공원을 배경으로 서로 다른 인물이 셀카를 촬영하는 이미지가 생성되었습니다. 배경을 클럽으로 변경하는 프롬프트를 입력한 다음 '제출' 아이콘(●)을 클릭합니다.

> **프롬프트** 두 인물이 셀카를 촬영하는 배경을 클럽 안으로 교체해 줘.

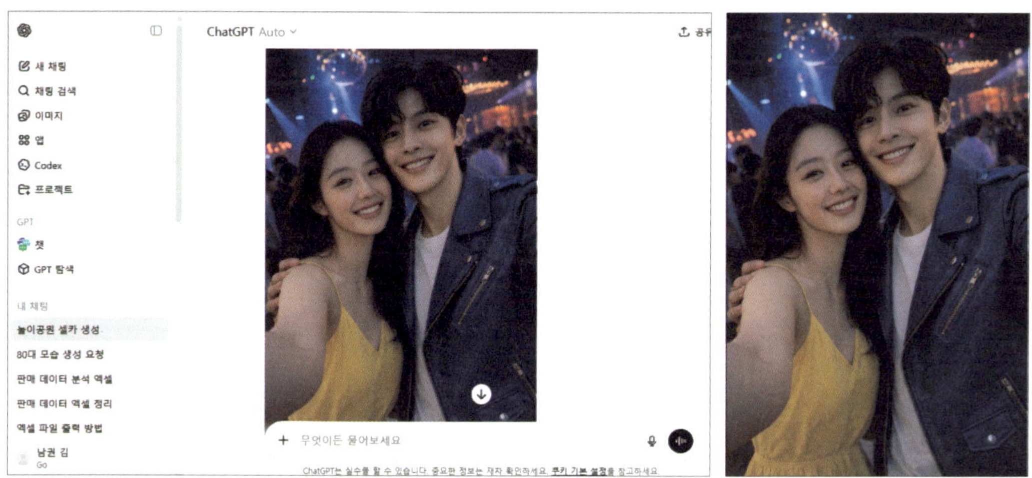

알아두기 챗GPT 실물 인물 이미지 사용 가이드

챗GPT를 활용한 이미지 생성 및 합성 작업에서는 편의성과 속도가 크게 향상되지만, 실물 인물 사진을 사용할 경우에는 여전히 동일한 법적·윤리적 기준이 적용됩니다. 특히 사용자가 외부에서 확보한 실제 인물 이미지를 챗GPT에 업로드한 뒤 이를 기반으로 변형하거나 다른 장면에 합성하는 방식은 기술적으로는 가능하더라도, 해당 인물의 사전 동의가 없다면 초상권 침해로 이어질 수 있습니다. 이는 단순히 이미지를 참고하는 수준이 아니라, 인물의 얼굴과 정체성을 그대로 활용하는 것이기 때문에 권리 침해의 범위가 명확하게 성립됩니다.

또한 이러한 이미지가 광고, 홍보 콘텐츠, SNS 게시물 등 상업적 목적과 결합될 경우 문제의 강도는 더욱 커집니다. 특정 인물이 실제로 사용하지 않은 제품을 사용하는 것처럼 표현되거나, 특정 메시지와 연결되는 방식으로 활용될 경우 당사자의 의도와 무관한 이미지가 형성되며, 이는 명예훼손이나 퍼블리시티권 침해로 확대될 가능성이 있습니다. 더불어 업로드한 이미지 자체에도 촬영자의 저작권이 존재할 수 있기 때문에, 단순히 인물의 동의뿐만 아니라 이미지 사용 권한까지 함께 고려해야 합니다.

따라서 챗GPT를 활용한 실무에서는 반드시 권한이 확보된 이미지만을 사용하는 것이 기본 원칙이며, 가능하다면 AI로 새롭게 생성한 인물을 활용하거나 정식 라이선스를 확보한 이미지를 사용하는 것이 안전합니다. 이러한 방식은 단순히 법적 리스크를 회피하는 수준을 넘어, 콘텐츠의 신뢰도를 유지하고 장기적인 브랜드 가치를 보호하기 위한 필수적인 작업 기준이라고 볼 수 있습니다.

11 다양한 감정의 캐릭터 & 이모티콘 만들기

다양한 감정의 캐릭터와 이모티콘을 챗GPT로 제작하면 하나의 캐릭터를 기반으로 다양한 감정을 동일한 스타일로 표현할 수 있습니다. 또한 감정, 포즈, 의상, 소품 등을 자유롭게 바꿀 수 있어 브랜드 캐릭터를 체계적으로 생성하는 데 효율적입니다. 예제에서는 원하는 형태의 고양이 캐릭터를 생성한 다음 다양한 감정의 이모티콘을 만들어 보겠습니다.

• **예제 파일**: source\고양이.png   • **완성 파일**: source\이모티콘.png

❶ 실사 고양이 캐릭터 생성

❷ 2D 고양이 캐릭터 스타일 생성

❸ 다양한 감정을 표현한 고양이 이모티콘

메인 캐릭터 구성하기

01 | 웹브라우저에 'chatgpt.com'를 입력하여 챗GPT 사이트로 이동한 다음 고양이 캐릭터를 생성하기 위한 프롬프트를 입력하고 '제출' 아이콘(⬆)을 클릭합니다.

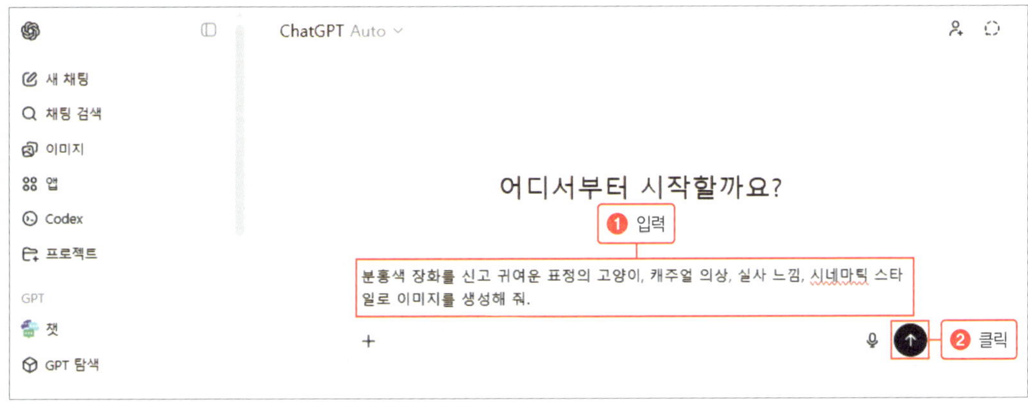

프롬프트 분홍색 장화를 신고 귀여운 표정의 고양이, 캐주얼 의상, 실사 느낌, 시네마틱 스타일로 이미지를 생성해 줘.

02 | 입력한 프롬프트가 다르게 적용되어 다시 원하는 형태로 수정해 보겠습니다. 예제에서는 의상과 색상을 변경하는 프롬프트를 입력하고 '제출' 아이콘(⬆)을 클릭합니다.

프롬프트 생성한 이미지에서 코트를 없애고, 장화 색상을 분홍색으로 변경하여 생성해 줘.

03 | 메인 캐릭터는 캐릭터의 특징이나 디테일한 형태를 수정하면서 최종 캐릭터를 완성합니다.

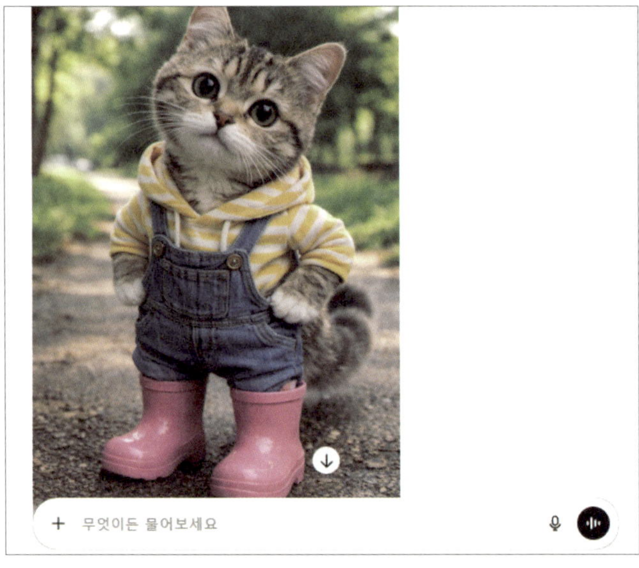

2D 이모티콘 형태로 변경하기

04 | 생성된 캐릭터를 이용하여 2D 이모티콘 형태의 캐릭터로 변경하기 위한 프롬프트를 입력한 다음 '제출' 아이콘(↑) 클릭합니다.

프롬프트 생성한 고양이 캐릭터를 2D 이모티콘 스타일로, 앞모습과 옆모습, 뒷모습을 흰색 배경에 생성해 줘.

05 | 그림과 같이 이모티콘 형태로 생성되었습니다. 생성한 캐릭터의 다양한 감정이 담긴 이모티콘 이미지를 생성하기 위해 다음의 프롬프트를 입력하고 '제출' 아이콘(↑)을 클릭합니다.

프롬프트 생성한 이모티콘 캐릭터로, 기쁨과 슬픔, 놀람, 요청, 애교, 거절, 환호, 절망, 응원하는 9개의 동작을 생성해 줘.

06 | 생성된 이모티콘을 기준으로 9개의 다양한 동작의 캐릭터가 생성된 것을 확인할 수 있습니다.

12 말풍선이 있는 4컷 K-웹툰 생성하기

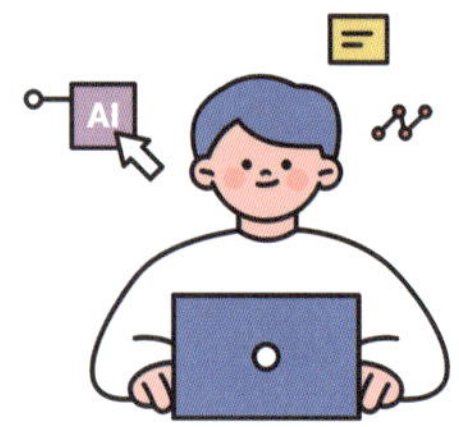

말풍선이 있는 웹툰 컷도 주인공 캐릭터를 한 번 생성해 기준 이미지를 만든 뒤, 그 이미지를 유지하면서 컷마다 배경과 행동, 말풍선만 바꾸어 4컷 웹툰을 제작합니다. 머리 스타일과 의상, 체형 같은 핵심 설정을 고정 프롬프트로 반복 사용하면 동일 인물의 일관성을 유지할 수 있으며, 말풍선 안의 대사까지 생성이 가능합니다.

• **예제 파일**: source\웹툰.png　　• **완성 파일**: source\웹툰완성.png

❶ 주인공 생성

❷ 컷별 장면 구성과 대사 생성

인물 캐릭터 생성하기

01 | 웹브라우저에 'chatgpt.com'를 입력하여 챗GPT 사이트로 이동하고 프롬프트 입력 창에 주인공 인물을 생성하는 프롬프트를 입력한 다음 '제출' 아이콘(↑)을 클릭합니다.

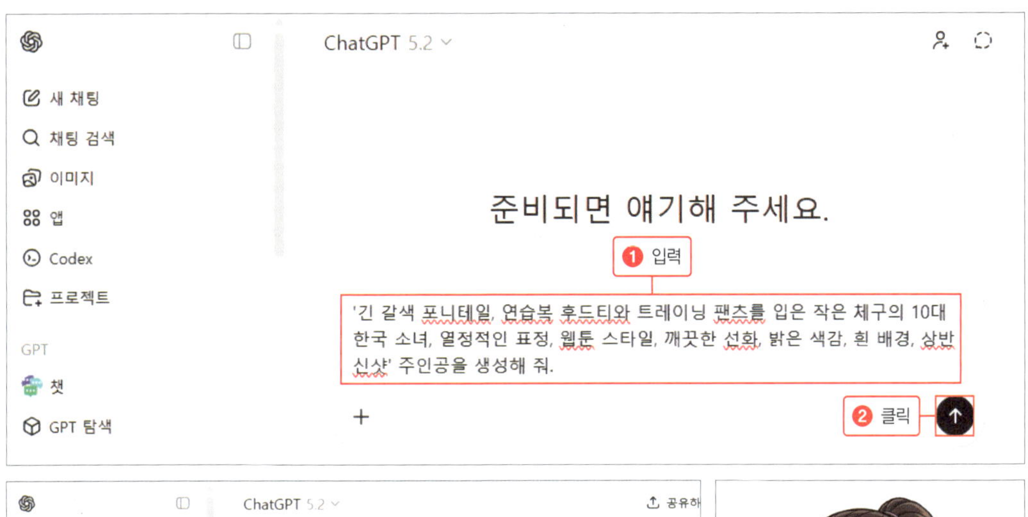

 '긴 갈색 포니테일, 연습복 후드티와 트레이닝 팬츠를 입은 작은 체구의 10대 한국 소녀, 열정적인 표정, 웹툰 스타일, 깨끗한 선화, 밝은 색감, 흰 배경, 상반신샷' 주인공을 생성해 줘.

02 | 인물 캐릭터가 생성되면 웹툰 스타일과 구성, 컷별 내용을 프롬프트에 입력하고 '제출' 아이콘(⬆)을 클릭합니다.

 4컷 웹툰 레이아웃, 모든 컷 같은 캐릭터, 한국 웹툰 스타일, 파스텔톤 색감, 감성 조명, 깔끔한 말풍선, 읽기 쉬운 한글 텍스트, 성장 스토리 웹툰

각 컷 내용

1컷

거울 있는 댄스 연습실에서 혼자 춤 연습

말풍선: "언젠가 꼭 무대에 설 거야!"

2컷

늦은 밤 땀 흘리며 계속 연습

말풍선: "조금만 더… 포기 안 해!"

3컷

오디션 합격 문자 보고 놀라는 장면

말풍선: "정말… 내가 데뷔한다고?"

4컷

화려한 K-팝 무대에서 공연

말풍선: "내 꿈이 현실이 됐어!"

마지막 추가 문장

'또렷한 한글 글자, 큰 말풍선, 텍스트 읽기 쉽게'

언젠가 꼭
무대에 설 거야!
조금만 더…
포기 안 해!
정말…
내가 데뷔한다고?
축하합니다!
오디션 최종 합격!
내 꿈이
현실이 됐어!

언젠가 꼭
무대에 설 거야!
조금만 더…
포기 안 해!
정말…
내가 데뷔한다고?
축하합니다!
오디션 최종 합격!
내 꿈이
현실이 됐어!

13 스케치 형태로 이미지를 생성하려면?

간단한 스케치로 인물 포즈를 먼저 설정하면 원하는 동작과 시선 방향을 정확하게 구현할 수 있고, 촬영 전 다양한 포즈를 빠르게 비교해 최적의 구도를 찾을 수 있으며, 동일한 인물과 포즈를 유지한 채 의상과 배경만 바꿔 여러 콘셉트 이미지를 효율적으로 제작할 수 있습니다.

• **예제 파일**: source\스케치.png   • **완성 파일**: source\스케치완성.png

❶ 스케치 이미지
❷ 스케치와 동일한 포즈의 인물 생성
❸ 인물의 의상과 배경을 추가한 이미지

스케치 이미지에 인물 생성하기

01 | 웹브라우저에 'chatgpt.com'를 입력하여 챗GPT 사이트로 이동하고 이미지를 불러오기 위해 '파일 추가' 아이콘(+)을 클릭한 다음 [사진 및 파일 추가]를 선택합니다.

02 | 열기 대화상자가 표시되면 source 폴더에 '스케치.png' 파일을 선택하고 [열기(O)] 버튼을 클릭합니다.

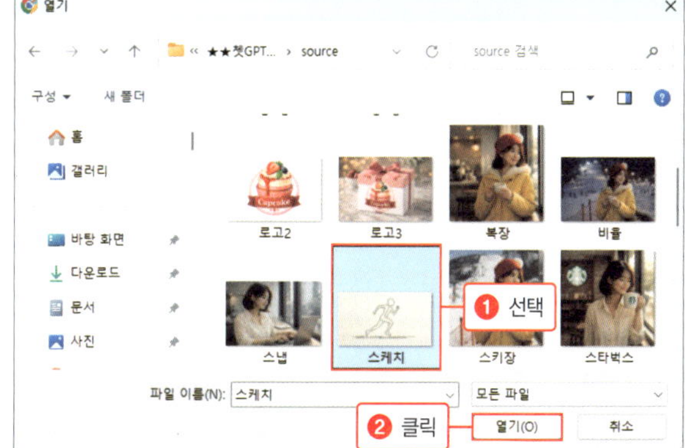

03 | 스케치 인물 포즈 그대로 동일하게 달리는 인물을 생성하기 위해 프롬프트를 입력하고 '제출' 아이콘(⬆)을 클릭합니다.

프롬프트 20대 한국 남성이 운동복을 입고, 추가한 이미지 동작으로 생성해 줘.

04 | 그림과 같이 스케치 인물과 동일한 포즈의 남성 인물 이미지가 생성된 것을 확인할 수 있습니다.

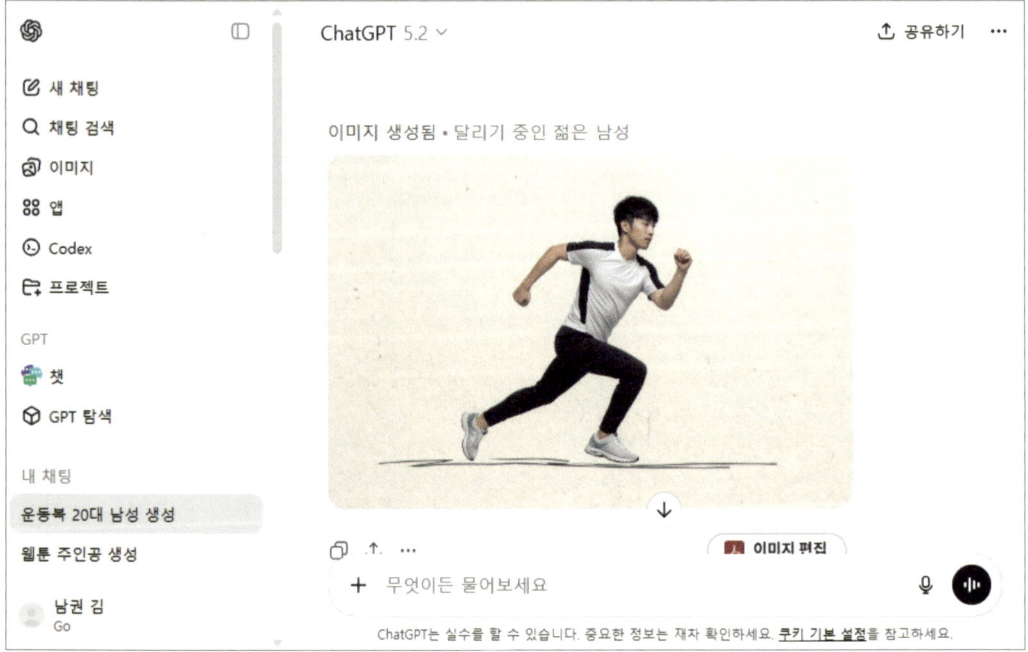

배경과 의상 변경하기

05 배경을 달리기 트랙으로, 복장을 마라톤 선수 복장으로 변경하기 위한 프롬프트를 입력하고 '제출' 아이콘(⬆)을 클릭합니다.

프롬프트 배경을 달리기 트랙으로 생성하고, 인물의 복장을 마라톤 선수 복장으로 생성해 줘.

06 그림과 같이 스케치 인물을 기준으로 트랙에서 달리기하는 인물 실사 스타일의 이미지 생성이 완성되었습니다.

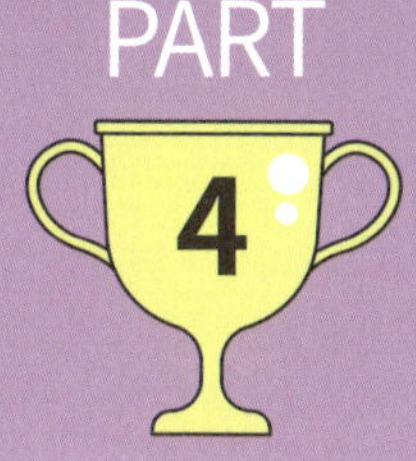

이게 된다고?
챗GPT에서 이미지 편집과 디자인하기

챗GPT에서는 프롬프트 요청하는 방식과 직접 조절하는 방식을 함께 사용할 수 있는 것이 가장 큰 특징입니다. 특히, 포토샵 앱이 함께 실행되는 형태로 작업이 이루어지기 때문에, 단순히 프롬프트로 수정하는 수준을 넘어 보다 직관적인 편집이 가능합니다. 이 PART에서는 챗GPT를 활용해 이미지 편집과 디자인 작업을 쉽고 빠르게 처리하는 방법을 설명합니다. 실무에서 바로 사용할 수 있는 기능들을 중심으로, 복잡한 작업을 단순한 과정으로 바꾸는 활용법을 단계별로 알아봅니다.

01 포토샵을 실행하지 않고 이미지 편집하는 방법

챗GPT에서는 외부 애플리케이션을 연결해 다양한 작업을 수행할 수 있으며, 그중 하나가 포토샵 앱을 활용하는 방식입니다. 챗GPT의 앱 기능을 이용하면 대화창 안에서 포토샵을 선택하여 이미지 편집과 관련된 작업을 보다 효율적으로 진행할 수 있습니다.

챗GPT에서 포토샵 기능으로 이미지 작업하기

포토샵 앱을 사용하려면 먼저 챗GPT의 대화창에서 앱 기능을 열어 사용 가능한 앱 목록을 확인합니다. 목록에서 Adobe Photoshop을 선택하면 챗GPT와 포토샵이 연결되며, 이후에는 이미지 편집과 관련된 작업을 대화 형태로 요청할 수 있습니다. 예를 들어 이미지의 배경을 제거하거나 색상을 보정하거나 특정 영역을 수정하는 작업을 요청하면 포토샵의 기능을 활용해 이미지를 편집할 수 있습니다.

또한 이 기능의 특징은 포토샵 프로그램을 직접 실행하지 않아도 챗GPT 환경 안에서 이미지 편집 작업을 진행할 수 있다는 점입니다. 이미지가 생성되거나 편집되면 포토샵에서 사용하는 밝기, 대비, 채도와 같은 슬라이더나 다양한 보정 옵션을 챗GPT 인터페이스 안에서 조절할 수 있습니다. 이를 통해 세밀한 색상 보정이나 디테일한 수정 작업을 보다 직관적으로 수행할 수 있습니다.

이 방식의 장점은 원하는 작업을 문장으로 설명하면서 동시에 슬라이더와 옵션을 이용해 세부 조정을 할 수 있다는 점입니다. 예를 들어 '이미지를 조금 더 밝게 만들어 달라'거나 '색감을 따뜻하게 조정해 달라'와 같은 요청을 한 뒤 슬라이더를 이용해 세밀하게 값을 조정하면 보다 원하는 결과에 가까운 이미지를 만들 수 있습니다.

챗GPT에서 포토샵 사용 범위

챗GPT에서 포토샵을 사용하는 방식은 우리가 일반적으로 생각하는 '포토샵 프로그램을 실행하는 것'과는 구조적으로 다릅니다. 챗GPT 내부에서 제공되는 앱 기능은 특정 소프트웨어를 직접 구동하는 것이 아니라, 해당 서비스와 연동된 기능을 대화 기반으로 호출하는 방식으로 작동합니다. 즉, 사용자는 챗GPT의 대화 창 안에서 포토샵 관련 기능을 선택하고, 자연어로 이미지 편집을 요청하는 형태로 작업을 진행하게 됩니다.

이러한 기본적인 연동 기능을 사용하는 단계에서는 반드시 Adobe의 유료 구독자가 아니어도 된다는 것입니다. Adobe 계정으로 로그인하여 연결하는 과정은 필요하지만, 간단한 이미지 보정이나 배경 제거, 특정 요소 수정과 같은 기능은 구독 없이도 활용 가능한 범위에 포함됩니다. 따라서 초보자나 기획 단계에서 빠르게 시안을 만들고 싶은 사용자에게는 포토샵 기능 사용이 쉽습니다.

다만, 작업의 범위가 확장되어 실제 포토샵 프로그램으로 이어지는 경우에는 상황이 달라집니다. 예를 들어 챗GPT에서 편집한 이미지를 '포토샵에서 이어서 작업하기' 형태로 넘기거나 레이어 기반의 정밀 편집, 고급 합성, 인쇄용 파일 제작과 같은 전문적인 작업을 수행하려면 Adobe Creative Cloud 구독이 필요합니다. 이는 챗GPT가 제공하는 기능이 어디까지나 자동화된 편집 보조 도구의 성격을 가지기 때문입니다.

챗GPT에서 포토샵 앱 설정하기

01 | 챗GPT에서 포토샵을 실행하기 위해 화면 왼쪽 하단의 사용자 프로필을 클릭한 다음 [설정]을 선택합니다.

 앱 대화상자가 표시되면 포토샵 앱을 검색하기 위해 [앱]에서 [앱 탐색] 버튼을 클릭합니다.

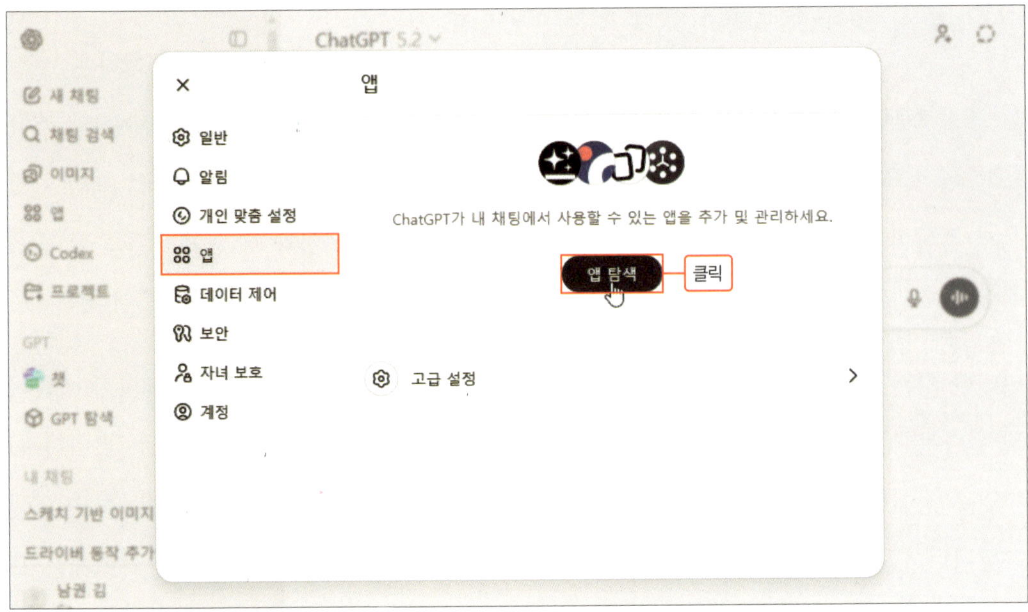

03 챗GPT에서 사용 가능한 앱 리스트가 표시되면 포토샵을 사용하기 위해 [Adobe Photoshop]을 클릭합니다.

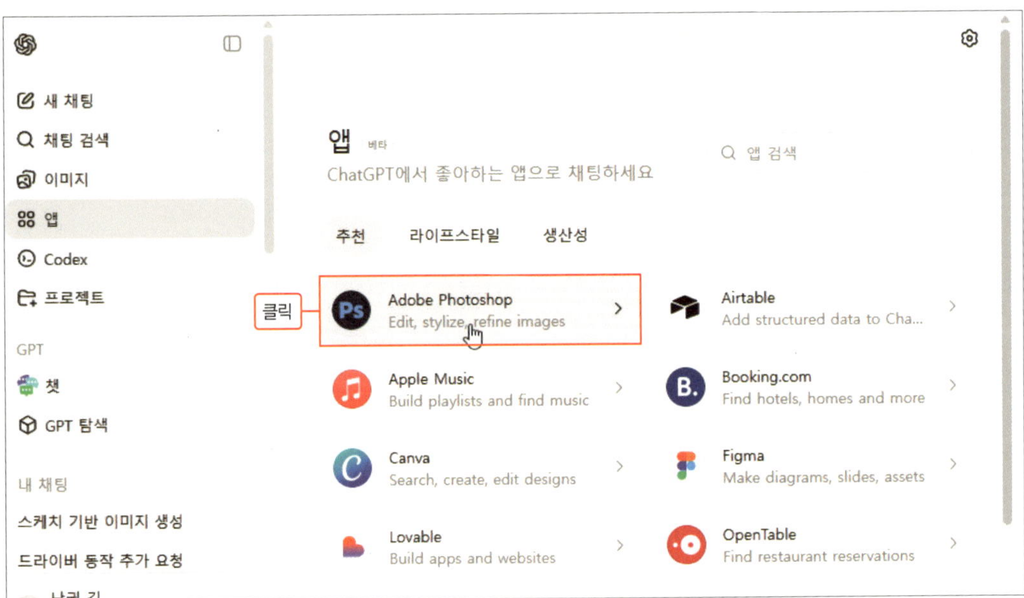

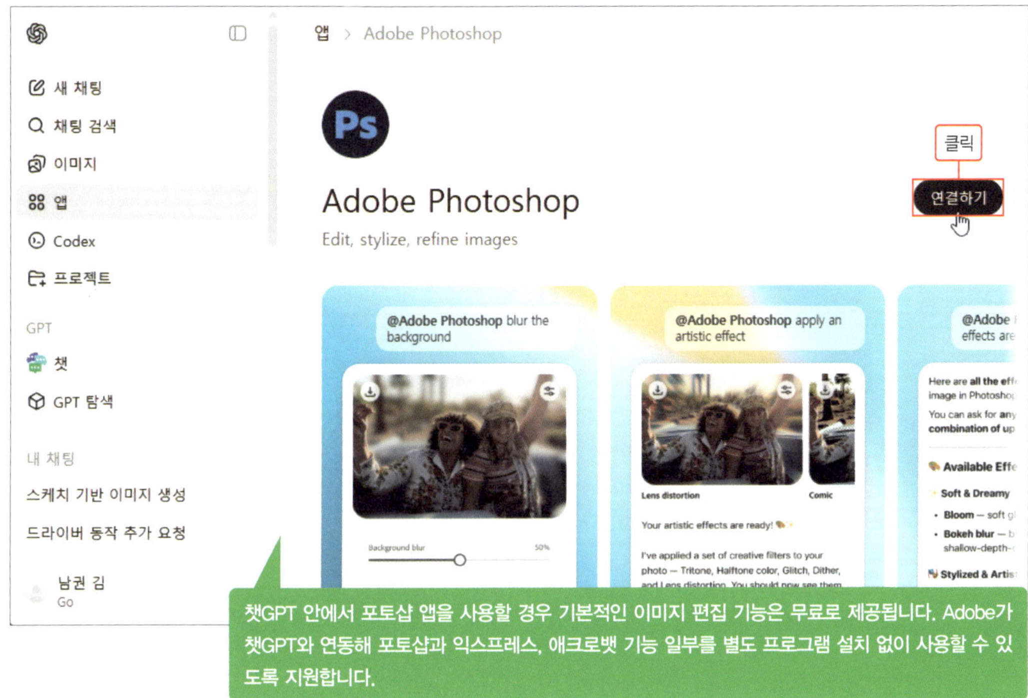

05 | 챗GPT에서 Adobe Photoshop 기능을 사용하기 위해 계정을 연결하고 데이터 활용 안내에 동의하는 화면이 표시됩니다. 내용을 살펴보고 [연결하기] 버튼을 클릭합니다.

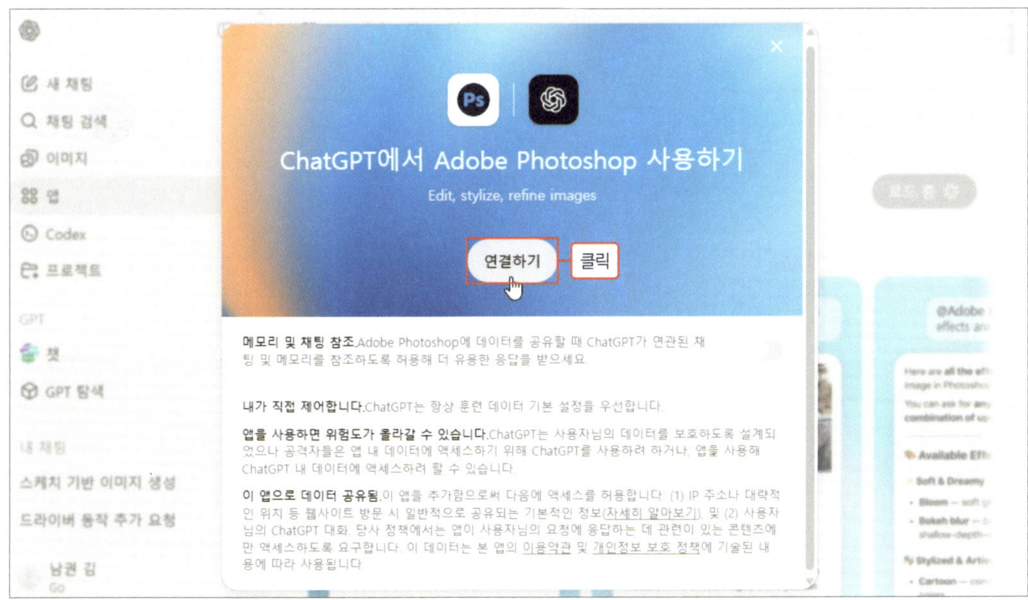

 | '파일 추가' 아이콘(+)을 클릭한 다음 [더 보기]–[Adobe Photoshop]을 실행합니다.

07 | 프롬프트 입력 창에 Adobe Photoshop이 표시됩니다.

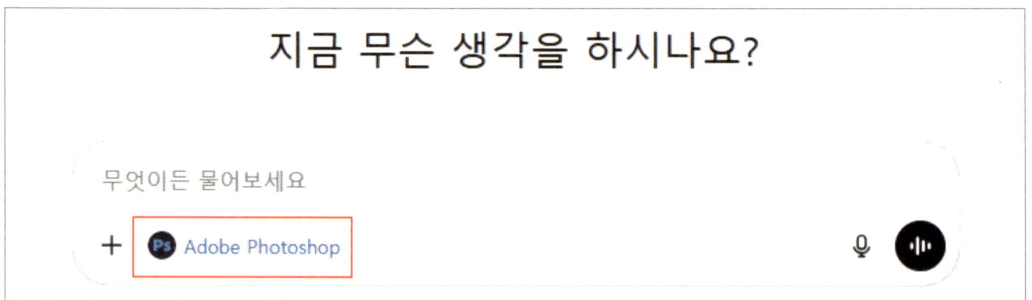

알아두기 **포토샵 정식 버전과 챗GPT 포토샵 앱**

포토샵 정식 버전은 전문가를 위한 이미지 편집 도구입니다. 레이어, 마스크, 채널, 브러시, 필터 등 다양한 기능을 직접 조작하면서 픽셀 단위로 정밀하게 작업할 수 있습니다. 색 보정, 합성, 리터칭, 인쇄용 작업까지 모두 가능한 만큼 자유도가 매우 높지만, 그만큼 학습 난이도도 높은 편입니다.

반면 챗GPT의 포토샵 앱은 대화 기반으로 이미지를 편집하는 방식입니다. 복잡한 기능을 직접 다루지 않아도 원하는 결과를 빠르게 얻을 수 있다는 점이 가장 큰 특징입니다. 또한 챗GPT 환경에서는 슬라이더를 통해 밝기, 색감, 효과 등을 직관적으로 미세 조정할 수 있어, 전문 지식이 없어도 결과를 쉽게 다듬을 수 있습니다.

02 선택 영역 지정 없이 부분 흑백 이미지 만들기

챗GPT를 활용해 선택 영역 지정 없이 부분 흑백 이미지를 만들면, 복잡한 포토샵 기능을 하나하나 찾지 않아도 대화만으로 원하는 보정 방식을 빠르게 실행할 수 있어 작업 흐름이 끊기지 않고 영상 스틸컷이나 광고 썸네일 시안을 즉시 만들 수 있습니다. 예제에서는 버스킹하는 인물 이외의 부분을 흑백 이미지로 보정해 보겠습니다.

- **예제 파일**: source\공연.png
- **완성 파일**: source\공연완성1~2.png

❶ 원본 이미지 흑백 정도: 0%

❷ 흑백 정도: 100%

❸ 흑백 정도: 10%

❹ 흑백 정도: 60%

배경만 흑백 이미지로 만들기

01 | 웹브라우저에 'chatgpt.com'를 입력하여 챗GPT 사이트로 이동하고 '파일 추가' 아이콘(+)을 클릭한 다음 [더 보기]–[Adobe Photoshop]을 실행합니다.

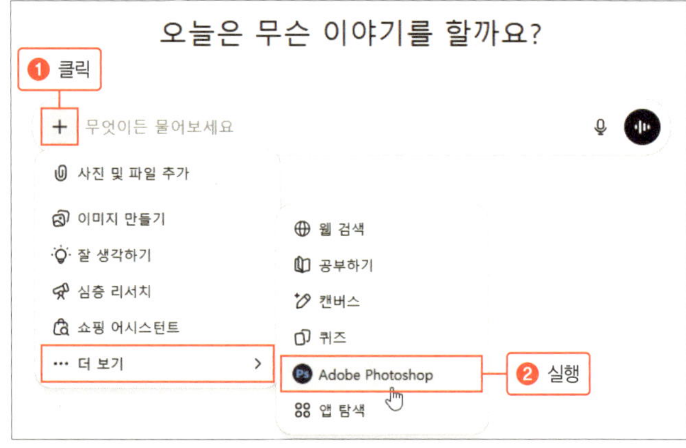

02 | 사용할 이미지를 불러오기 위해 '파일 추가' 아이콘(+)을 클릭한 다음 [사진 및 파일 추가]를 선택합니다.

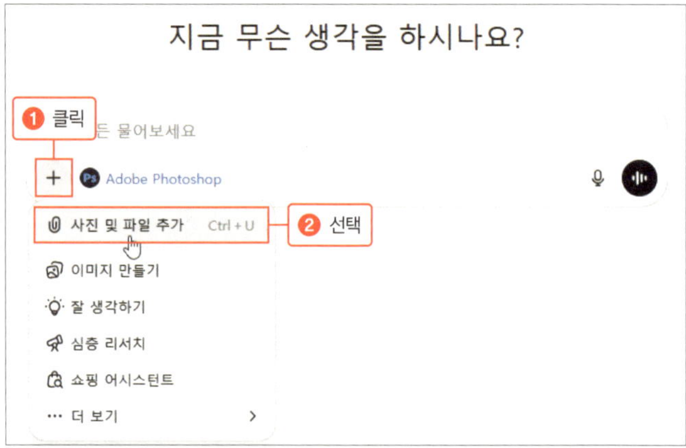

03 | 열기 대화상자가 표시되면 source 폴더에 '공연.jpg' 파일을 선택하고 [열기(O)] 버튼을 클릭합니다.

04 | 인물 이외의 배경을 흑백 이미지로 보정하기 위한 프롬프트를 입력하고 '제출' 아이콘(⬆)을 클릭합니다.

프롬프트 포토샵을 이용하여 인물 이외의 부분을 흑백 이미지로 보정해 줘.

05 | 그림과 같이 인물은 컬러 이미지로 표현되는 반면, 배경 부분은 흑백 이미지로 변경되었습니다. 흑백 부분의 정도를 조정하기 위해 '조정' 아이콘(⚙)을 클릭합니다.

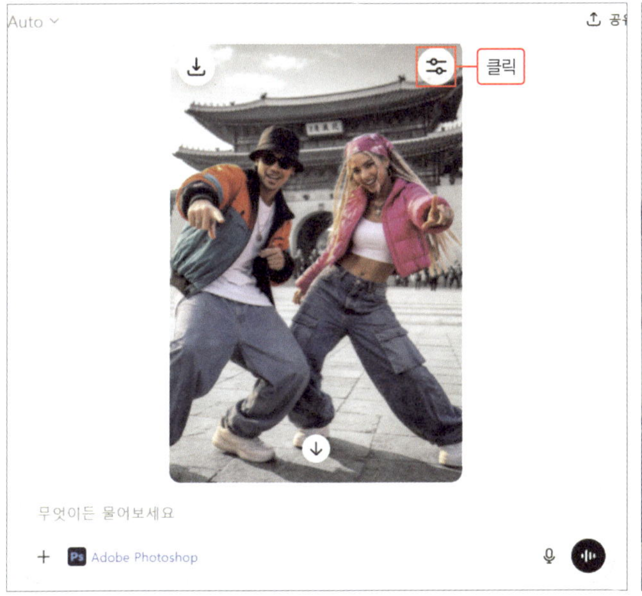

드래그 방식으로 흑백 정도 조정하기

06 │ 회색(흑백) 슬라이더가 화면에 표시되면 슬라이더를 드래그하여 인물을 제외한 배경의 흑백 정도를 조절합니다. 왼쪽으로 슬라이더를 드래그할수록 원본 배경 색상이 복원되는 것을 확인할 수 있습니다.

07 │ 슬라이더를 오른쪽으로 드래그해 수치값을 '60%'로 지정하면 배경이 흑백 이미지에서 살짝 컬러감을 살려 이미지를 완성합니다. '다운로드' 아이콘(⤓)을 클릭하여 보정된 파일을 저장합니다.

03 인물을 돋보이게 하는 블러 효과 적용하기

인물 사진에 블러 효과를 적용하면 배경의 복잡한 요소가 정리되어 인물의 표정과 감정이 더욱 또렷하게 전달되고, 시선이 자연스럽게 인물에게 집중되어 광고 이미지나 영상 썸네일에서 전달력이 높아지며, 화면의 깊이감이 살아나 사진이 더 고급스러운 분위기로 완성됩니다. 여기서는 포토샵의 블러 백그라운드 기능으로 원하는 블러 효과를 적용합니다.

• **예제 파일**: source\테마2.jpg • **완성 파일**: source\테마공원.png

❶ 원본 이미지

❷ 과도한 블러 효과가 적용된 이미지

❸ 적정한 블러 효과가 적용된 이미지

이미지에 블러 효과 적용하기

01 ┃ 웹브라우저에 'chatgpt.com'를 입력하여 챗GPT 사이트로 이동하고 '파일 추가' 아이콘(+)을 클릭한 다음 [더 보기]–[Adobe Photoshop]을 실행합니다.

02 ┃ 이미지를 불러오기 위해 '파일 추가' 아이콘(+)을 클릭한 다음 [사진 및 파일 추가]를 선택합니다.

03 | 열기 대화상자가 표시되면 source 폴더에 '테마2.jpg' 파일을 선택하고 [열기(O)] 버튼을 클릭합니다.

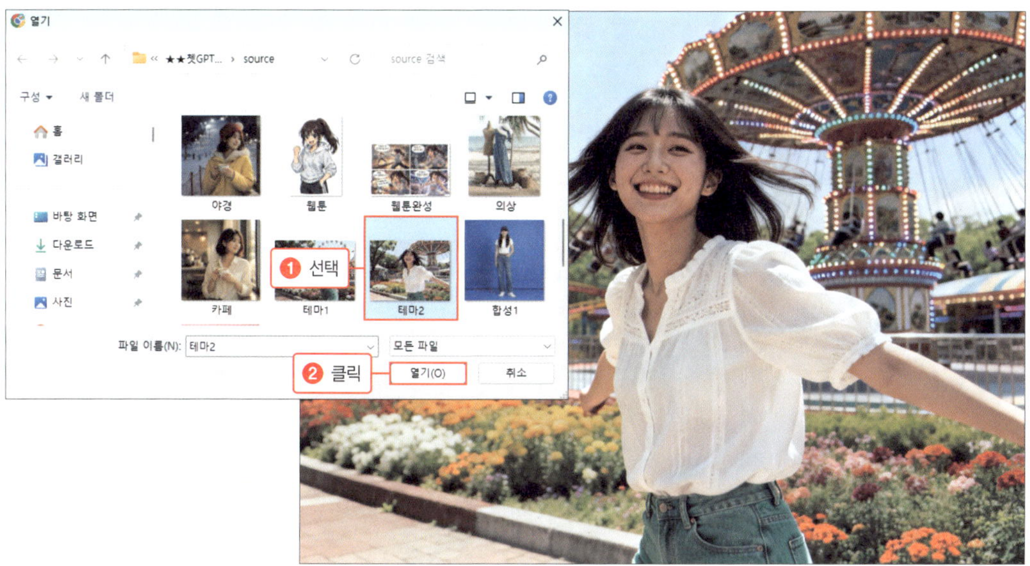

04 | 프롬프트 입력 창에 추가한 이미지가 표시되면, 포토샵을 이용하여 블러 효과를 적용하기 위한 프롬프트를 입력하고 '제출' 아이콘(⬆)을 클릭합니다.

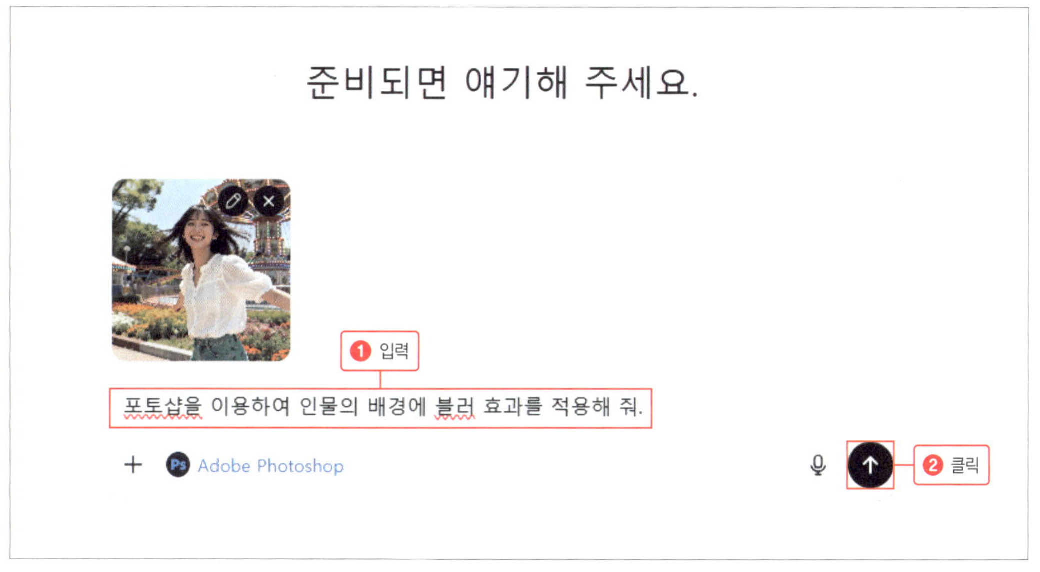

프롬프트 │ 포토샵을 이용하여 인물의 배경에 블러 효과를 적용해 줘.

드래그 방식으로 블러 수정하기

05 | 챗GPT 안에 포토샵이 실행되어 인물의 배경에 흐릿하게 블러 효과가 적용된 것을 확인할 수 있습니다. 블러 정도를 조정하기 위해 이미지 하단의 Blur Background 슬라이더를 드래그합니다.

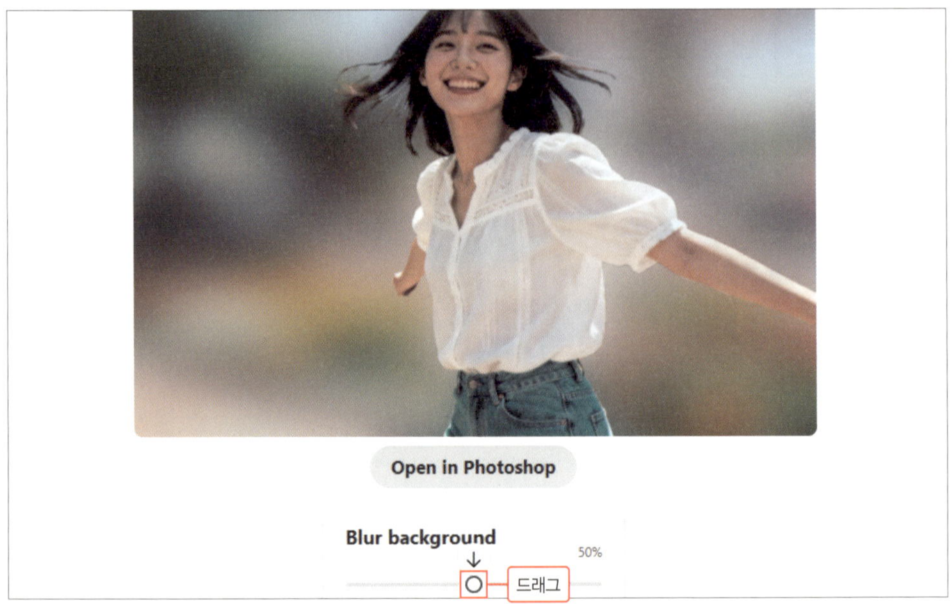

06 | Blur Background 슬라이더를 왼쪽으로 드래그할수록 원본 이미지에 가깝게 블러 효과가 줄어듭니다.

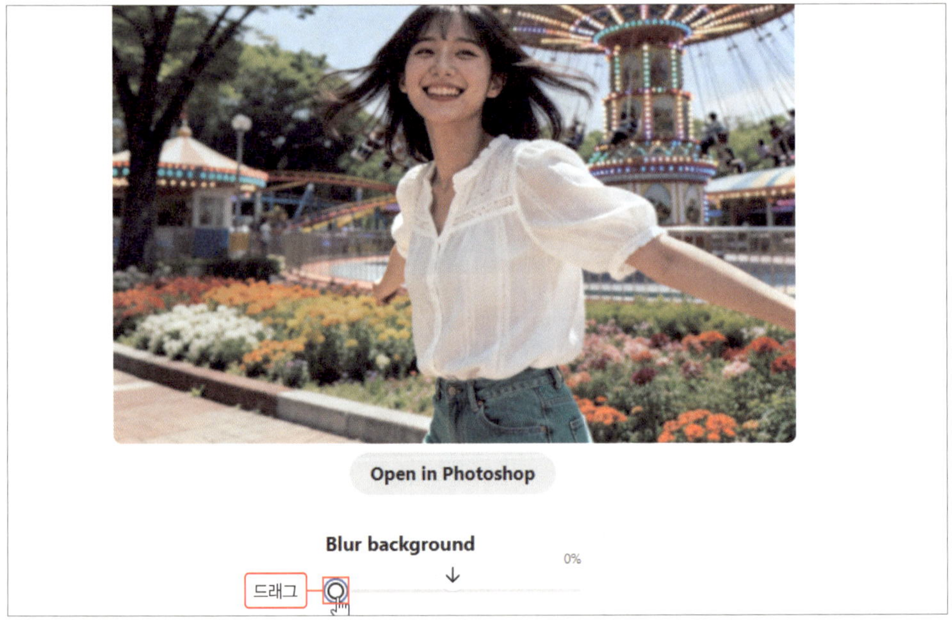

 슬라이더를 '10%'로 드래그하여 인물을 제외한 배경 부분에 적정한 블러를 적용합니다.

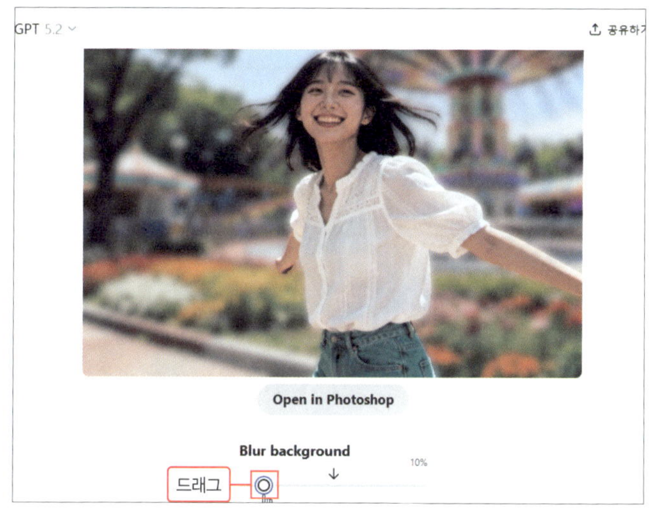

조정 기능으로 추가 보정하기

08 이 상태에서 파일로 저장하기 위해서는 '다운로드' 아이콘(⬇)을 클릭하고, 블러가 적용된 이미지를 추가 수정하기 위해서는 '조정' 아이콘(⚙)을 클릭합니다. 예제에서는 '조정' 아이콘(⚙)을 클릭합니다.

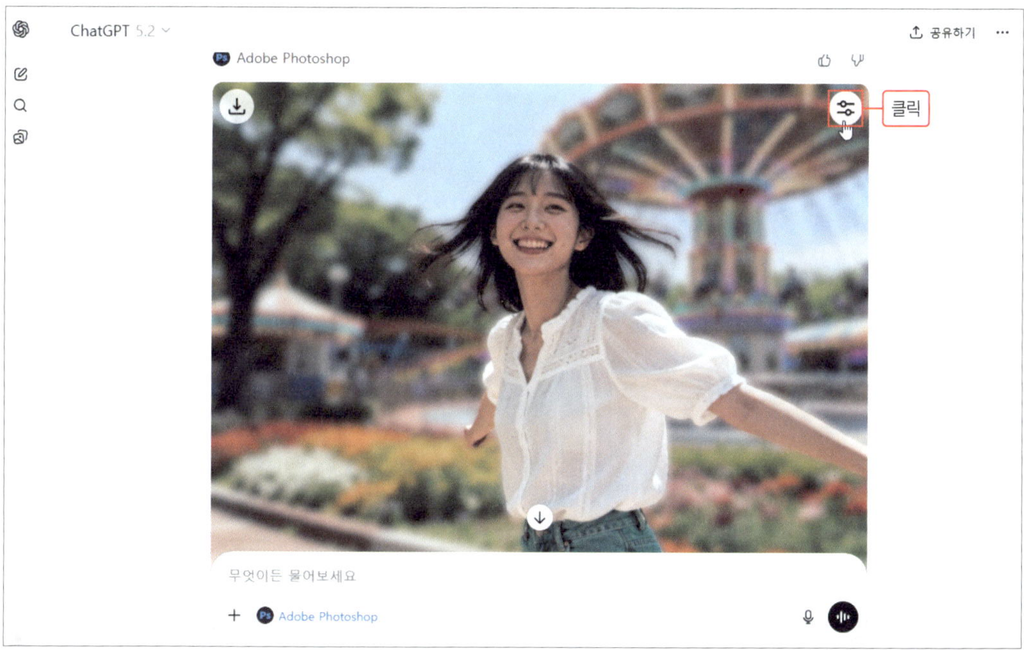

09 │ 이미지가 확대되어 표시되면, Blur Background 슬라이더를 재조정하여 원하는 블러 효과를 적용하고 '다운로드' 아이콘(⬇)을 클릭합니다. 이미지가 재생성되며 파일로 저장됩니다.

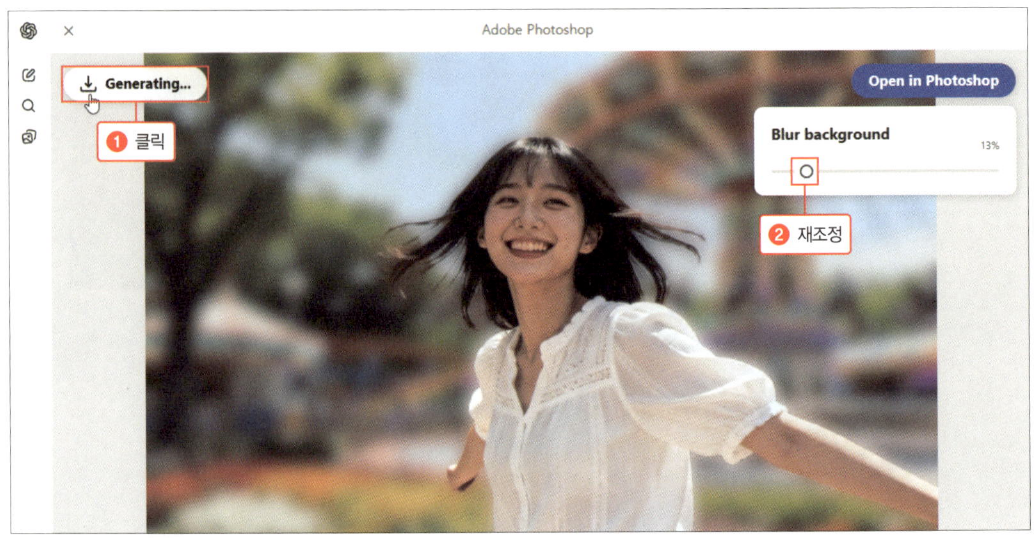

알아두기 **인물을 돋보이게 만드는 블러 효과**

인물 사진에서 포토샵의 블러 효과는 '인물 중심의 시선을 설계하고 완성도를 높이는 핵심 보정 기술'로 활용됩니다. 특히 광고 이미지나 SNS 콘텐츠에서는 인물의 인상을 결정짓는 중요한 요소로 작용하기 때문에, 블러를 어떻게 사용하느냐에 따라 결과물의 수준이 크게 달라집니다.

인물 사진에서 가장 기본이 되는 블러 활용 방식은 배경을 흐리게 만드는 것입니다. 배경의 디테일을 줄이면 자연

복잡한 배경을 줄여 인물이 강조되는 효과를 주는 블러

스럽게 시선이 인물의 얼굴로 집중됩니다. 실제 카메라의 얇은 심도(Depth of Field)를 흉내 내는 방식으로, 전문 촬영 장비로 찍은 듯한 느낌을 만들어 줍니다.

실무에서는 인물은 선명하게 유지하고, 배경만 선택적으로 Gaussian Blur나 Field Blur를 적용하는 방식이 가장 많이 사용됩니다. 특히 복잡한 배경일수록 블러를 통해 정보량을 줄여주는 것이 중요합니다.

04 배경을 투명하게 만들어 이미지 합성하기

챗GPT 안에서 인물 배경을 먼저 자동으로 삭제한 뒤 바로 포토샵 앱을 실행해 다른 배경과 합성하면, 프로그램을 오가며 파일을 저장하고 다시 불러오는 번거로움 없이 콘셉트 시안을 빠르게 완성할 수 있습니다. 예제에서는 들판 배경의 인물 이미지에서 배경을 삭제한 다음 포토샵 앱을 이용하여 해변 배경 이미지와 합성하는 방법을 알아보겠습니다.

- **예제 파일**: source\여행,여행배경.png
- **완성 파일**: source\여행완성.png

❶ 원본 이미지

❷ 배경 삭제

❸ 배경 이미지 추가

❹ 인물 이미지와 합성

배경을 투명 영역으로 만들기

01 | 웹브라우저에 'chatgpt.com'를 입력하여 챗GPT 사이트로 이동하고 '파일 추가' 아이콘(+)을 클릭한 다음 [더 보기]-[Adobe Photoshop]을 실행합니다.

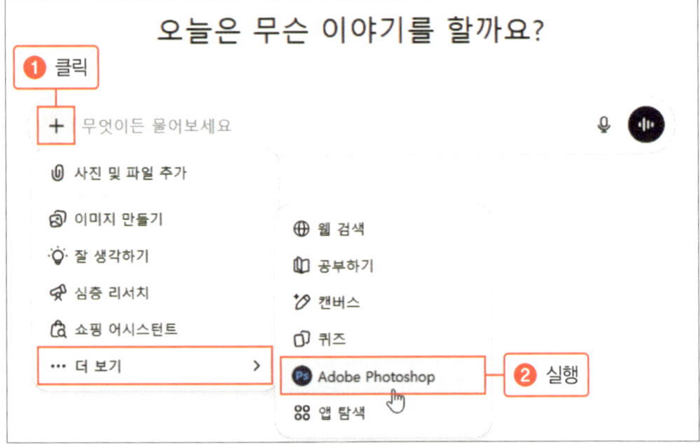

02 | 편집할 이미지를 불러오기 위해 '파일 추가' 아이콘(+)을 클릭한 다음 [사진 및 파일 추가]를 선택합니다.

03 | 열기 대화상자가 표시되면 source 폴더에 '여행.png' 파일을 선택하고 [열기(O)] 버튼을 클릭합니다.

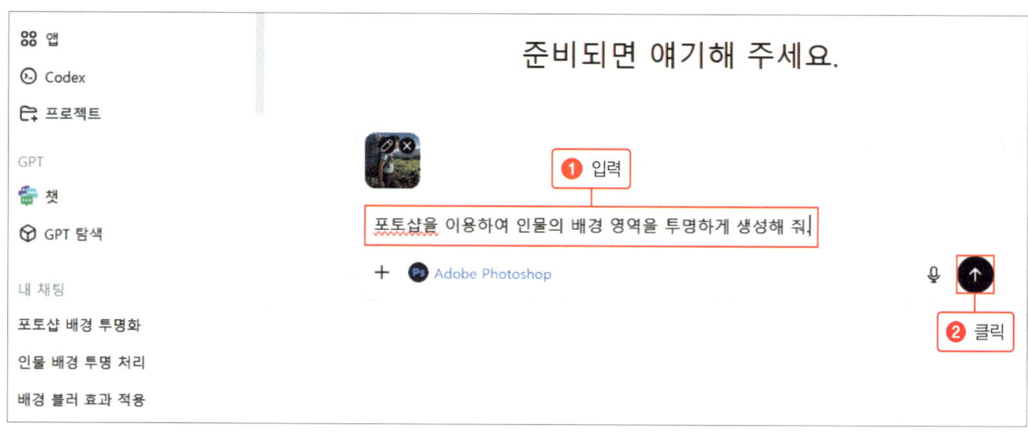

프롬프트 포토샵을 이용하여 인물의 배경 영역을 투명하게 생성해 줘.

알아두기 ## 챗GPT에서 만든 투명 영역

챗GPT에서 배경 제거 기능을 사용하면 PNG와 같은 투명도를 지원하는 파일 포맷으로 결과물이 생성되며, 이 때 알파 채널이 포함된 실제 투명 영역이 만들어집니다. 따라서 다른 이미지 위에 겹쳐도 경계가 자연스럽고 별도의 추가 작업 없이 합성이 가능합니다.

격자무늬로 표현된 투명 영역

반면, 제미나이에서 배경을 제거한 이미지는 겉보기에는 투명하게 보일 수 있지만, JPG와 같이 투명도를 지원하지 않는 포맷으로 처리되거나 배경이 단색으로 채워진 상태로 생성되는 경우가 많습니다. 이 때문에 실제로는 투명 영역이 존재하지 않아 합성 시 배경이 함께 따라오거나 추가적인 편집 작업이 필요하게 됩니다.

05 | 그림과 같이 인물의 배경 부분이 삭제되어 투명 영역으로 표시된 것을 확인할 수 있습니다. '조정' 아이콘
(⚏)을 클릭합니다.

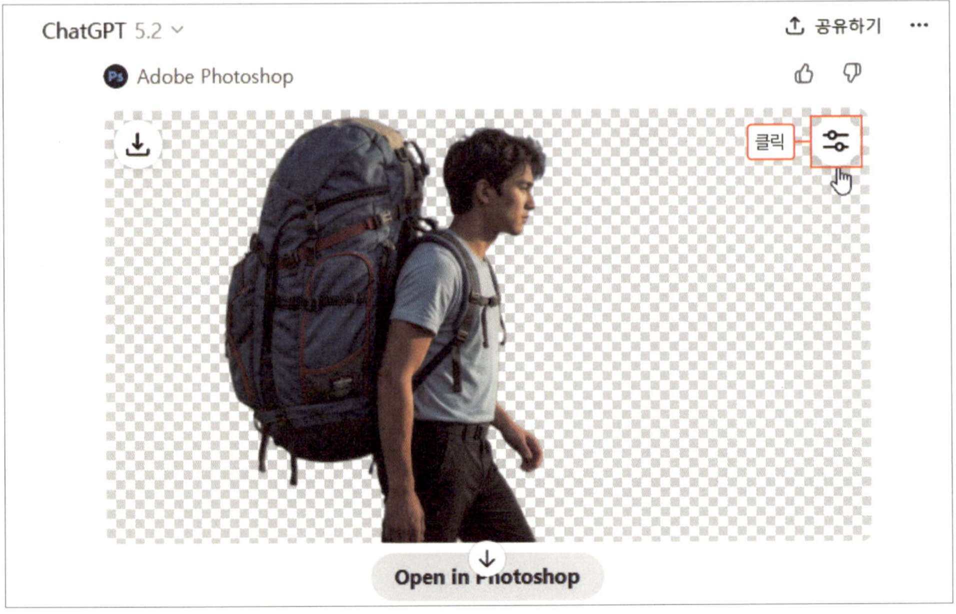

06 | 이미지가 확대되면 배경이 삭제된 이미지를 포토샵에서 열기 위해 [Open in Photoshop] 버튼을 클릭
합니다.

배경 이미지 합성하기

07 | 포토샵에 인물 이미지가 열리면 배경 이미지를 불러오기 위해 왼쪽 상단에 **[메뉴] – [불러오기]**를 실행합니다. 나타나는 팝업 창 하단의 [내 컴퓨터에서] 버튼을 클릭합니다.

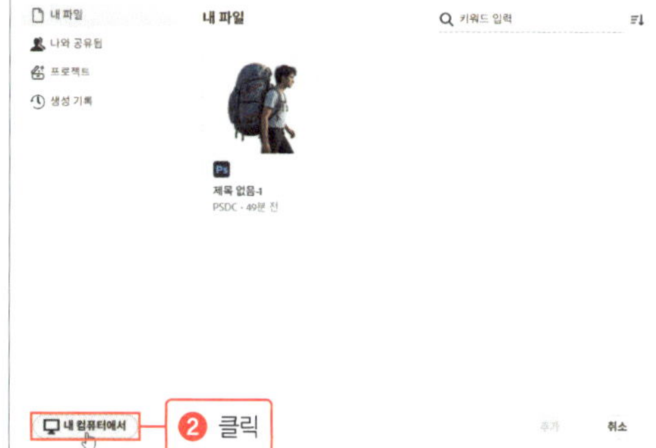

08 | 대화상자가 표시되면 source 폴더에서 '여행배경.jpg' 파일을 선택한 다음 [열기(O)] 버튼을 클릭합니다.

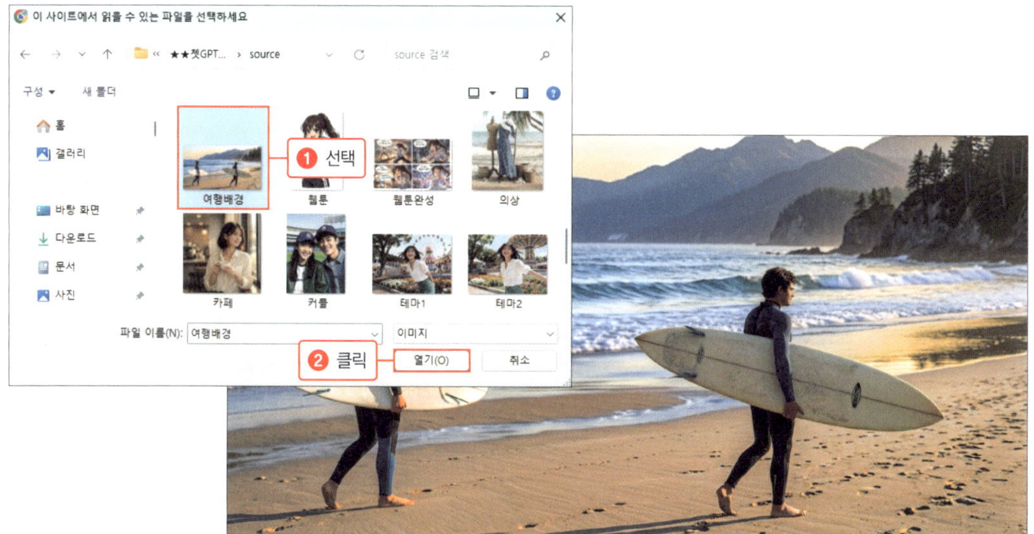

알아두기 챗GPT에서 실행되는 웹용 포토샵

챗GPT에서 실행되는 웹용 포토샵은 브라우저 기반으로 동작하는 Adobe Photoshop의 경량화된 형태로, 별도의 프로그램 설치 없이 대화 인터페이스 안에서 이미지 편집 작업을 수행할 수 있도록 설계된 환경입니다. 웹용 포토샵은 기본적인 편집 기능 중심으로 구성되어 있습니다. 예를 들어 간단한 자르기, 배경 제거, 이미지 합성, 텍스트 추가, 필터 적용과 같은 작업에 최적화되어 있습니다.

09 | 배경 이미지가 인물 이미지 위에 있으므로, 현재는 배경 이미지만 화면에 표시됩니다. 레이어 위치를 수정해 보겠습니다.

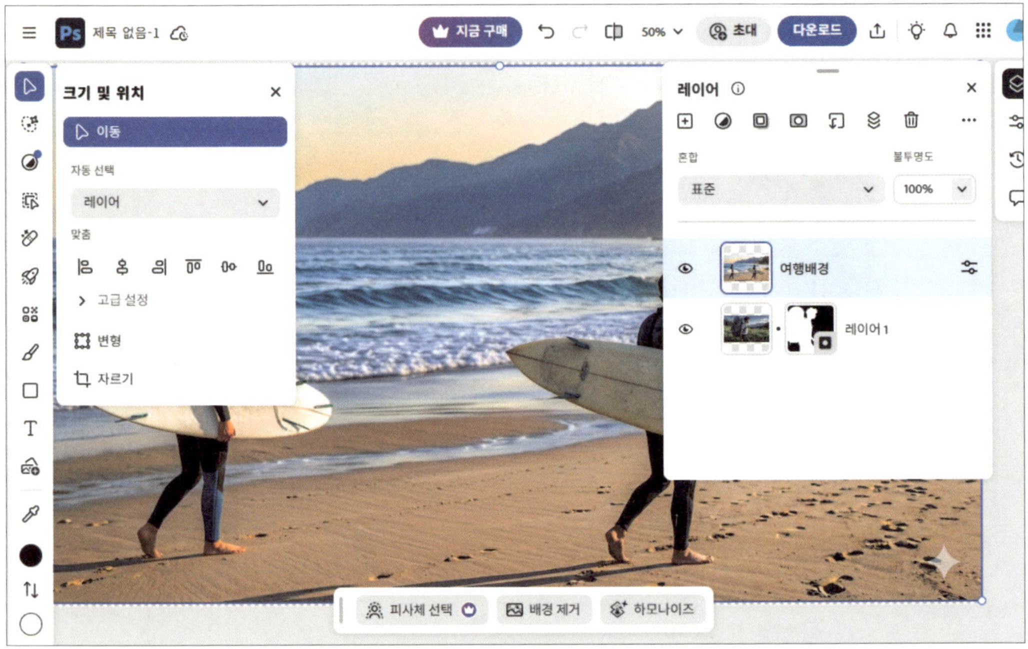

10 | 레이어 패널에서 '여행배경' 이미지를 드래그하여 인물 이미지인 '레이어1' 아래로 드래그합니다.

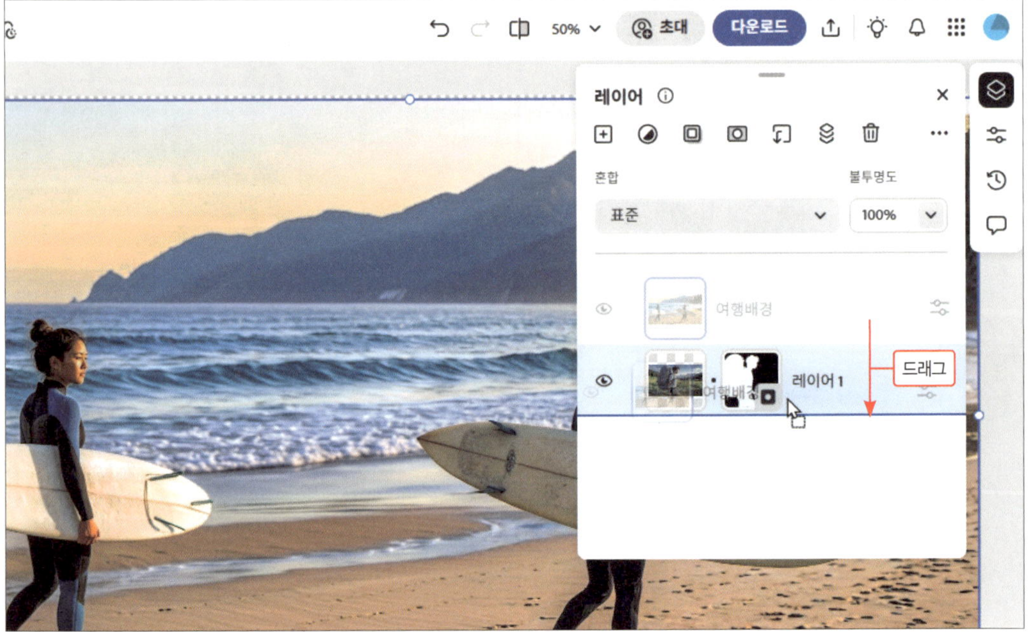

11 | 그림과 같이 배경 영역이 투명한 인물 이미지가 위로 위치해 화면에 표시됩니다. 인물 이미지를 드래그하여 인물의 위치를 조정합니다.

12 | 오른쪽 상단에 [다운로드] 버튼을 클릭하고 [컴퓨터에 다운로드 하기]를 선택합니다.

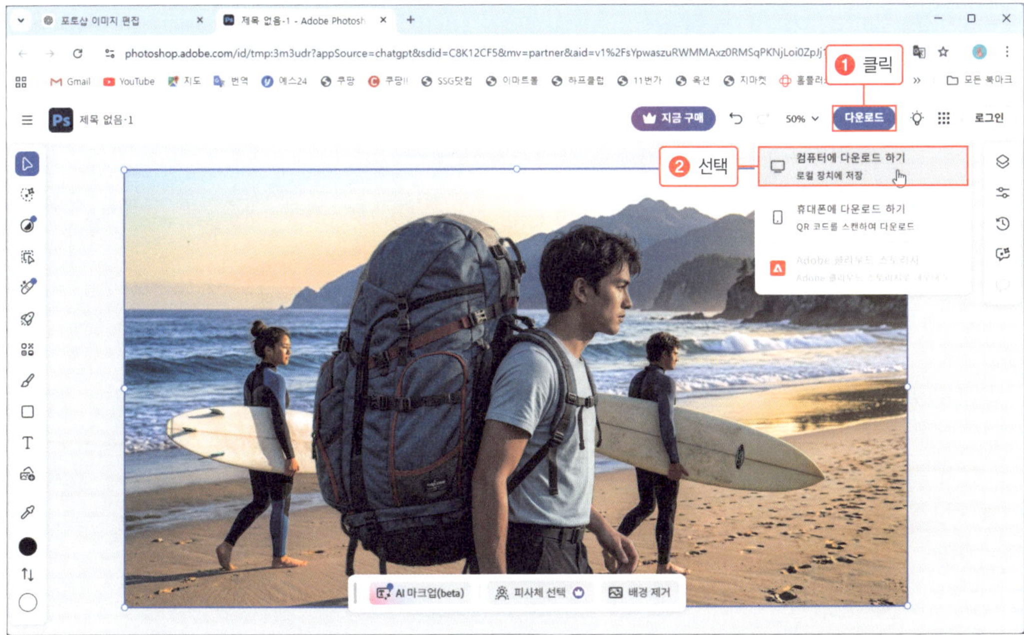

13 | 대화상자에서 파일 이름을 입력하고 [저장(S)] 버튼을 클릭하여 내 컴퓨터에 합성된 이미지 파일을 저장합니다.

무료 사용 계정의 경우, 포토샵 편집 화면에서는 하루 2~3회 저장이 가능합니다.
예제에서는 챗GPT 유료 플랜(Go)을 구독하고 있어 하루에 약 20장 내외로 이용할 수 있습니다.

내보내기 형태로 저장하기

왼쪽 상단에 [메뉴] - [내보내기 형식]을 실행합니다. Adobe 클라우드 스토리지로 내보내기 옵션 창이 표시되면 파일 이름을 입력한 다음 [내 컴퓨터에서] 버튼을 클릭해 저장할 수 있습니다.

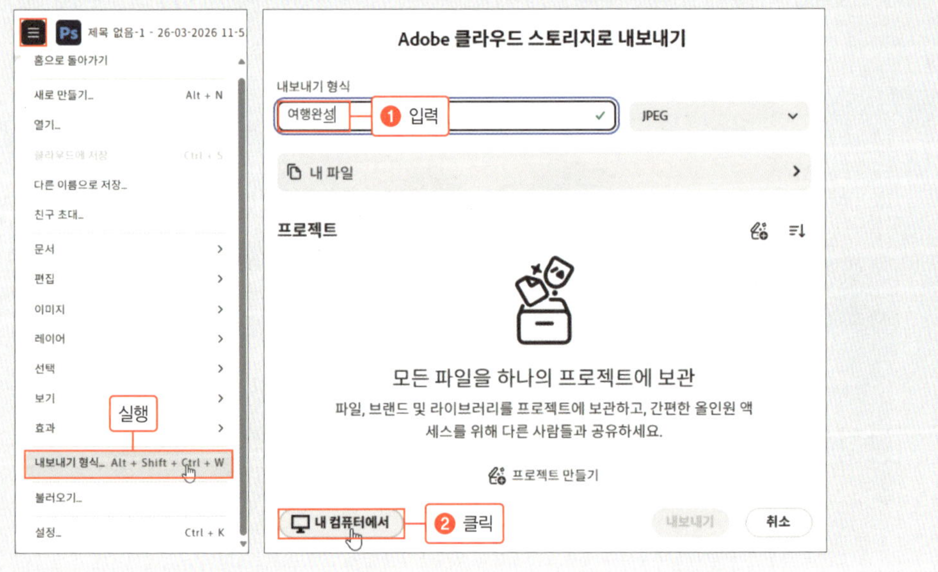

05 이미지 밝기와 채도 조정하기

챗GPT와 포토샵 앱을 함께 활용하면, 단순한 자동 보정을 넘어 이미지의 전반적인 분위기와 완성도를 효율적으로 개선할 수 있습니다. 특히 어둡고 채도가 낮아 전체적으로 탁하고 생동감이 부족한 이미지는, 몇 가지 핵심 보정 과정을 통해 짧은 시간 안에 밝고 선명한 결과물로 전환할 수 있습니다.

- **예제 파일**: source\soda.jpg - **완성 파일**: source\소다완성.png

색 보정으로 완성하는 선명한 이미지

활기 조정은 과도한 채도 증가로 인한 색 번짐을 방지하면서도 상대적으로 부족한 색만 강조해주기 때문에, 인물 사진이나 상품 이미지에서 매우 효과적으로 활용됩니다. 여기에 대비와 명암을 함께 조정하면 이미지의 입체감과 디테일이 살아나면서 시각적인 집중도가 더욱 높아집니다. 이번 예제에서는 이러한 과정을 실제로 적용하여, 어둡고 채도가 낮아 다소 밋밋하게 보이던 이미지를 밝고 선명한 색감으로 보정해보겠습니다. 이를 통해 색의 생동감과 디테일을 동시에 살리고, 최종적으로는 상품이나 인물이 더욱 돋보이도록 만드는 전체 보정 흐름을 단계적으로 이해할 수 있습니다.

❶ 어둡고 낮은 색감의 원본 이미지

❷ 밝고 색감이 선명한 보정 이미지

이미지 밝기 조정하기

01 │ 웹브라우저에 'chatgpt.com'를 입력하여 챗GPT 사이트로 이동하고 '파일 추가' 아이콘(+)을 클릭한 다음 [더 보기]-[Adobe Photoshop]을 실행합니다.

02 │ 사용할 이미지를 불러오기 위해 '파일 추가' 아이콘(+)을 클릭한 다음 [사진 및 파일 추가]를 선택합니다.

03 │ 열기 대화상자가 표시되면 source 폴더에 'soda.jpg' 파일을 선택하고 [열기(O)] 버튼을 클릭합니다. 비교적 어둡고 채도가 낮은 이미지를 확인할 수 있습니다.

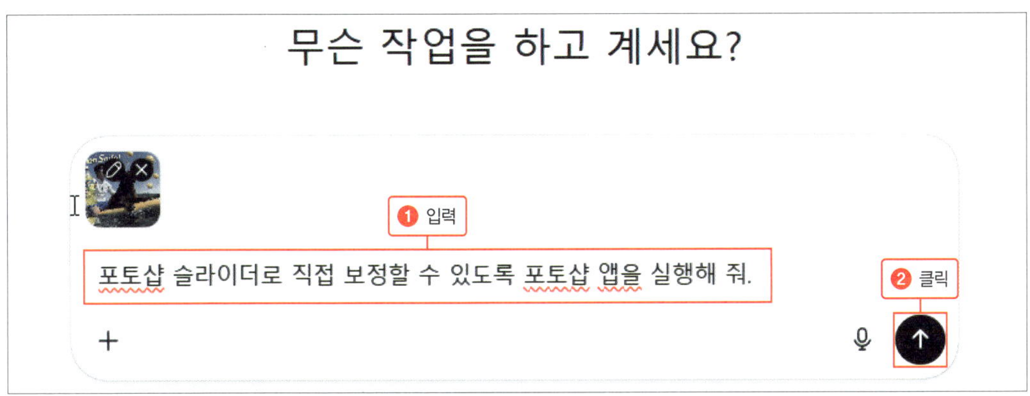

프롬프트 포토샵 슬라이더로 직접 보정할 수 있도록 포토샵 앱을 실행해 줘.

알아두기 **효율적인 이미지 보정 순서**

이미지 보정은 단순히 수치를 높이는 작업이 아니라, 사람이 이미지를 인식하는 방식에 맞춰 순서대로 조정하는 것이 중요합니다. 일반적으로 '밝기 → 색감 → 디테일'의 순서로 진행하는 이유는, 사람이 이미지를 인식할 때 먼저 전체적인 밝기와 명도를 기준으로 형태를 파악한 뒤 색과 질감을 인식하기 때문입니다.

먼저 밝기와 대비를 조정하는 이유는 이미지의 기본적인 노출 상태를 정상 범위로 맞추기 위함입니다. 어두운 이미지는 색 정보 자체가 묻혀 있기 때문에, 채도나 활기를 먼저 조정해도 기대하는 효과가 제대로 나타나지 않습니다. 따라서 밝기 슬라이더를 통해 전체 명도를 끌어올리고, 대비를 통해 밝은 영역과 어두운 영역의 차이를 정리하여 이미지의 구조를 선명하게 만들어주는 것이 선행되어야 합니다.

그 다음 단계에서 활기와 채도를 조정하는 것은, 확보된 밝기 기반 위에 색의 생동감을 더하기 위한 과정입니다. 특히 활기는 상대적으로 부족한 색만 선택적으로 보강하기 때문에 자연스러운 색 표현을 유지하면서 전체적인 인상을 개선하는 데 효과적입니다. 이후 채도를 추가로 조정하면 색의 강도를 보다 명확하게 끌어올릴 수 있어, 이미지가 한층 더 선명하고 또렷하게 보이게 됩니다.

이와 같은 순서를 따르는 이유는 밝기와 색감이 서로 영향을 주기 때문입니다. 밝기가 정리되지 않은 상태에서 채도를 먼저 높이면 색이 탁하거나 과장되어 보일 수 있으며, 반대로 밝기를 먼저 안정화한 뒤 색을 조정하면 보다 자연스럽고 균형 잡힌 결과를 얻을 수 있습니다. 결과적으로 이러한 단계적 보정 과정을 통해 이미지의 입체감과 디테일, 그리고 시각적 집중도를 동시에 향상시킬 수 있습니다.

05 | 그림과 같이 원본 이미지를 보정할 수 있도록 포토샵 앱을 실행할 수 있는 열기 버튼이 표시되면 [Photo shop에서 열기] 버튼을 클릭합니다.

06 | 이미지의 밝기를 보정하기 위해 [밝기/대비]를 클릭한 다음 밝기 슬라이더를 오른쪽으로 드래그합니다. 예제에서는 명도 수치 값을 '45'으로 지정하여 밝게 보정합니다.

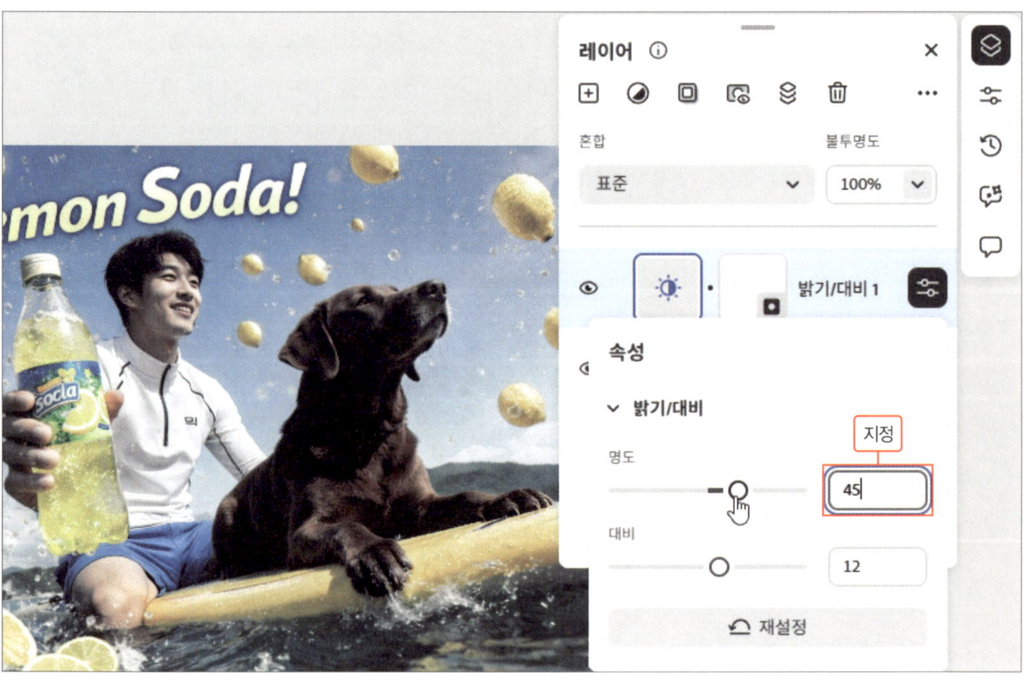

이미지 채도 조정하기

07 | 채도를 높이기 위해 [활기]를 클릭한 다음 활기와 채도 슬라이더를 오른쪽으로 드래그하여 각각 '50', '40'으로 지정합니다.

08 | 이미지 밝기와 채도가 조정되어 밝고 선명해진 것을 확인할 수 있습니다. 보정된 파일을 저장하기 위해 오른쪽 상단에 [다운로드] 버튼을 클릭하고 [컴퓨터에 다운로드 하기]를 선택하여 경로를 지정해 저장합니다.

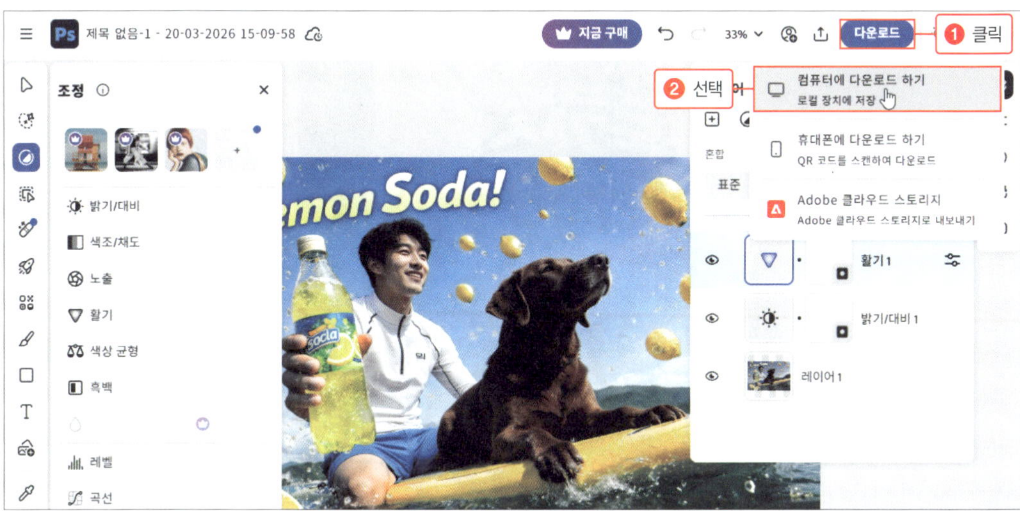

06 소상공인을 위한 로고와 간판 홍보물 디자인하기

챗GPT를 활용하면 소상공인도 전문 디자이너 수준의 로고와 간판 홍보물을 빠르게 기획하고 제작할 수 있습니다. 특히 음식점이나 소규모 매장은 브랜드 이미지가 매출에 직접적인 영향을 주기 때문에, 로고와 간판 디자인을 쉽게 만들 수 있는 장점이 있습니다. 예제에서는 음식점 이름과 로고, 간판, 홍보물 디자인까지 생성 방법을 알아보겠습니다.

• **예제 파일**: source\로고.png　　• **완성 파일**: source\홍보완성1~3.png

❶ 음식점 로고 생성

❷ 박스간판과 돌출 간판 생성

❸ 로고를 이용한 홍보물 생성

창업을 위한 브랜드 아이덴티티(BI) 만들기

01 | 웹브라우저에 'chatgpt.com'를 입력하여 챗GPT 사이트로 이동하고 음식점 창업을 위한 상호 이름과 의미를 묻는 프롬프트를 입력하고 '제출' 아이콘(⬆)을 클릭합니다.

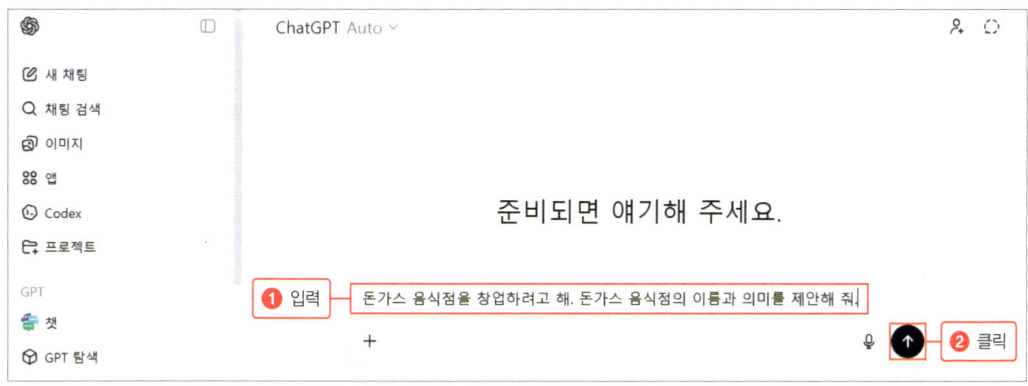

프롬프트 돈가스 음식점을 창업하려고 해. 돈가스 음식점의 이름과 의미를 제안해 줘.

02 | 챗GPT가 제안한 음식점 이름과 의미를 확인하고 마음에 드는 음식점 이름을 이용해 로고 생성을 요청하는 프롬프트를 입력하고 '제출' 아이콘(⬆)을 클릭합니다.

 돈가스 음식점의 이름은 기억하기 쉽고 발음이 간단하며, 음식의 특징이나 가게의 분위기를 자연스럽게 떠올리게 하는 것이 중요합니다. 특히 간판, 로고, 메뉴판, 포장 패키지까지 확장될 수 있는 이름이면 브랜드를 만들기에도 유리합니다. 다음은 돈가스 음식점에 어울리는 이름과 의미를 함께 제안한 것입니다.

1. 한입돈가스

한입에 먹기 좋을 만큼 바삭하고 맛있는 돈가스'라는 의미를 담은 이름입니다. 발음이 간단하고 귀여운 느낌이 있어 젊은 고객층이나 가족 단위 손님에게 친근하게 다가갈 수 있습니다.

2. 바삭돈가스

돈가스의 가장 큰 매력인 '바삭한 식감'을 직접적으로 표현한 이름입니다. 음식의 핵심 특징이 바로 전달되기 때문에 메뉴를 설명하지 않아도 가게의 콘셉트가 쉽게 이해됩니다.

3. 골목돈가스

동네에서 오래 사랑받는 정겨운 맛집이라는 이미지를 담은 이름입니다. 작은 골목에서 발견한 숨은 맛집 같은 분위기를 전달할 수 있습니다.

1. 한입돈가스

한입에 먹기 좋을 만큼 바삭하고 맛있는 돈가스'라는 의미를 담은 이름입니다. 발음이 간단하고 귀여운 느낌이 있어 젊은 고객층이나 가족 단위 손님에게 친근하게 다가갈 수 있습니다.

2. 바삭돈가스

돈가스의 가장 큰 매력인 '바삭한 식감'을 직접적으로 표현한 이름입니다. 음식의 핵심 특징이 바로 전달되기 때문에 메뉴를 설명하지 않아도 가게의 콘셉트가 쉽게 이해됩니다.

3. 골목돈가스

동네에서 오래 사랑받는 정겨운 맛집이라는 이미지를 담은 이름입니다. 작은 골목에서 발견한 숨은 맛집 같은 분위기를 전달할 수 있습니다.

 입력   한입돈가스로 결정했어. 한입돈가스의 로고를 생성해 줘.     ② 클릭

ChatGPT는 실수를 할 수 있습니다. 중요한 정보는 재차 확인하세요. **쿠키 기본 설정**을 참고하세요.

프롬프트   한입돈가스로 결정했어. 한입돈가스의 로고를 생성해 줘.

---

03 | 그림과 같이 음식점 이름을 이용하여 로고가 생성되었다면 '다운로드' 아이콘(⬇)을 클릭하여 로고 이미지를 저장합니다.

04 생성된 로고 이미지를 이용하여 간판 디자인 이미지를 생성하기 위해 '파일 추가' 아이콘(+)을 클릭한 다음 [사진 및 파일 추가]를 선택합니다.

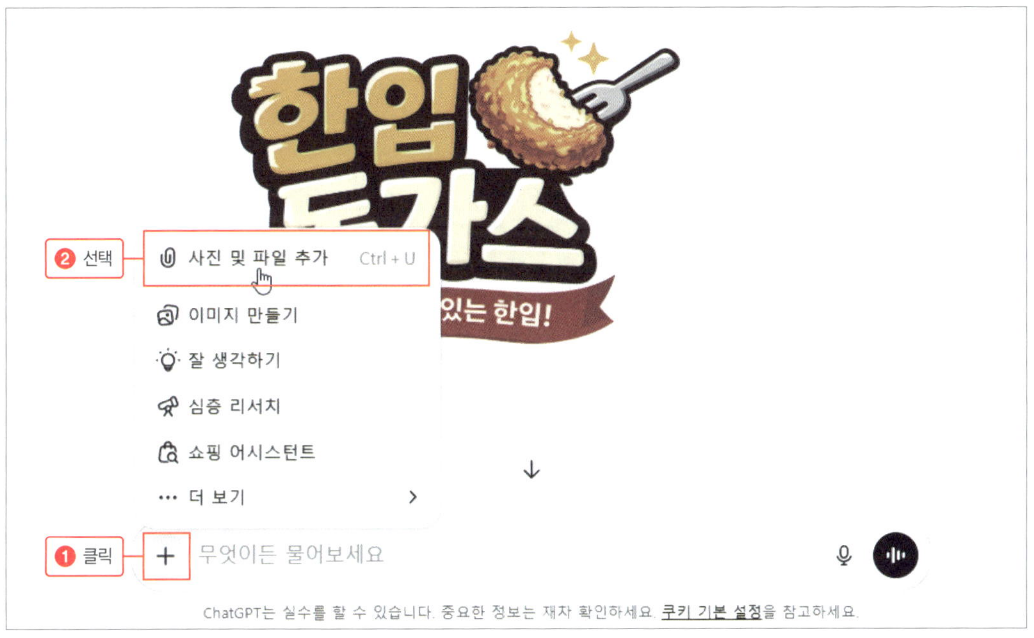

05 열기 대화상자가 표시되면 source 폴더에 '로고.png' 파일을 선택하고 [열기(O)] 버튼을 클릭합니다. 음식점 로고 이미지를 확인할 수 있습니다.

로고 간판 생성하기

06 | 로고를 이용하여 벽에 붙이는 박스형 간판과 돌출형 간판을 생성하기 위한 프롬프트를 입력한 다음 '제출' 아이콘(⬆)을 클릭합니다.

> **프롬프트**   추가한 로고 이미지를 이용하여 박스간판과 돌출간판 디자인 이미지를 생성해 줘.

07 | 그림과 같이 음식점에 사용될 박스간판과 돌출간판 디자인 이미지가 생성되었습니다.

로고를 이용하여 홍보물 생성하기

08 | 로고 이미지를 이용하여 홍보물 이미지를 생성하기 위해 '파일 추가' 아이콘(+)을 클릭한 다음 [사진 및 파일 추가]를 선택합니다. 열기 대화상자가 표시되면 source 폴더에 '로고.jpg' 파일을 선택하고 [열기(O)] 버튼을 클릭합니다.

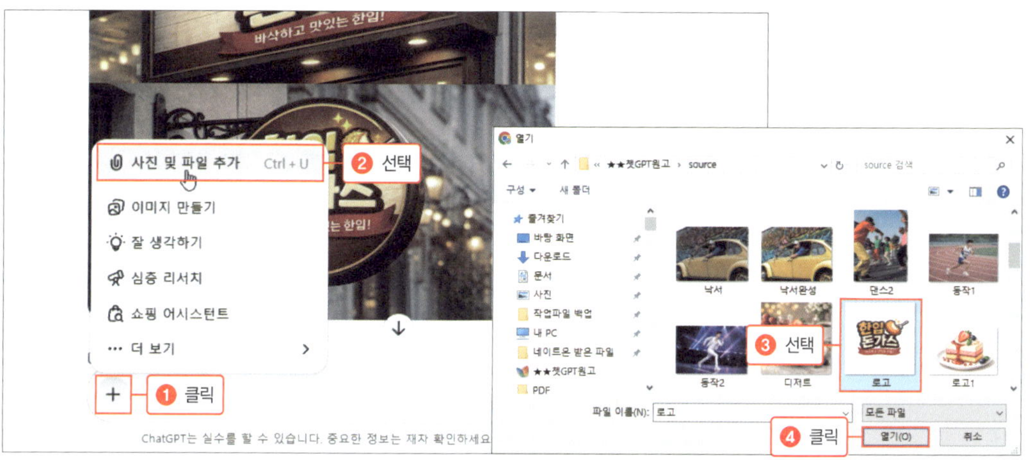

09 | 음식점 홍보물을 생성하기 위한 프롬프트를 입력하고 '제출' 아이콘(↑)을 클릭합니다.

프롬프트 추가한 로고 이미지를 이용하여 홍보물을 생성해 줘.

알아두기 프롬프트로 이미지 속 문구 수정하기

챗GPT에서는 이미지 생성 기능을 활용해 기존 이미지의 문구를 자연스럽게 수정하거나 새로운 텍스트로 교체하는 작업도 가능하며, 디자인 요소를 유지한 채 메시지만 변경하는 방식으로 다양한 시각 콘텐츠를 효율적으로 제작할 수 있습니다. 잘못 생성된 문자가 있다면 챗GPT에서 프롬프트를 이용해 수정해 보세요.

❶ **프롬프트**: 리본 메뉴의 '단 한 입에 맛있는 행복!' 문자를 '한 입의 달콤한 순간!'으로 수정해 줘.

❷ 상단 리본 메뉴의 문자가 수정되어 이미지가 생성된 것을 확인할 수 있습니다.

07 요리책이 필요없는
레시피 만들기

챗GPT를 활용하면 원하는 음식 이름이나 식감, 재료 조건만 입력하면 상황에 맞는 레시피를 바로 생성할 수 있기 때문에 요리책을 여러 권 뒤적이며 찾는 시간과 노력을 크게 줄일 수 있습니다. 또한 재료의 양, 조리 단계, 난이도 등을 사용자 상황에 맞게 조정할 수 있어 자신에게 맞는 방식으로 레시피를 활용할 수 있습니다. 예제에서는 초코칩 쿠키 만드는 방법을 사진과 함께 알아보겠습니다.

- **완성 파일**: source\레시피1~4.jpg

완성된 레시피로 생성한 홍보 이미지

챗GPT 맞춤형 레시피 활용법

챗GPT는 단순히 레시피를 제공하는 데 그치지 않고, 사용자의 환경과 수준에 맞게 내용을 유연하게 조정할 수 있다는 장점이 있습니다. 예를 들어, 보유한 재료에 맞춰 대체 재료를 제안하거나, 인원수에 따라 재료의 양을 자동으로 조절해주며, 조리 시간이나 난이도를 고려한 단계별 설명까지 함께 제공합니다.

요리에 익숙하지 않은 초보자에게는 보다 상세하고 친절한 설명을 제공하고, 숙련자나 소상공인에게는 효율적인 조리 프로세스나 대량 생산에 적합한 방식으로 레시피를 재구성해 줄 수EH 있습니다.

이처럼 챗GPT는 단순한 정보 검색 도구를 넘어, 개인의 상황과 목적에 맞춘 맞춤형 요리 가이드를 제공하는 도구로 활용될 수 있으며, 결과적으로 요리 과정 전반의 효율성과 완성도를 동시에 높여주는 역할을 합니다.

이미지가 추가된 레시피 과정

문장 형식의 레시피 생성하기

01 | 웹브라우저에 'chatgpt.com'를 입력하여 챗GPT 사이트로 이동하고 초코칩쿠키 레시피를 위한 프롬프트를 입력하고 '제출' 아이콘(⬆)을 클릭합니다.

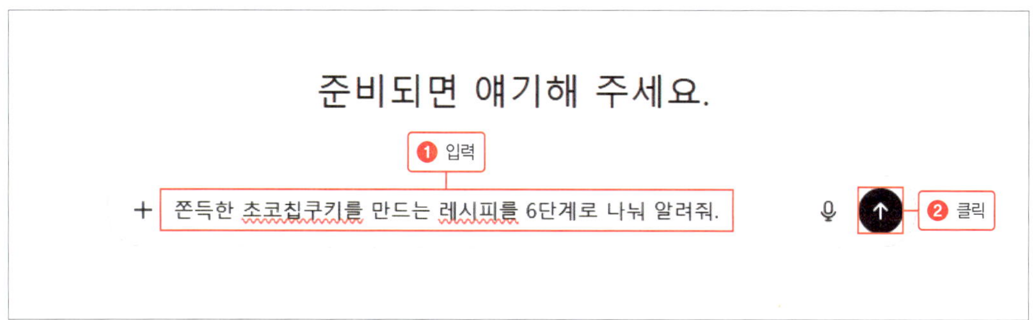

쫀득한 식감의 초코칩쿠키는 버터의 크리밍 과정과 반죽의 휴지 과정이 중요합니다. 아래는 집에서도 안정적으로 만들 수 있는 6단계 레시피입니다.

1단계. 버터와 설탕 크림화

실온에 둔 무염버터 120g을 볼에 넣고 부드럽게 풀어줍니다. 여기에 황설탕 100g과 백설탕 40g을 넣고 거품기나 핸드믹서로 섞어 크림처럼 부드러운 상태로 만듭니다. 이 과정은 쿠키의 쫀득한 식감을 만드는 핵심 단계입니다. 황설탕은 수분을 유지해 쿠키가 촉촉하고 쫀득하게 만들어 줍니다.

2단계. 계란과 바닐라 넣기

버터와 설탕이 충분히 섞이면 계란 1개와 바닐라 익스트랙 5ml를 넣습니다. 주걱이나 거품기로 잘 섞어 부드러운 반죽 상태를 만듭니다. 계란은 쿠키의 구조를 잡아주고 촉촉함을 유지하는 역할을 합니다.

3단계. 달걀과 바닐라 혼합

중력분 200g, 베이킹소다 3g, 소금 2g을 체에 내려 반죽에 넣습니다. 주걱으로 가볍게 섞어 가루가 보이지 않을 정도까지만 섞습니다. 너무 오래 섞으면 글루텐이 형성되어 쿠키가 딱딱해질 수 있습니다.

(중략)

레시피 이미지 추가하기

02 | 챗GPT가 알려준 과정에 과정별로 레시피 이미지를 요청하기 위한 프롬프트를 입력하고 '제출' 아이콘 (⬆)을 클릭합니다.

합니다. 이 과정은 반죽의 수분을 안정시키고 쿠키를 더 쫀득하게 만들어 줍니다.

6단계. 성형과 굽기

오븐을 180도로 예열합니다. 반죽을 한 스푼 정도씩 떠서 팬에 올리고 약간 둥글게 모양을 잡습니다. 쿠키 사이 간격을 충분히 두고 10~12분 정도 굽습니다. 가장자리는 살짝 바삭하고 가운데는 부드러운 상태가 되면 꺼내 식힘망에서 식힙니다.

이 레시피는 겉은 살짝 바삭하고 속은 촉촉하면서 쫀득한 초코칩쿠키를 만드는 기본 구조입니다. 원한다면 베이커리 스타일로 더 쫀득하게 만드는 비율 조정 방법도 추가로 설명할 수 있습니다.

① 입력

레시피 과정에 이미지를 추가하여 다시 작성해 줘.

② 클릭

프롬프트 레시피 과정에 이미지를 추가하여 다시 작성해 줘.

---

03 | 그림과 같이 초코칩쿠키 레시피 단계마다 과정 이미지가 추가 생성된 것을 확인할 수 있습니다.

실온에 둔 무염버터 120g을 볼에 넣고 부드럽게 풀어 줍니다.

여기에 황설탕 100g과 백설탕 40g을 넣고 거품기나 핸드믹서로 섞어 크림처럼 부드러운 상태로 만듭니다.

이 과정은 쿠키의 쫀득한 식감을 만드는 핵심 단계입니다. 황설탕은 수분을 유지해 쿠키가 촉촉하고 쫀득하게 만들어 줍니다.

2단계. 계란과 바닐라 넣기

레시피 과정을 이미지를 추가하여 다시 작성해 줘.

1단계. 버터와 설탕 크림화

실온에 둔 무염버터 120g을 볼에 넣고 부드럽게 풀어줍니다. 여기에 황설탕 100g과 백설탕 40g을 넣고 거품기나 핸드믹서로 섞어 크림처럼 부드러운 상태로 만듭니다. 이 과정은 쿠키의 쫀득한 식감을 만드는 핵심 단계입니다. 황설탕은 수분을 유지해 쿠키가 촉촉하고 쫀득하게 만들어 줍니다.

2단계. 계란과 바닐라 넣기

버터와 설탕이 충분히 섞이면 계란 1개와 바닐라 익스트랙 5ml를 넣습니다. 주걱이나 거품기로 잘 섞어 부드러운 반죽 상태를 만듭니다. 계란은 쿠키의 구조를 잡아주고 촉촉함을 유지하는 역할을 합니다.

3단계. 달걀과 바닐라 혼합

중력분 200g, 베이킹소다 3g, 소금 2g을 체에 내려 반죽에 넣습니다. 주걱으로 가볍게 섞어 가루가 보이지 않을 정도까지만 섞습니다. 너무 오래 섞으면 글루텐이 형성되어 쿠키가 딱딱해질 수 있습니다.

4단계. 초코칩 넣기

초코칩 150g을 넣고 주걱으로 가볍게 섞어 반죽 전체에 고르게 퍼지도록 합니다. 쫀득한 쿠키를 만들기 위해 반죽을 랩으로 감싸 냉장고에서 약 30분 정도 휴지시키면 더욱 깊은 맛이 납니다.

5단계. 쿠키 모양 만들기

오븐 팬에 종이호일을 깔고 반죽을 한 스푼씩 떠서 동그란 모양으로 올립니다. 쿠키 사이 간격을 충분히 두어야 굽는 동안 서로 붙지 않습니다.

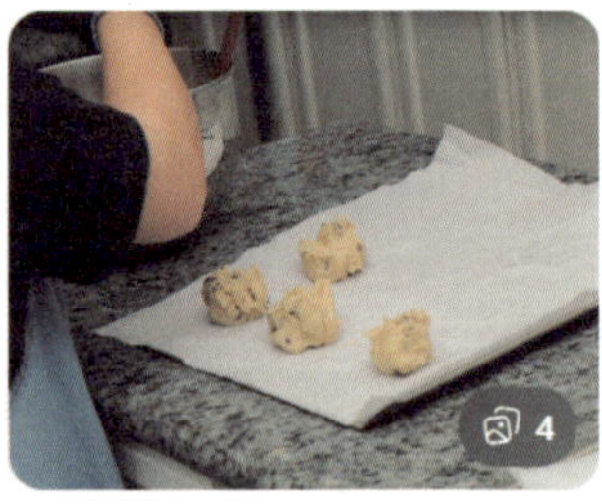

6단계. 성형과 굽기

오븐을 180도로 예열합니다. 반죽을 한 스푼 정도씩 떠서 팬에 올리고 약간 둥글게 모양을 잡습니다. 쿠키 사이 간격을 충분히 두고 10~12분 정도 굽습니다. 가장자리는 살짝 바삭하고 가운데는 부드러운 상태가 되면 꺼내 식힘망에서 식힙니다.

포장과 연출 이미지 생성하기

04 │ 완성된 초코칩쿠키 레시피를 기준으로 포장한 연출 이미지를 얻기 위한 프롬프트를 입력하고 '제출' 아이콘(⬆)을 클릭합니다.

> **프롬프트** 완성 쿠키를 예쁘게 비닐 포장한 상품 연출 이미지를 생성해 줘.

05 │ 레시피에서 완성된 초코칩쿠키의 판매를 위한 연출 이미지가 생성되었습니다. 모델이 상품을 홍보하는 프롬프트를 입력하고 '제출' 아이콘(⬆)을 클릭합니다.

> **프롬프트** 모델 인물이 초코칩쿠키 상품을 들고 홍보하는 이미지를 생성해 줘.

알아두기 · 음식 사진만으로 레시피 알아내기

챗GPT를 활용하면 음식 사진 한 장만으로도 해당 요리의 구성과 레시피를 유추할 수 있습니다. 단순히 '이 음식이 무엇인지'를 확인하는 수준을 넘어, 재료 구성과 조리 방법까지 분석해 실용적인 정보로 확장하는 것이 가능합니다. 이미지를 분석할 때 챗GPT는 음식의 색감, 질감, 형태, 플레이팅 방식 등을 종합적으로 해석합니다. 이러한 방식은 실제 레시피를 완벽하게 복원하는 것은 아니지만, 매우 유사한 결과를 얻을 수 있는 수준까지 접근이 가능합니다.

활용 방법은 간단합니다. 음식 사진을 업로드한 뒤 "이 음식의 재료와 레시피를 알려 줘."라고 요청하면 됩니다. 여기에 "집에서 만들 수 있도록 쉽게 설명해 줘." 또는 "정확한 계량까지 포함해 줘." 와 같이 조건을 추가하면 더욱 구체적인 결과를 얻을 수 있습니다. 맛집에서 촬영한 음식 사진을 기반으로 레시피 콘텐츠를 만들거나, 제품 이미지에서 활용된 요리 스타일을 분석해 유사한 메뉴를 기획하는 데에도 도움이 됩니다.

이 음식의 레시피 과정을 알려줘.

이미지 속 음식은 진한 돼지뼈 육수가 특징인 '돈코츠 라멘'입니다. 구성 요소를 기준으로 실무적으로 재현 가능한 레시피 과정을 단계별로 정리해 드리겠습니다.

1. 돈코츠 육수 만들기 (핵심 공정)

재료

- 돼지뼈(사골, 잡뼈) 2kg
- 마늘, 대파, 생강
- 물 충분량

과정

1. 돼지뼈를 찬물에 2~3시간 담가 핏물을 제거합니다
2. 끓는 물에 10분 정도 데쳐 불순물을 제거합니다
3. 깨끗이 씻은 후 큰 냄비에 넣고 강불로 끓입니다
4. 최소 8시간 이상 강하게 끓여 뼈를 완전히 부숴줍니다
   → 이 과정에서 국물이 뿌옇고 크리미하게 변합니다
5. 중간에 물을 보충하며 지속적으로 끓입니다
6. 마지막에 마늘, 대파, 생강을 넣어 잡내를 잡습니다

포인트는 '약불이 아니라 강불 유지'입니다. 그래야 유화된 진한 국물이 나옵니다.

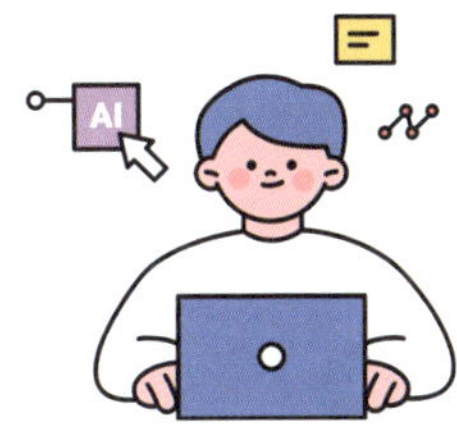

08 내 일상 사진으로 캐리커처 만들기

챗GPT의 이미지 생성 기능을 활용하면 일상 사진을 바탕으로 인물의 특징과 배경을 반영한 캐리커처를 쉽게 제작할 수 있습니다. 소개나 직업 정보를 함께 입력하면 표정과 스타일을 유지하면서 관련 소품과 환경이 자연스럽게 추가되어, 별도의 전문 기술 없이도 개성 있는 이미지를 만들 수 있습니다.

- **예제 파일**: source\캐리커처.jpg, 1인.png   - **완성 파일**: source\캐리커처완성.png

❶ 원본 인물 사진

❷ 캐리커처로 사용할 인물만 유지

❸ 인물과 배경, 소개 프롬프트로 캐리커처 생성

❹ 생성한 이미지를 활용한 예시

불필요한 인물 삭제하기

01 | 웹브라우저에 'chatgpt.com'를 입력하여 챗GPT 사이트로 이동하고 인물 사진을 불러오기 위해 '파일 추가' 아이콘(+)을 클릭한 다음 [사진 및 파일 추가]를 선택합니다.

02 | 열기 대화상자가 표시되면 source 폴더에 '캐리커처.jpg' 파일을 선택하고 [열기(O)] 클릭합니다. 그림과 같이 캐리커처에 사용될 인물 사진이 프롬프트 입력 창에 표시됩니다.

03 | 이미지가 첨부되면 이미지 속 인물 중에 가운데 인물을 캐리커처화 해보겠습니다. 나머지 인물을 삭제하기 위한 프롬프트를 입력하고 '제출' 아이콘(⬆)을 클릭합니다.

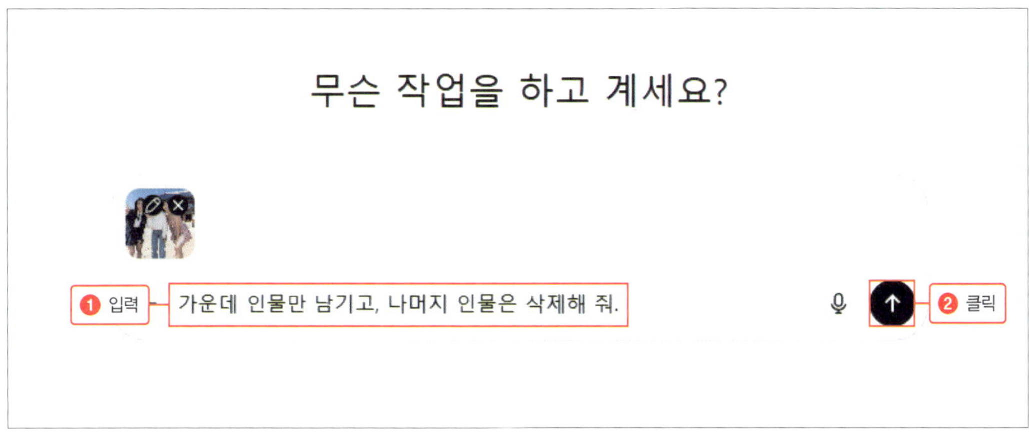

프롬프트 　가운데 인물만 남기고, 나머지 인물은 삭제해 줘.

04 | 가운데 인물만 화면에 표시되었습니다. 생성된 인물과 배경을 기준으로 캐리커처를 생성하기 위해 먼저 이미지 파일로 저장하기 위해 '다운로드' 아이콘(⬇)을 클릭합니다.

이미지 옵션으로 스타일 지정하기

05 | 왼쪽 사이드바에서 [이미지]를 클릭한 다음 '이미지 추가' 아이콘(🖼)을 클릭하여 다운로드한 인물 사진을 선택합니다. 예제에서는 source 폴더에 '1인.png' 파일을 선택하고 [열기(O)] 버튼을 클릭합니다.

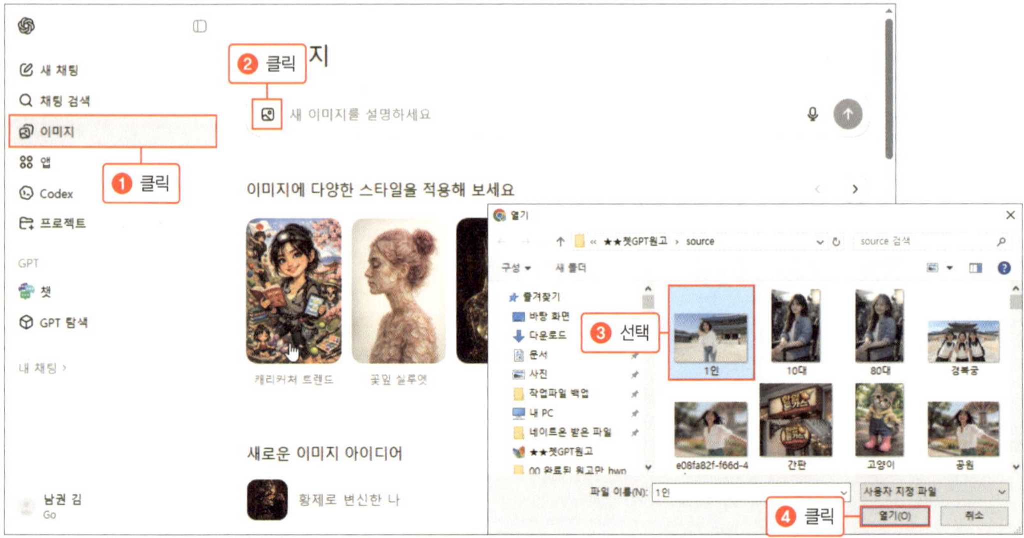

06 | 프롬프트 입력 창에 선택한 이미지가 표시되면 인물의 소개와 표현되면 좋을 설명을 프롬프트로 입력하고, 하단의 [캐리커처 트렌드]를 클릭합니다.

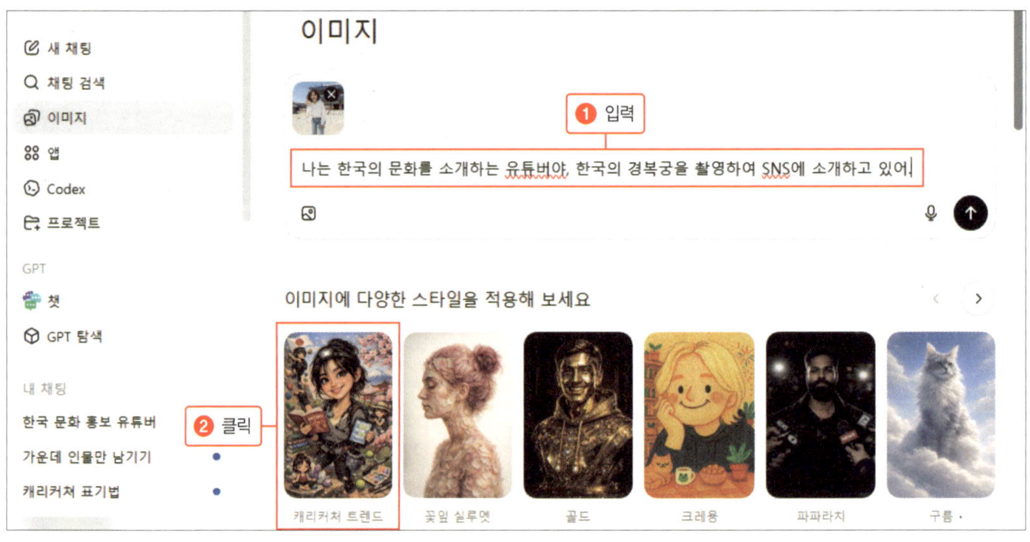

프롬프트 나는 한국의 문화를 소개하는 유튜버야, 한국의 경복궁을 촬영하여 SNS에 소개하고 있어.

 그림과 같이 인물 사진과 경복궁 배경, 프롬프트로 입력한 내 소개를 기준으로 유튜버 캐리커처가 생성되었습니다. 생성된 이미지를 클릭하면 이미지가 확대되어 표시됩니다.

 수정할 부분이 있으면 [구역 선택]을 클릭하여 이미지 수정이 가능합니다. 예제에서는 스마트폰 화면의 인물을 변경해 보겠습니다.

09 | 스마트폰 화면 부분을 드래그하면 그림과 같이 브러시 형태로 선택 영역이 지정되는 것을 확인할 수 있습니다. 선택 영역이 지정되면 화면 하단의 프롬프트 입력 창에 수정하려는 내용을 입력하고 '제출' 아이콘(⬆)을 클릭합니다.

> **프롬프트** 외국 사람이 손을 흔드는 모습을 생성해 줘.

10 | 여성 캐릭터가 들고 있는 스마트폰 화면에 외국 남성이 손을 흔드는 모습으로 수정된 것을 확인할 수 있습니다.

09 실전! 브랜드 기획부터 디자인 제작까지

챗GPT를 이용한 브랜딩과 브랜드 이미지 생성은 아이디어 기획부터 시각화까지의 과정을 빠르고 효율적으로 진행할 수 있습니다. 일반적으로 브랜드를 개발하려면 브랜드 네이밍, 콘셉트 기획, 로고 디자인, 홍보 이미지 제작 등 여러 단계의 작업이 필요합니다. 그러나 챗GPT를 활용하면 브랜드 이름을 제안받고 브랜드 의미와 스토리를 정리하며, 로고나 홍보 이미지까지 한 번에 생성할 수 있어 초기 브랜드 기획 시간을 크게 단축할 수 있습니다.

브랜드 콘셉트 기획하기

챗GPT는 다양한 브랜드 콘셉트를 동시에 제안할 수 있기 때문에 여러 방향의 아이디어를 비교하면서 브랜드 전략을 구체화하는 데 유리합니다. 특히 창업 초기 단계에서는 브랜드 이름, 매장 콘셉트, 메뉴 구성, 시각 디자인 등을 한 번에 구상해야 하는 경우가 많습니다. 챗GPT를 활용하면 이러한 요소들을 작업 과정에서 함께 기획할 수 있어 브랜드의 방향을 보다 체계적으로 정리할 수 있습니다.

예를 들어 커피점 창업을 준비하는 경우 브랜드 이름을 제안받는 것에서 시작하여 매장 인테리어 콘셉트, 메뉴 구성, 홍보 이미지, 쿠폰 디자인까지 하나의 통일된 브랜드 스타일로 확장할 수 있습니다. 이러한 방식은 브랜드의 일관성을 유지하는 데에도 도움이 되며, 창업자가 브랜드의 전체 구조를 한눈에 이해할 수 있도록 돕습니다.

챗GPT의 이미지 생성 기능을 활용하면 로고가 적용된 컵, 포장지, 간판, 매장 인테리어, 홍보 포스터 등 실제 매장에서 활용될 수 있는 다양한 브랜드 시안을 빠르게 시각화할 수 있습니다. 이를 통해 브랜드가 실제 공간이나 제품에 적용되었을 때의 모습을 미리 확인할 수 있으며, 디자인 방향을 수정하거나 새로운 아이디어를 추가하는 과정도 비교적 쉽게 진행할 수 있습니다.

특히 소상공인이나 창업 준비자에게는 디자인 의뢰나 시안 제작에 필요한 비용과 시간을 줄일 수 있다는 점이 큰 장점입니다. 챗GPT를 이용하면 브랜드 콘셉트 기획과 시각 이미지 제작을 동시에 진행할 수 있기 때문에 적은 비용으로도 전문적인 브랜드 이미지를 구축할 수 있습니다.

챗GPT로 브랜드 아이덴티티(BI) 시안 제작하기

아이스크림과 에스프레소를 전문적으로 판매하는 커피점을 창업한다고 가정해 보겠습니다. 이 경우 가장 먼저 필요한 요소는 매장의 콘셉트를 명확하게 보여 줄 수 있는 브랜드를 만드는 일입니다. 만약 아포가토를 중심으로 매장을 기획한다면 챗GPT는 브랜드 이름을 제안하는 과정에서 아이스크림, 에스프레소, 스쿱, 샷, 크림, 젤라토와 같은 단어를 활용하여 메뉴의 특징을 자연스럽게 연상할 수 있는 브랜드 이름을 제안할 수 있습니다.

아이스크림과 에스프레소를 함께 판매하는 커피점의 브랜드를 제안해 줘.

아이스크림과 에스프레소를 함께 판매하는 커피점은 '차가움과 뜨거움', '디저트와 커피', '이탈리아식 카페 문화'라는 이미지를 동시에 전달할 수 있는 브랜드 전략이 효과적입니다. 특히 에스프레소와 아이스크림을 결합한 대표 메뉴인 아포가토(Affogato)를 중심으로 브랜드 콘셉트를 만들면 기억하기 쉬운 브랜드가 됩니다.

다음은 콘셉트별로 정리한 브랜드 이름 제안입니다.

1. 에스프레소와 아이스크림의 조합을 강조한 브랜드

- 스쿱 앤 샷
- 에스프레소 앤 스쿱

- 에스프레소 젤라토
- 아이스 샷 카페

아이스크림과 에스프레소를 함께 판매하는 커피점의 브랜드를 제안해 줘.

아이스크림과 에스프레소를 함께 판매하는 커피점은 '차가움과 뜨거움', '디저트와 커피', '이탈리아식 카페 문화'라는 이미지를 동시에 전달할 수 있는 브랜드 전략이 효과적입니다. 특히 에스프레소와 아이스크림을 결합한 대표 메뉴인 아포가토(Affogato)를 중심으로 브랜드 콘셉트를 만들면 기억하기 쉬운 브랜드가 됩니다.

다음은 콘셉트별로 정리한 브랜드 이름 제안입니다.

1. 에스프레소와 아이스크림의 조합을 강조한 브랜드

- 스쿱 앤 샷
- 에스프레소 앤 스쿱
- 크림 앤 샷

- 에스프레소 젤라토
- 아이스 샷 카페
- 샷 앤 스노우

2. 브랜드 특징

'샷(Shot)'은 에스프레소, '스쿱(Scoop)'은 아이스크림을 의미하기 때문에 메뉴 콘셉트를 직관적으로 전달할 수 있습니다. 아이스크림 한 스쿱과 에스프레소 한 샷을 의미합니다. 아이스크림과 커피가 결합된 대표 메뉴인 아포가토를 상징적으로 표현하는 이름이며 짧고 기억하기 쉬워 브랜드 활용도가 높은 이름입니다.

또한 매장에서 사용하는 다양한 용품에도 동일한 브랜드 이미지를 적용하면 브랜드 인지도를 높일 수 있습니다. 예를 들어 테이크아웃 컵, 아이스크림 컵, 커피 포장지, 앞치마, 모자, 메뉴판, 홍보 포스터, 쿠폰 카드 등 여러 요소에 동일한 로고와 디자인을 적용하면 매장의 정체성이 더욱 분명해집니다. 이러한 시각적 통일성은 고객이 브랜드를 쉽게 기억하도록 만드는 중요한 요소입니다.

브랜드 이미지가 만들어졌다면 다음 단계로 해당 브랜드에 어울리는 매장 인테리어 콘셉트를 함께 기획할 수 있습니다. 브랜드의 컬러와 콘셉트를 기준으로 매장 내부의 디자인 방향을 설정하면 로고, 메뉴, 공간 디자인이 하나의 통일된 브랜드 이미지로 연결됩니다. 예를 들어 카운터 디자인, 메뉴 보드, 테이블과 의자, 조명, 벽면 그래픽과 같은 매장의 주요 요소에 브랜드 이미지를 적용하면 고객이 매장에 들어오는 순간 브랜드의 특징을 자연스럽게 인식하게 됩니다.

생성한 브랜드 디자인에 맞게 매장 인테리어를 제안해 줘.

Scoop & Shot 커피점 인테리어 제안

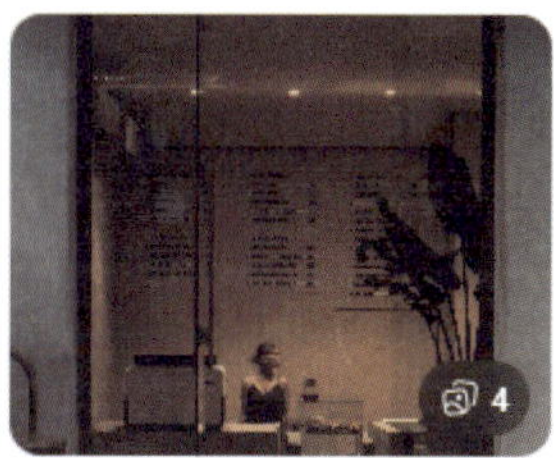

'Scoop & Shot'은 아이스크림과 에스프레소를 결합한 브랜드이기 때문에 인테리어 역시 '차가운 디저트와 뜨거운 커피의 대비'를 공간 디자인으로 표현하는 것이 핵심입니다. 또한 앞서 생성된 브랜드 이미지에서 사용된 브라운과 크림톤을 중심으로 공간을 구성하면 브랜드 일관성이 강화됩니다.

생성한 브랜드 디자인에 맞게 매장 인테리어를 제안해 줘.

'Scoop & Shot'은 아이스크림과 에스프레소를 결합한 브랜드이기 때문에 인테리어 역시 '차가운 디저트와 뜨거운 커피의 대비'를 공간 디자인으로 표현하는 것이 핵심입니다. 또한 앞서 생성된 브랜드 이미지에서 사용된 브라운과 크림톤을 중심으로 공간을 구성하면 브랜드 일관성이 강화됩니다.

다음은 실제 카페 매장을 기준으로 한 인테리어 구성 제안입니다.

챗GPT를 활용하면 브랜드 이름 기획부터 로고, 패키지 디자인, 매장 인테리어 콘셉트, 홍보 이미지 제작까지 하나의 흐름 안에서 브랜드 전략을 체계적으로 설계할 수 있습니다. 기존처럼 단계마다 다른 전문가나 도구를 사용할 필요 없이 초기 기획 의도를 유지한 채 전 과정을 유기적으로 연결할 수 있습니다.

또한 핵심 콘셉트와 타깃 고객을 기준으로 시각 요소와 메시지를 함께 설계할 수 있어, 브랜드 전체의 톤앤매너를 일관되게 구축할 수 있습니다. 간판, 패키지, 인테리어, SNS 이미지 등 다양한 접점에서 동일한 색감과 분위기를 유지함으로써 소비자에게 일관된 인상을 전달할 수 있습니다.

이러한 통합적 접근은 브랜드 아이덴티티를 강화하고, 고객이 공간과 제품, 홍보물 전반에서 하나의 스토리를 경험하도록 만듭니다. 그 결과 인지도와 재방문 가능성이 높아지며, 경쟁 환경 속에서 차별화된 브랜드 이미지를 구축하는 데 효과적인 전략이 됩니다.

생성한 브랜드 이미지를 이용하여 바리스타가 에스프레소와 아이스크림을 홍보하는 이미지를 생성해 줘.

이미지 생성됨 · 아포카토를 소개하는 바리스타

이미지 편집

생성된 브랜드로 도장을 받으면 커피를 무료 제공하는 커피 쿠폰도 디자인 생성해 줘.

이미지 생성됨 · 스쿠프 앤 샷 커피 카드

이미지 편집

10 프레젠테이션을 위한 슬라이드 디자인하기

챗GPT는 프레젠테이션 제작 과정에서 발표 구조 설계, 슬라이드 핵심 내용 정리, 디자인 레이아웃 제안, 이미지 생성, 프레젠테이션 스타일 기획 등 다양한 역할을 수행할 수 있습니다. 이러한 기능을 활용하면 슬라이드 제작 과정에서 기획과 디자인을 동시에 진행할 수 있으며, 결과적으로 프레젠테이션 제작 시간을 크게 줄일 수 있습니다.

프레젠테이션 슬라이드 구성하기

챗GPT를 활용하면 프레젠테이션 슬라이드의 기획부터 내용 정리, 디자인 콘셉트 설정까지 하나의 흐름으로 제작할 수 있습니다. 특히 강의 자료, 마케팅 제안서, 사업 계획서, 제품 소개 자료 등 다양한 프레젠테이션 제작 과정에서 효율적으로 활용할 수 있습니다. 슬라이드를 제작할 때는 단순히 디자인부터 시작하기보다 발표의 구조를 먼저 설계하고, 그 다음 슬라이드 내용과 디자인 요소를 정리하는 단계적 접근이 중요합니다. 이러한 과정을 챗GPT와 함께 진행하면 프레젠테이션 제작 시간을 크게 단축할 수 있습니다.

먼저 발표 주제에 맞는 슬라이드 구조를 설계하는 단계입니다. 슬라이드 디자인에서 가장 먼저 해야 할 작업은 전체 발표 흐름을 설계하는 것입니다. 챗GPT에 발표 주제를 입력하면 발표 내용을 슬라이드 단위로 구조화할 수 있습니다.

예를 들어 '소상공인을 위한 챗GPT 마케팅 활용법을 주제로 프레젠테이션 슬라이드 구조를 10장 기준으로 설계해 주세요.'와 같은 프롬프트를 입력하면, 표지 슬라이드를 시작으로 마케팅 환경 변화, 소상공인이 겪는 마케팅 문제, 챗GPT의 개념, 챗GPT를 활용한 콘텐츠 제작, SNS 마케팅 활용 사례, 광고 카피 작성 방법, 실제 적용 사례, 실행 전략, 정리 및 결론과 같은 구조로 슬라이드 흐름이 정리됩니다. 이처럼 발표 전체의 구조를 먼저 설계하면 이후 슬라이드 디자인의 방향이 명확해집니다.

다음 단계는 슬라이드별 핵심 내용을 정리하는 과정입니다. 슬라이드는 긴 문장보다는 핵심 메시지를 중심으로 구성하는 것이 중요합니다. 챗GPT를 활용하면 슬라이드에 들어갈 핵심 포인트를 간결하게 정리할 수 있습니다.

예를 들어 '챗GPT를 활용한 SNS 마케팅 슬라이드에 들어갈 핵심 포인트를 3가지로 정리해 주세요.'라는 프롬프트를 입력하면 'AI 기반 SNS 콘텐츠 제작'과 같은 슬라이드 제목과 함께 마케팅 카피 자동 생성, 이미지 아이디어 및 콘텐츠 기획, 고객 반응을 고려한 콘텐츠 전략 수립과 같은 핵심 포인트를 제시해 줍니다. 이러한 방식으로 슬라이드 내용을 정리하면 발표 자료의 가독성과 전달력이 크게 향상됩니다.

슬라이드 레이아웃과 이미지 생성하기

슬라이드 구조와 내용 정리가 되었다면 다음 단계는 슬라이드 디자인 레이아웃을 설계하는 것입니다. 챗GPT는 슬라이드 내용에 맞는 디자인 구조를 제안하는 데에도 활용할 수 있습니다. 예를 들어 '챗GPT 활용 방법을 설명하는 프레젠테이션 슬라이드 레이아웃을 제안해 주세요.'라고 요청하면 문제와 해결 구조 슬라이드, 단계별 프로세스 슬라이드, 3단 카드형 정보 구조, Before와 After 비교 슬라이드, 인포그래픽 중심 슬라이드와 같은 다양한 레이아웃 아이디어를 제안받을 수 있습니다. 이러한 레이아웃 구조를 참고하면 실제 디자인 작업을 훨씬 체계적으로 진행할 수 있습니다.

또한 챗GPT의 이미지 생성 기능을 활용하면 슬라이드에 사용할 이미지를 직접 제작할 수도 있습니다. 프레젠테이션에서는 시각적인 요소가 중요한 역할을 하기 때문에 발표 주제에 맞는 이미지를 활용하면 전달력을 높일 수 있습니다. 예를 들어 'AI 마케팅 전략을 설명하는 프레젠테이션 슬라이드용 인포그래픽 스타일 이미지를 생성해 주세요.'와 같은 프롬프트를 입력하면 프레젠테이션에 사용할 수 있는 이미지를 생성할 수 있습니다. 이러한 방법을 활용하면 스톡 이미지를 찾는 시간을 줄이고 발표 내용에 맞는 이미지를 직접 제작할 수 있습니다.

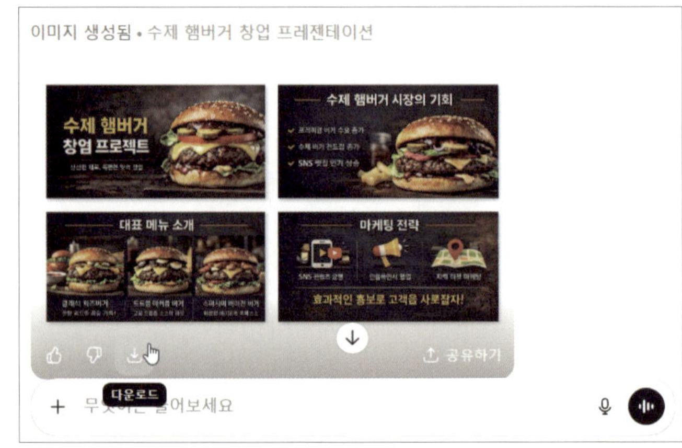

창업 프레젠테이션 생성 예시

마지막 단계는 프레젠테이션 전체의 디자인 스타일을 설정하는 과정으로, 이는 단순히 슬라이드 한 장을 꾸미는 수준을 넘어 전체 브랜드 메시지와 방향성을 시각적으로 정리하는 핵심 작업입니다. 특히 수제 햄버거 마케팅을 주제로 한 발표에서는 제품의 매력과 브랜드 이미지를 효과적으로 전달하는 것이 중요하기 때문에, 개별 슬라이드보다 전체적인 디자인 콘셉트를 먼저 설정하는 접근이 필요합니다. 이렇게 초기 스타일을 명확히 정리해두면 이후 모든 슬라이드가 일관된 흐름을 유지하며, 보는 사람에게 전문적이고 완성도 높은 인상을 줄 수 있습니다. 챗GPT는 이러한 과정에서 발표 목적과 타깃 고객층에 맞는 디자인 스타일을 구체적으로 제안할 수 있습니다. 예를 들어 수제 햄버거 매장을 홍보하는 강의형 프레젠테이션이라면, 재료 구성이나 조리 과정, 차별화 포인트를 단계별로 설명하는 구조가 효과적입니다. 이때 핵심 키워드를 강조하고, 재료를 시각적으로 분해한 인포그래픽이나 제작 과정을 보여주는 흐름도를 활용하면 이해도를 높일 수 있습니다.

반면, 실제 투자자나 고객을 대상으로 하는 마케팅 제안서라면 보다 감각적이고 브랜드 중심의 디자인이 중요합니다. 이 경우에는 매장의 대표 컬러를 중심으로 슬라이드 전체의 색감을 통일하고, 고화질의 햄버거 이미지와 매장 분위기를 담은 사진을 적극적으로 활용하는 것이 효과적입니다. 또한 '신선한 재료', '메인 메뉴'와 같은 핵심 메시지를 짧고 강렬하게 구성하면 설득력을 더욱 높일 수 있습니다.

이처럼 수제 햄버거 마케팅 프레젠테이션에서도 디자인 스타일을 먼저 설정하고 그에 맞춰 콘텐츠를 구성하면, 브랜드의 콘셉트가 더욱 명확하게 전달됩니다. 챗GPT를 활용하면 이러한 기획 과정을 빠르게 정리하고 다양한 스타일을 비교하며 최적의 방향을 선택할 수 있기 때문에, 결과적으로 발표의 완성도와 전달력을 동시에 향상시키는 데 큰 도움이 됩니다.

슬라이드 디자인을 해봤으면 해. 주제는 창업자가 수제 햄버거 집을 창업하려고 해.

창업자가 수제 햄버거 가게를 창업하려는 상황을 가정하여 실제 발표 자료로 활용할 수 있는 슬라이드 디자인 예시를 구성해 보겠습니다. 아래 예시는 창업 계획을 설명하는 프레젠테이션 구조이며, 파워포인트나 키노트에서 바로 구현할 수 있도록 슬라이드 구성과 디자인 방향을 함께 제시합니다.

1. 표지 슬라이드

프레젠테이션의 첫 인상을 결정하는 중요한 슬라이드입니다. 발표 주제를 명확하게 전달하면서 동시에 브랜드의 이미지와 콘셉트를 시각적으로 보여 주는 역할을 합니다. 특히 창업 발표에서는 사업 아이디어와 브랜드 방향을 직관적으로 이해할 수 있도록 제목, 이미지, 핵심 메시지를 중심으로 간결하게 구성하는 것이 중요합니다.

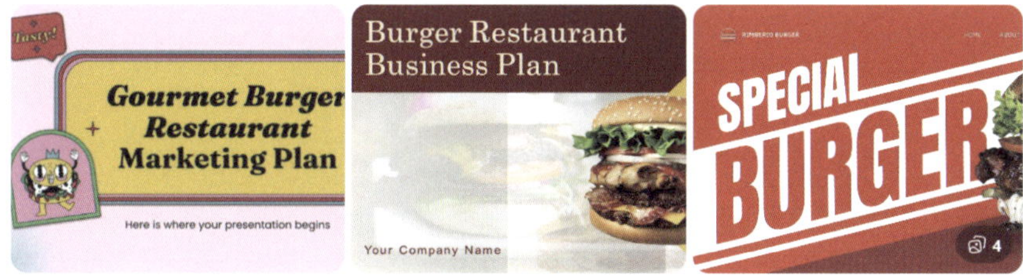

수제 햄버거 전문점 창업 프로젝트

- **부제목**: 신선한 재료와 브랜드 경험 중심의 햄버거 매장
- **핵심 메시지**: 재료의 품질과 브랜드 경험을 동시에 제공하는 매장

2. 마케팅 시장 분석 슬라이드

창업 아이디어가 시장 환경 속에서 어떤 기회를 가지고 있는지를 설명하는 단계입니다. 단순히 시장 정보를 나열하기보다는 현재 외식 시장의 변화와 소비 트렌드를 중심으로 수제 햄버거 창업이 왜 의미 있는 사업인지 논리적으로 보여주는 것이 중요합니다.

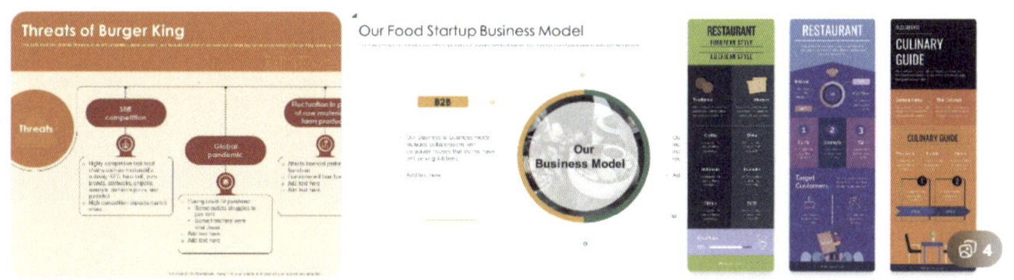

핵심 내용

- 프리미엄 패스트푸드 시장 확대
- 수제 햄버거 브랜드 증가
- SNS 중심 맛집 마케팅 확산

3. 브랜드 컨셉 슬라이드

창업하려는 햄버거 가게가 어떤 가치와 이미지를 전달하려는 브랜드인지 설명하는 단계입니다. 단순히 햄버거를 판매하는 음식점이 아니라 어떤 철학과 차별화된 특징을 가진 브랜드인지 명확하게 전달하는 것이 중요합니다.

핵심 내용

- 건강한 신선한 메뉴
- 매일 직접 만드는 수제 패티
- 신선한 재료 중심 메뉴 구성

4. 메뉴 슬라이드

메뉴 슬라이드는 실제 매장에서 제공할 대표 메뉴를 소개하는 단계입니다. 창업 발표에서는 메뉴의 종류를 나열하는 것보다 매장의 핵심 메뉴와 차별화된 특징을 강조하는 것이 중요합니다.

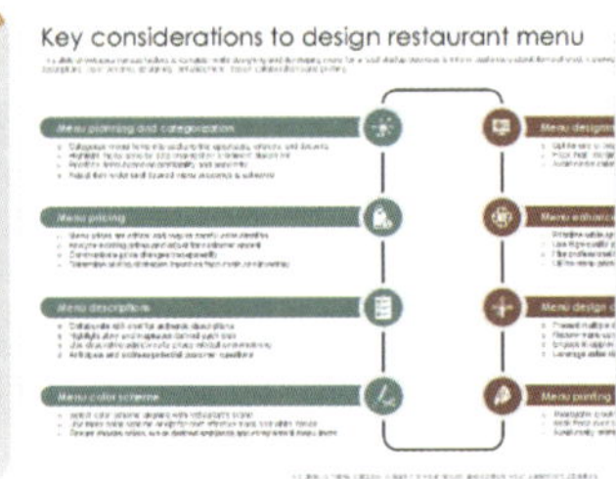

핵심 내용

- 특제 클래식 치즈 버거
- 트러플 머쉬룸 버거
- 스파이시 베이컨 버거

5. 매장 경험 디자인 슬라이드

고객이 매장을 방문했을 때 어떤 공간 경험을 하게 되는지를 설명하는 단계입니다. 최근 외식 매장은 단순히 음식을 판매하는 공간을 넘어 하나의 브랜드 경험을 제공하는 장소로 인식되고 있습니다.

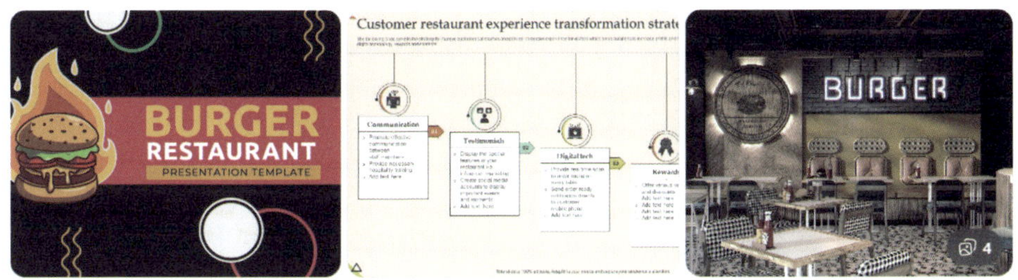

핵심 내용

- 오픈 키친 구조
- 젊은 감각의 인테리어
- SNS 촬영 포인트 공간

프레젠테이션은 단순한 정보 나열이 아니라, 전달하고자 하는 메시지를 효과적으로 설계하고 시각적으로 표현하는 전략적 과정입니다. 챗GPT를 활용하면 주제에 맞는 구조 설계부터 핵심 내용 정리, 슬라이드 구성, 디자인 콘셉트 설정까지 하나의 흐름으로 체계적으로 진행할 수 있어 전체 제작 과정이 명확해집니다.

또한 아이디어를 빠르게 확장하고 다양한 방향을 비교할 수 있기 때문에 기존보다 훨씬 효율적으로 완성도 높은 결과물을 만들어낼 수 있습니다. 이러한 접근은 작업 시간을 단축하는 것을 넘어, 발표의 전달력과 설득력을 동시에 높여주는 실질적인 도구로 활용될 수 있습니다.

PART

5

영상도 된다!
챗GPT 실전 영상 제작하기

챗GPT와 클링 AI를 함께 활용하면 텍스트 기반 아이디어를 실제 영상으로 변환하는 과정이 매우 간단해집니다. 원하는 장면을 설명하면 캐릭터, 배경, 움직임, 분위기까지 반영된 영상이 생성되며, 스토리가 연결된 콘텐츠 제작도 자연스럽게 이어집니다. 여기에 자막 추가나 특정 장면 수정도 가능해 실무에서 활용할 수 있는 수준의 결과물을 만들 수 있습니다. 또한 영상 제작에 필요한 음악까지 챗GPT와 연동해 생성할 수 있습니다.

01 원하는대로, 영상 프롬프트 작성 노하우

생성형 AI를 사용할 때 프롬프트 작성이 중요한 이유는 프롬프트가 영상 제작의 전체 방향을 결정하는 핵심 지시문 역할을 하기 때문입니다. AI는 사용자가 입력한 텍스트 정보를 기반으로 장면을 해석하고 영상을 생성하기 때문에 프롬프트의 내용과 구조에 따라 결과 영상의 품질과 정확도가 크게 달라집니다.

AI 영상 왜 필요할까?

AI 영상은 단순한 콘텐츠 제작 도구를 넘어 다양한 산업에서 핵심적인 커뮤니케이션 도구로 활용되고 있습니다. 특히 영상 제작 비용과 시간을 크게 줄일 수 있기 때문에 마케팅, 교육, 미디어, 기업 커뮤니케이션 등 여러 분야에서 빠르게 활용 범위가 확대되고 있습니다. 주요 활용 분야를 중심으로 AI 영상이 필요한 영역을 체계적으로 정리하면 다음과 같습니다.

1 마케팅 및 광고 콘텐츠 제작

AI 영상이 가장 활발하게 활용되는 분야는 마케팅과 광고입니다. 기존 광고 영상 제작은 기획, 촬영, 편집, 후반 작업까지 많은 비용과 시간이 필요합니다. 그러나 AI 영상 생성 기술을 활용하면 아이디어 단계에서 바로 영상 시안을 제작할 수 있으며 다양한 버전의 광고 영상을 빠르게 테스트할 수 있습니다.

예를 들어 상품 홍보 영상, 브랜드 스토리 영상, SNS 광고 영상, 쇼핑몰 상품 소개 영상 등을 AI로 제작할 수 있습니다. 특히 온라인 쇼핑몰에서는 하나의 제품을 여러 콘셉트의 영상으로 제작해 A/B 테스트를 진행할 수 있기 때문에 마케팅 효율을 높일 수 있습니다. 또한 지역별 언어에 맞게 광고 영상을 자동으로 생성할 수 있기 때문에 글로벌 마케팅에서도 매우 유용하게 활용됩니다.

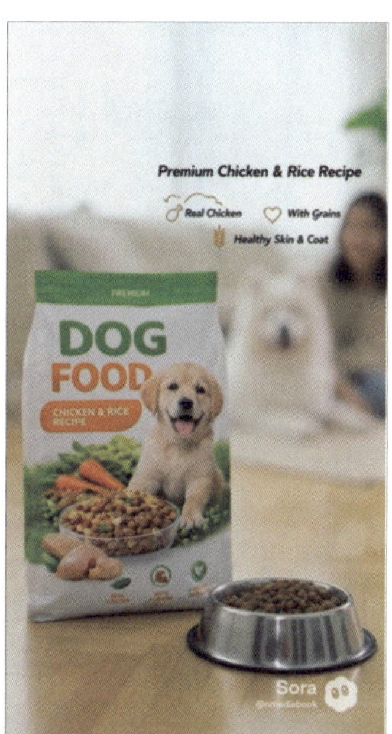

프롬프트만으로 빠르게 제작하고 수정까지 자유로운 홍보 영상

2 유튜브 및 숏폼 콘텐츠 제작

유튜브와 같은 영상 플랫폼에서는 꾸준한 콘텐츠 업로드가 채널 성장의 핵심 요소로 작용합니다. AI 영상 생성 기술은 콘텐츠 제작 방식을 근본적으로 단순화해주는 대안으로 활용될 수 있습니다. 특히, 이미지 생성, 음성 합성, 자동 편집 기능 등을 결합해 하나의 완성된 콘텐츠를 빠르게 제작할 수 있습니다. 이를 통해 제작 시간은 크게 단축되고, 반복적인 편집 작업에 대한 부담도 줄어들게 됩니다.

예를 들어, 제품 홍보 영상, 정보 전달형 콘텐츠, 스토리텔링 기반 영상, 또는 트렌드에 맞춘 짧은 엔터테인먼트 콘텐츠 등 다양한 형식의 영상을 AI를 활용해 제작할 수 있습니다. 특히 틱톡, 인스타그램 릴스, 유튜브 쇼츠와 같은 숏폼 콘텐츠는 영상 길이가 짧고 빠른 소비를 전제로 하기 때문에, AI를 활용한 대량 제작에 매우 적합한 구조를 가지고 있습니다.

짧은 시간 안에 높은 관심과 공유를 유도하는 콘텐츠 영상

3 교육 콘텐츠 제작

AI 영상은 교육 분야에서도 매우 중요한 역할을 합니다. 교육 콘텐츠는 동일한 내용을 반복적으로 설명해야 하는 경우가 많기 때문에 텍스트나 음성만으로 전달하는 방식보다 영상 기반 교육 자료가 학습 이해도를 높이는 데 효과적입니다.

AI 기술을 활용하면 강의 내용을 기반으로 강의 영상을 자동으로 제작할 수 있으며, 복잡한 개념을 설명하는 애니메이션이나 시각적인 설명 영상을 비교적 간단한 과정으로 제작할 수 있습니다. 이러한 방식은 온라인 강의 영상, 교육용 애니메이션, 기업 교육 콘텐츠, 어린이 교육 콘텐츠, 언어 학습 영상 등 다양한 형태의 교육 자료 제작에 활용됩니다.

4 기업 프레젠테이션 및 홍보 영상

기업에서는 내부 커뮤니케이션과 외부 홍보를 위해 다양한 영상 콘텐츠가 필요하며, 이러한 목적을 위해 AI 영상 기술이 적극적으로 활용되고 있습니다. AI 영상을 활용하면 기업이 전달하고자 하는 정보를 시각적으로 정리한 다양한 설명 영상을 효율적으로 제작할 수 있습니다.

예를 들어 회사의 비전과 사업 내용을 소개하는 회사 소개 영상, 서비스의 구조와 특징을 설명하는 서비스 설명 영상, 투자자에게 사업 모델과 성장 가능성을 전달하는 투자자 프레젠테이션 영상, 제품의 기능과 사용 방법을 안내하는 제품 사용 방법 영상, 그리고 기업 문화와 근무 환경을 소개하는 채용 홍보 영상 등 다양한 형태의 콘텐츠를 제작할 수 있습니다.

5 전자상거래 및 상품 소개 영상

온라인 쇼핑몰에서는 상품 정보를 효과적으로 전달하기 위해 영상 콘텐츠의 활용이 점점 중요해지고 있습니다. 소비자는 단순한 이미지나 텍스트 설명보다 영상 콘텐츠를 통해 제품의 특징과 사용 방법을 보다 직관적으로 이해할 수 있기 때문입니다.

AI 영상 기술을 활용하면 상품 이미지와 상품 설명 텍스트만으로도 자동으로 상품 소개 영상을 제작할 수 있으며, 이를 통해 다양한 형태의 제품 설명 콘텐츠를 효율적으로 만들 수 있습니다. 예를 들어 제품의 주요 기능을 소개하는 상품 기능 설명 영상, 실제 사용 과정을 보여주는 사용 방법 안내 영상, 제품을 개봉하는 과정을 보여주는 언박싱 스타일 영상, 의류 제품의 코디를 제안하는 패션 스타일링 영상, 그리고 화장품의 사용 방법을 설명하는 메이크업 가이드 영상 등 다양한 콘텐츠 제작이 가능합니다.

6 영화 및 콘텐츠 제작

영화, 드라마, 애니메이션과 같은 영상 콘텐츠 제작 분야에서도 AI 영상 기술의 활용이 점점 확대되고 있습니다. 기존의 영상 제작 과정은 기획, 촬영, 후반 작업 등 여러 단계에서 많은 시간과 비용이 필요하지만, AI 기술을 활용하면 제작 초기 단계부터 다양한 시각적 자료를 빠르게 생성할 수 있어 제작 효율을 높일 수 있습니다.

AI 영상은 스토리보드 영상 제작, 프리비주얼라이제이션, 배경 장면 생성, 특수 효과 제작,

가상 캐릭터 생성 등 다양한 방식으로 활용됩니다. 예를 들어 스토리보드 단계에서는 장면의 흐름을 이미지나 영상 형태로 빠르게 제작하여 연출 방향을 구체적으로 확인할 수 있으며, 프리비주얼라이제이션 과정에서는 실제 촬영 전에 장면의 구도와 카메라 움직임, 캐릭터 동선을 미리 영상으로 시뮬레이션할 수 있습니다. AI를 활용하면 특정 장소를 촬영하지 않아도 다양한 배경 장면을 생성할 수 있으며, 폭발, 날씨 변화, 미래 도시와 같은 특수 효과 장면도 비교적 쉽게 구현할 수 있습니다. 더 나아가 실제 배우가 등장하지 않는 가상 캐릭터를 제작하여 애니메이션이나 가상 배우 중심의 콘텐츠를 제작하는 데에도 활용되고 있습니다.

7 가상 인플루언서 및 캐릭터 콘텐츠

최근에는 AI 캐릭터를 활용한 콘텐츠 제작이 빠르게 증가하고 있으며, AI 영상 기술의 발전을 통해 실제 사람이 등장하지 않아도 완성도 높은 캐릭터 기반 콘텐츠를 제작할 수 있습니다. 과거에는 촬영, 출연자 섭외, 장소 확보 등 여러 제작 요소가 필요했지만, 이제는 텍스트 기반의 프롬프트만으로도 캐릭터의 외형, 성격, 말투, 행동까지 설계할 수 있어 콘텐츠 제작 방식 자체가 크게 변화하고 있습니다. 이러한 변화는 개인 창작자뿐만 아니라 기업의 마케팅, 교육, 미디어 콘텐츠 제작 전반에 새로운 가능성을 열어주고 있습니다.

이러한 기술을 활용하면 하나의 가상 인물을 만들어 지속적으로 콘텐츠를 생산할 수 있으며, 동일한 캐릭터를 유지하면서 다양한 상황과 메시지를 반복적으로 전달할 수 있습니다. 특히 인물의 일정, 컨디션, 촬영 환경에 영향을 받지 않기 때문에 언제든지 원하는 시점에 콘텐츠를 제작할 수 있고, 수정이나 재생성 또한 유연하게 이루어집니다. 이는 콘텐츠 제작의 효율성을 높이는 동시에 브랜드 아이덴티티를 일관되게 유지하는 데에도 큰 장점으로 작용합니다. 또한 짧은 시간 안에 여러 버전의 콘텐츠를 제작할 수 있기 때문에 테스트와 최적화에도 유리하며, 지속적인 콘텐츠 생산이 필요한 환경에서 특히 효과적으로 활용될 수 있습니다.

인플루언서에 의존하지 않고도 비용 부담 없이 브랜드 메시지 전달 가능

영상 생성을 위한 프롬프트 작성 7가지 법칙

영상을 생성할 때 프롬프트를 효과적으로 작성하려면 일정한 구조와 원칙을 이해하는 것이 중요합니다. 이러한 원칙을 정리하면 몇 가지 핵심 법칙으로 설명할 수 있습니다. 프롬프트 작성 법칙을 이해하면 원하는 장면을 보다 정확하게 표현할 수 있으며 영상의 완성도도 높아집니다.

1 장면 설정의 법칙

영상 프롬프트의 시작 부분에서는 반드시 장면의 배경과 상황을 먼저 설명해야 합니다. 영상이 어떤 장소에서 어떤 상황을 보여주는지 명확하게 제시하면 AI가 전체 장면의 맥락을 이해하기 쉬워집니다. 예를 들어 단순히 '여성이 커피를 마신다.'라고 작성하는 것보다 **'따뜻한 조명이 있는 작은 카페에서 창가에 앉아 커피를 마시는 20대 여성'**과 같이 장소와 분위기를 함께 설명하면 장면의 구성이 더 자연스럽게 만들어집니다. 장면 설정은 영상의 전체 분위기를 결정하는 가장 중요한 요소입니다.

2 인물 구체화의 법칙

영상 프롬프트에서 등장 인물을 설명할 때는 가능한 한 구체적으로 묘사하는 것이 중요합니다. 인물의 나이대, 성별, 직업, 복장, 표정, 행동 등을 함께 설명하면 AI가 장면을 더 정확하게 이해하고 현실감 있는 영상을 생성할 수 있습니다. 예를 들어 단순히 '요리사가 요리를 한다.'라고 작성하는 것보다 **'흰색 요리사 모자와 앞치마를 착용한 30대 남성 요리사가 전문 주방에서 프라이팬으로 스테이크를 굽고 있는 모습'**과 같이 인물의 외형과 행동을 함께 설명하면 장면이 더 구체적으로 표현됩니다. 또한 집중한 표정이나 미소와 같은 감정 표현을 추가하면 인물의 분위기까지 자연스럽게 전달할 수 있습니다. 이처럼 인물의 기본 정보, 외형, 행동, 감정을 함께 묘사하면 AI가 장면을 보다 정확하게 이해할 수 있으며 영상의 현실감도 높아집니다.

3 행동 흐름의 법칙

영상은 정적인 이미지와 달리 시간의 흐름에 따라 장면이 변화하는 콘텐츠이기 때문에 인물이나 사물이 어떤 행동을 하는지 단계적으로 설명하는 것이 매우 중요합니다. 프롬프트에서 행동의 흐름을 구체적으로 묘사하면 AI가 장면의 진행 과정을 이해할 수 있으며 영상이 보다 자연스럽게 연결됩니다.

예를 들어 단순히 '제빵사가 빵을 만든다.'라고 작성하는 것보다 **'제빵사가 밀가루 반죽을 손으로 치대어 반죽을 만든 다음 반죽을 오븐에 넣고, 잠시 후 갓 구워진 빵을 꺼내는 장면'**과 같이 행동의 순서를 설명하면 하나의 짧은 스토리가 만들어집니다. 이러한 방식은 영상 속 장면이 자연스럽게 이어지도

록 도와주며 실제 촬영한 것과 비슷한 흐름을 만들어 줍니다.

4 카메라 연출의 법칙

영상 프롬프트를 작성할 때는 장면과 인물뿐만 아니라 카메라의 움직임과 촬영 구도를 함께 설명하는 것이 중요합니다. 카메라 연출은 영상의 시각적 표현 방식과 분위기를 결정하는 요소이기 때문에 이를 프롬프트에 포함하면 보다 완성도 높은 영상을 생성할 수 있습니다.

예를 들어 카메라가 어떤 방향에서 촬영하는지, 인물과의 거리가 어떻게 변하는지, 장면을 어떤 구도로 보여주는지 등을 구체적으로 설명하면 AI가 영상의 연출 방식을 보다 정확하게 이해할 수 있습니다. **'카메라가 천천히 인물에게 가까이 이동하며 얼굴을 클로즈업한다.', '드론 촬영처럼 높은 위치에서 도시 전경을 내려다보며 천천히 이동한다.', '슬로 모션으로 인물이 걷는 장면을 촬영한다.'**와 같은 표현을 사용하면 장면의 연출이 훨씬 영화적으로 표현됩니다.

또한 카메라의 이동 방식도 함께 설명하면 영상의 몰입도가 더욱 높아집니다. 예를 들어 '**카메라가 인물을 따라 이동하는 장면**', '**좌우로 부드럽게 이동하는 장면**', '**특정 사물을 중심으로 회전하며 촬영하는 장면**'과 같이 설명하면 실제 촬영과 유사한 영상 흐름을 만들 수 있습니다. 이러한 카메라 움직임은 광고 영상이나 영화 스타일 영상에서 특히 효과적으로 활용됩니다.

5 분위기와 스타일의 법칙

영상 프롬프트를 작성할 때는 장면의 내용뿐만 아니라 영상의 색감, 조명, 촬영 스타일, 전체적인 분위기까지 함께 설명하는 것이 중요합니다. 이러한 요소는 영상이 전달하는 감정과 시각적 인상을 결정하기 때문에 프롬프트에 명확하게 포함하면 AI가 장면을 보다 정확하게 표현할 수 있습니다.

예를 들어 영상의 색감이 따뜻한지 차가운지, 조명이 밝은지 부드러운지, 전체 분위기가 차분한지 활기찬지 등을 구체적으로 설명하면 영상의 스타일이 더욱 뚜렷해집니다. '**따뜻한 색감의 광고 스타일 영상**', '**영화 같은 시네마틱 분위기의 장면**', '**밝고 경쾌한 브이로그 스타일 영상**'과 같이 영상의 톤과 분위기를 명확하게 제시하면 AI는 장면의 색감과 조명, 연출 방식까지 고려하여 영상을 생성하게 됩니다.

또한 같은 장면이라도 어떤 스타일을 적용하느냐에 따라 영상의 느낌이 크게 달라질 수 있습니다. 예를 들어 골목에서 버스킹하는 장면을 '**부드러운 자연광이 들어오는 감성적인 브이로그 스타일**', '**고급스러운 조명이 강조된 광고 스타일**', '**영화 장면처럼 깊은 색감의 시네마틱 스타일**' 등으로 표현하면 각각 전혀 다른 분위기의 영상이 만들어집니다.

| 자연광의 브이로그 스타일 | 고급스러운 조명의 광고 스타일 | 깊은 색감의 시네마틱 스타일 |

6 영상 형식의 법칙

영상 프롬프트를 작성할 때는 장면의 내용뿐만 아니라 영상의 형식과 같은 기술적인 조건을 함께 제시하는 것이 중요합니다. 영상의 길이, 화면 비율, 해상도와 같은 요소는 영상의 구조와 사용 목적을 결정하는 요소이기 때문에 이를 명확하게 설명하면 AI가 생성할 영상의 형태를 보다 정확하게 이해할 수 있습니다.

예를 들어 영상이 어떤 플랫폼에서 사용될 것인지에 따라 화면 비율을 지정할 수 있습니다. 스마트폰 중심의 콘텐츠에서는 '9:16 세로 영상'과 같이 세로 화면 비율을 설정하면 유튜브 쇼츠, 인스타그램 릴스, 틱톡과 같은 숏폼 플랫폼에 적합한 영상이 생성됩니다. 반대로 유튜브나 영화 스타일의 콘텐츠를 제작할 때는 '16:9 가로 영상'과 같이 일반적인 영상 비율을 지정하면 보다 자연스러운 결과를 얻을 수 있습니다.

또한 영상의 길이를 함께 제시하면 AI가 장면의 흐름을 더 정확하게 구성할 수 있습니다. 예를 들어 '10초 길이의 숏폼 영상', '30초 광고 영상', '1분 길이의 브이로그 스타일 영상'과 같이 영상의 길이를 명확하게 지정하면 콘텐츠의 목적에 맞는 장면 구성이 이루어집니다. 특히 광고나 SNS 콘텐츠처럼 짧은 영상이 중요한 경우에는 이러한 길이 설정이 매우 중요한 요소가 됩니다.

7 간결한 구조의 법칙

영상 프롬프트는 가능한 한 구체적으로 작성하는 것이 중요하지만, 동시에 불필요하게 길거나 복잡한 표현을 사용하면 오히려 AI가 장면의 핵심을 이해하기 어려워질 수 있습니다. 따라서 프롬프트를 작성할 때는 전달하려는 핵심 장면을 중심으로 내용을 정리하고, 중요한 요소만을 자연스럽게 연결하여 하나의 흐름 있는 문장으로 구성하는 것이 좋습니다.

예를 들어 장면 설정, 등장 인물, 인물의 행동, 카메라 연출, 영상 스타일과 같은 핵심 요소를 순서대로 간결하게 연결하면 AI가 장면의 구조를 보다 쉽게 이해할 수 있습니다. 이러한 방식은 실제 영상 제작에서 촬영 장면을 설명하는 콘티나 촬영 지시문과 유사한 구조라고 볼 수 있습니다.

> 영상 프롬프트 = 장면 설정 + 인물 행동 + 카메라 연출 + 분위기 스타일 + 영상 형식

또한 프롬프트를 작성할 때는 같은 의미의 표현을 반복하거나 불필요하게 많은 정보를 나열하기보다는 장면을 이해하는 데 필요한 핵심 요소만 포함하는 것이 좋습니다. 핵심 장면을 중심으로 필요한 정보만 정리하면 AI가 장면의 우선순위를 파악하기 쉬워지고 결과 영상도 보다 안정적으로 생성됩니다.

02 챗GPT로 영상 프롬프트를 만들려면?

챗GPT와 AI 영상 생성 도구를 함께 활용하면 영상 제작 과정의 기획, 제작, 수정까지 대부분의 과정을 AI 기반으로 효율적으로 진행할 수 있습니다. 특히 기존 영상 제작 방식에 비해 시간과 비용을 크게 줄일 수 있으며, 아이디어 구상부터 영상 생성까지 하나의 흐름으로 연결할 수 있다는 장점이 있습니다.

구체적인 영상 프롬프트 작성법

챗GPT를 이용하면 효과적인 영상 프롬프트를 쉽게 만들 수 있습니다. AI 영상 도구로 영상을 생성하려면 장면, 등장 인물, 행동의 흐름, 카메라 연출, 영상의 분위기와 스타일 등 여러 요소를 포함한 프롬프트가 필요합니다. 이러한 요소들을 체계적으로 정리하지 않으면 AI가 장면을 정확하게 이해하기 어렵고, 결과물 또한 사용자의 의도와 동떨어질 가능성이 높습니다.

이때 챗GPT를 활용하면 영상 제작에 필요한 프롬프트를 보다 체계적인 구조로 정리할 수 있습니다. 예를 들어 하나의 장면을 만들기 위해 필요한 요소를 단계적으로 분석하고, 장면 설정, 인물 묘사, 행동의 진행 과정, 카메라 움직임, 영상의 색감과 스타일, 영상 형식과 같은 구성 요소를 정리하여 하나의 완성된 프롬프트로 만들어 줍니다. 이러한 방식은 실제 영상 제작에서 촬영 콘티나 연출 지시문을 작성하는 과정과 유사합니다.

챗GPT는 사용자가 제시한 간단한 아이디어를 기반으로 보다 구체적인 영상 프롬프트를 만들어 줄 수 있습니다. 예를 들어 사용자가 단순히 '탄산수 홍보 영상'이라는 아이디어만 제시하더라도, 챗GPT는 장면 설정, 등장 인물, 행동 흐름, 카메라 연출, 영상 스타일 등을 추가하여 실제 촬영 장면과 유사한 형태의 프롬프트로 구체화합니다.

탄산수 홍보 영상 프롬프트를 작성해 줘.

장면 1. 경기 시작 분위기

여름 햇빛이 강하게 내리쬐는 야외 테니스 경기장에서 치열한 테니스 경기가 진행되고 있다. 두 선수가 빠르게 공을 주고받으며 긴장감 있는 랠리를 이어간다. 관중석에는 사람들이 경기를 집중해서 지켜보고 있다. 카메라는 경기장을 넓게 보여주는 와이드 샷으로 시작하고 선수들의 역동적인 움직임을 따라간다. 밝은 여름 햇빛이 강조된 스포츠 경기 스타일 영상, 16:9 비율

장면 2. 더위와 긴장감 표현

경기가 잠시 멈추고 20대 한국 여성 테니스 선수가 코트 옆에서 수건으로 땀을 닦고 있다. 선수의 얼굴에는 땀이 맺혀 있고 숨을 고르며 더운 날씨에 지친 모습이 보인다. 카메라는 선수의 얼굴을 클로즈업하여 땀방울과 지친 표정을 강조한다.

장면 3. 더운 날씨 강조

경기장 옆 그늘에서 강아지 한 마리가 더운 날씨에 지쳐 혀를 내밀고 숨을 쉬고 있다. 주변에는 뜨거운 햇빛과 여름의 열기가 느껴진다. 카메라는 강아지를 잠시 보여주며 무더운 날씨 분위기를 강조한다.

장면 4. 탄산수 등장

선수가 테이블 위에 놓인 차가운 탄산수 캔을 집어 든다. 캔 표면에는 차가운 물방울이 맺혀 햇빛에 반짝인다. 선수가 캔을 천천히 열자 탄산이 올라오는 장면이 보인다. 카메라는 탄산수 캔을 클로즈업으로 보여주며 시원한 느낌을 강조한다.

장면 5. 탄산수 마시는 장면

선수가 탄산수를 한 모금 마신다. 투명한 컵 속에서 탄산 기포가 올라오는 모습이 보이고 선수는 상쾌한 표정을 짓는다. 카메라는 인물의 얼굴과 탄산수 컵을 번갈아 클로즈업하며 청량감을 강조한다. 밝고 시원한 광고 스타일 영상

장면 6. 경기 승리 장면

선수가 다시 코트로 돌아가 경기를 이어가고 강력한 서브와 스매시로 마지막 포인트를 따낸다. 관중이 환호하고 선수는 승리의 미소를 짓는다. 카메라는 선수의 환한 표정과 손에 들린 탄산수 캔을 함께 보여주며 광고를 마무리한다. 고해상도 스포츠 광고 스타일 영상

20대 한국 여성의 테니스 코트에서 탄산수를 마시는 장면, 더위에 지친 개 장면 구성

또 다른 장점은 다양한 버전의 프롬프트를 빠르게 생성할 수 있다는 점입니다. 하나의 장면을 광고 스타일, 브이로그 스타일, 시네마틱 스타일 등 여러 방식으로 변형하여 프롬프트를 생성할 수 있기 때문에 사용자는 여러 가지 연출 방식 중에서 가장 적합한 영상을 선택할 수 있습니다. 이러한 방식은 콘텐츠 기획 단계에서 다양한 아이디어를 실험하는 데에도 매우 효과적입니다.

기존 광고 스토리 구조를 유지하면서 장면의 내용을 **테니스 선수 → 탄산수 → 서핑 상상 → 경기 복귀 → 우승의 흐름**으로 수정하면 다음과 같이 구성할 수 있습니다.

기존 스토리를 유지하면서 여성 인물을 남성으로 교체하고, 탄산수를 마시면 시원한 바다를 연상하는 장면으로 교체해 줘.

장면 1

경기 시작 분위기 여름 햇빛이 강하게 내리쬐는 야외 테니스 경기장에서 치열한 테니스 경기가 진행되고 있다. 20대 한국 남성 테니스 선수가 상대 선수와 빠르게 공을 주고받으며 긴장감 있는 랠리를 이어간다. 관중석에는 많은 사람들이 경기를 집중해서 지켜보고 있다. 카메라는 경기장을 넓게 보여주는 와이드 샷으로 시작하고 선수의 역동적인 움직임을 따라가며 스포츠 경기의 긴장감을 강조한다. 오렌지 색감의 여름 햇빛이 강조된 스포츠 스타일 장면.

장면 2

더위와 휴식 장면 경기가 잠시 멈추고 20대 한국 남성 테니스 선수가 코트 옆 벤치에 앉아 숨을 고르고 있다. 얼굴에는 땀이 맺혀 있고 수건으로 이마를 닦으며 더운 날씨에 지친 모습이다. 선수 옆 테이블에는 차가운 탄산수 캔이 놓여 있다. 카메라는 선수의 얼굴과 땀방울을 클로즈업하여 더운 여름 경기의 분위기를 강조한다.

장면 3

탄산수 마시는 장면 선수가 차가운 탄산수 캔을 집어 들고 천천히 캔을 연다. 캔 표면에는 물방울이 맺혀 햇빛에 반짝인다. 선수가 탄산수를 한 모금 마시자 시원한 탄산 기포가 올라오는 모습이 보인다. 카메라는 탄산수 캔과 선수의 얼굴을 번갈아 클로즈업하며 청량한 느낌을 강조한다.

장면 4

서핑 상상 장면 탄산수를 마시는 순간 장면이 상상 장면으로 전환된다. 푸른 바다 위에서 같은 남성이 서핑 보드를 타고 큰 파도 위를 시원하게 달리고 있다. 햇빛이 반짝이는 바다와 파도가 역동적으로 움직인다. 카메라는 파도를 가르며 서핑하는 남성을 따라가며 자유롭고 시원한 느낌을 강조한다. 시네마틱 스타일 장면.

장면 5

경기 복귀 장면 상상이 끝나고 다시 테니스 코트 장면으로 돌아온다. 선수는 정신을 차리고 다시 라켓을 잡는다. 눈빛이 집중되어 있으며 강하게 서브를 넣고 빠르게 코트를 움직이며 공격적인 플레이를 이어간다. 카메라는 선수의 라켓 스윙과 공의 움직임을 역동적으로 따라간다.

장면 6

우승 장면 마지막 포인트에서 선수가 강력한 스매시를 성공시키고 경기가 끝난다. 관중이 환호하고 선수는 승리의 미소를 지으며 두 팔을 들어 올린다. 선수는 한 손에 라켓을 들고 다른 손에는 탄산수 캔을 들고 있다. 카메라는 환호하는 선수의 얼굴을 클로즈업하며 밝고 청량한 스포츠 광고 스타일로 장면을 마무리한다.

20대 한국 남성이 테니스 코트에서 탄산수를 마시는 장면, 서핑 장면으로 수정

이처럼 챗GPT를 활용하면 영상 프롬프트를 단순한 문장 형태가 아니라 체계적인 구조로 설계할 수 있으며, 복잡한 프롬프트를 직접 고민하지 않아도 원하는 장면을 보다 구체적으로 표현하고 원하는 방향으로 수정할 수 있습니다. 결과적으로 챗GPT는 AI 영상 생성 도구에서 영상을 생성할 때 필요한 프롬프트를 보다 효율적으로 작성하도록 도와주는 영상 기획 도구의 역할을 수행합니다.

03 영상 생성을 위한 클링 AI 알아보기

클링 AI는 텍스트 입력만으로 고품질 영상을 생성할 수 있는 생성형 인공지능 기반 영상 제작 도구입니다. 사용자가 입력한 프롬프트를 기반으로 장면을 구성하고, 이를 자연스럽게 이어붙여 하나의 영상으로 완성하는 구조를 가지고 있습니다. 특히 장면 단위 생성 방식이 특징이며, 짧은 클립을 조합해 긴 영상으로 확장하는 제작 방식에 강점을 보입니다. 이미지 생성 모델과 영상 생성 모델이 결합된 형태로, 시각적 완성도가 높은 결과물을 만들어낼 수 있습니다.

복잡한 동작과 장면도 생성 가능

클링 AI의 가장 큰 장점은 영상 제작의 전 과정을 하나의 시스템 안에서 해결할 수 있다는 점에 있습니다. 기존에는 기획, 촬영, 편집이라는 복잡한 과정을 거쳐야 했지만, 클링 AI는 텍스트로 장면을 설명하는 것만으로도 영상이 자동 생성되기 때문에 제작의 진입 장벽을 크게 낮춥니다. 이 구조는 특히 기획자나 마케터처럼 영상 제작 전문 기술이 없는 사용자도 즉시 콘텐츠를 만들 수 있게 해 준다는 점에서 매우 큰 의미를 가집니다.

또한 결과물의 품질 측면에서도 강점을 보입니다. 클링 AI는 단순히 이미지를 이어 붙이는 방식이 아니라 시간과 공간을 이해하는 기반 위에서 움직임을 생성하기 때문에, 사람의 동작이나 카메라 이동, 물리적인 상호작용이 자연스럽게 표현됩니다. 조명, 구도, 장면 전환까지 포함한 연출 요소가 반영되면서 결과물은 단순한 테스트 영상이 아니라 실제 광고나 브랜드 콘텐츠로 활용 가능한 수준에 도달합니다.

복잡한 장면을 처리하는 능력 역시 중요한 장점입니다. 여러 인물이 등장하는 상황이나 빠른 움직임이 필요한 장면에서도 비교적 안정적인 결과를 만들어내며, 이는 기존 영상 생성 AI가 가지고 있던 부자연스러운 움직임 문제를 상당 부분 개선한 것입니다. 하나의 플랫폼 안에서 다양한 요소를 통합해 영상 제작이 가능해집니다.

클링 AI(Kling AI) 실행하기

01 | 영상을 생성하기 위해 웹브라우저에 'kling.ai'를 입력하여 접속하고 표시되는 화면에서 [창작 시작]을 클릭합니다.

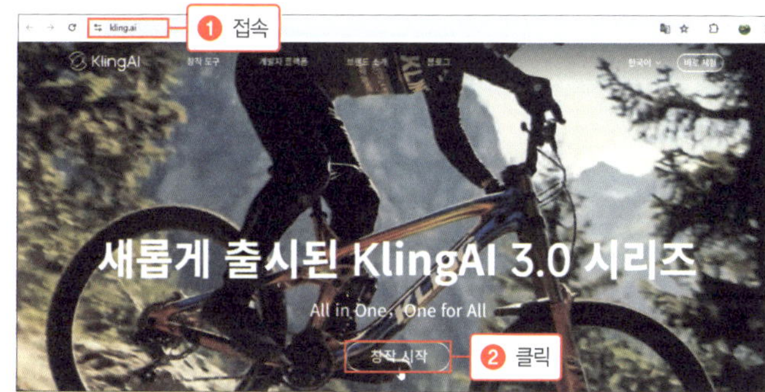

02 | 그림과 같이 클링 AI의 메인 화면이 표시되면 로그인을 위해 오른쪽 화면의 [원클릭 로그인]을 클릭합니다.

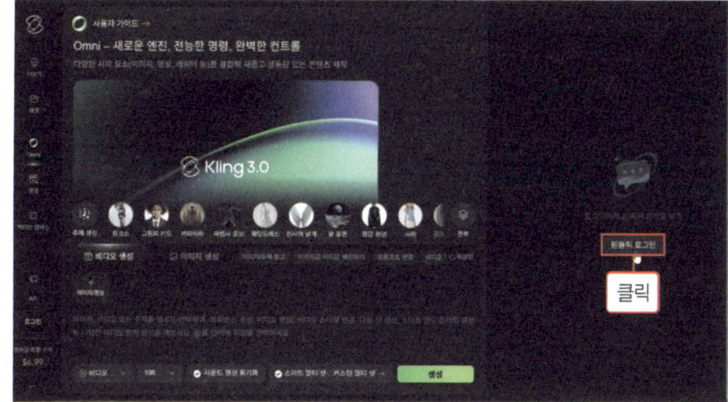

03 | 로그인 화면이 표시되면 사용자 계정이나 이메일로 로그인 방법을 선택하는 화면이 표시됩니다. 예제에서는 [구글 계정으로 로그인하기]를 클릭합니다.

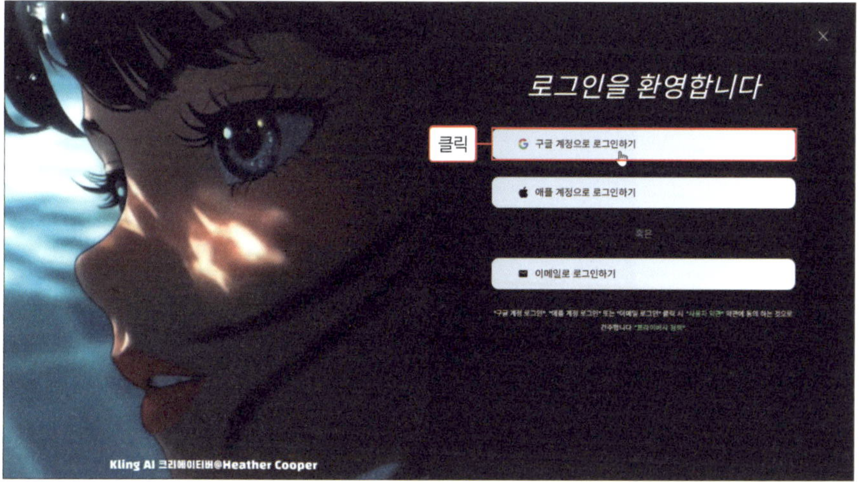

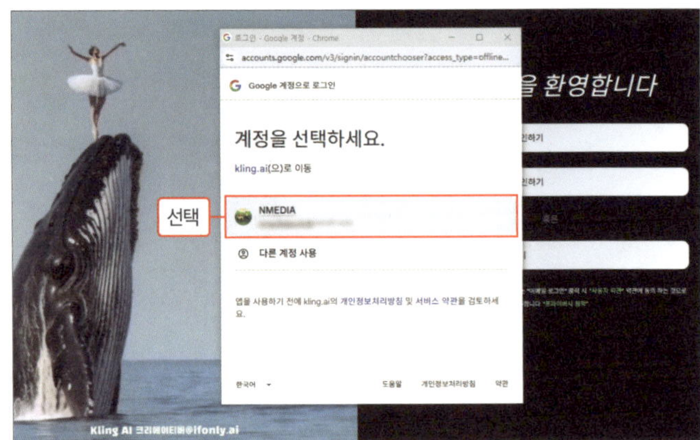

04 구글 계정을 선택하는 화면이 표시됩니다. 사용할 구글 계정을 선택합니다. 표시되지 않은 계정으로 사용하려면 [다른 계정 사용]을 선택하여 로그인합니다.

05 클링 AI 서비스 로그인 화면이 표시되며, 구글 정보를 클링에 엑세스하기 위해 허용한다는 메시지가 표시됩니다. 다음 단계로 진행을 위해 [계속] 버튼을 클릭합니다.

06 클링 AI 메인 화면이 표시됩니다. 이제부터 클링 AI의 다양한 기능과 프롬프트를 이용하여 이미지와 영상 생성이 가능합니다.

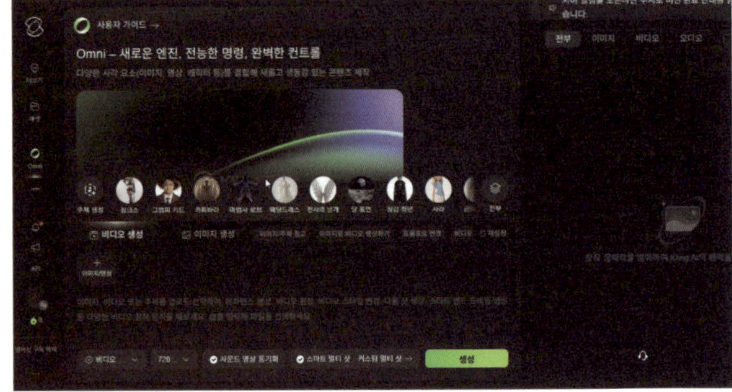

클링 AI 무료 사용과 요금제

❶ 생성 가능 영상 수

클링 AI의 무료 사용자(비멤버십)는 단순한 기능 제한이 아니라, 전체 제작 흐름 자체를 체험 중심으로 설계한 구조입니다. 기본적으로 무료 사용자는 로그인 시 소량의 크레딧을 지급받고 이를 소모하는 방식으로 이미지나 영상을 생성할 수 있는데, 이 크레딧의 양이 제한적이기 때문에 하루 기준으로 생성 가능한 영상 수는 대략 1~2개 수준에 머무르게 됩니다. 조건을 낮추어 저품질로 생성할 경우 최대 6개 정도까지 시도는 가능합니다.

❷ 영상 길이

보통 10초 내외의 짧은 클립을 생성할 수 있으며, 이는 광고나 스토리 기반 콘텐츠를 제작하기에는 부족한 길이입니다. 결과적으로 무료 플랜은 완성된 콘텐츠를 만들기보다는 특정 장면을 시험하거나 프롬프트 결과를 확인하는 용도로 사용하는 것이 현실적인 활용 방식입니다.

❸ 영상 해상도

해상도 측면에서는 기본적인 HD 수준까지는 지원되지만, 고급 렌더링이나 디테일을 강화하는 옵션은 제한되어 있어 유료 플랜 대비 결과물의 완성도가 낮게 나타날 수 있습니다. 결국 무료 플랜은 기술의 성능을 체험하고 자신이 원하는 스타일이나 프롬프트 방향성을 탐색하는 데에는 충분한 환경을 제공하지만, 실제로 콘텐츠를 지속적으로 제작하거나 상업적 결과물을 만들어내는 작업 환경으로는 구조적으로 부족하게 설계되어 있습니다.

무료 사용자는 동시에 여러 작업을 실행할 수 없고 한 번에 하나의 생성 작업만 처리할 수 있으며, 생성 속도 또한 우선 순위가 낮은 일반 대기열을 사용하기 때문에 상황에 따라 수십 분 이상 대기해야 하는 경우도 발생합니다.

비멤버십(무료)	스탠더드	프로	프리미어
• **가격**: 0달러	• **가격**: 월 6.99달러	• **가격**: 월 25.99달러	• **가격**: 월 64.99달러
기본 체험용 플랜	매월 660 크레딧 제공	매월 3000 크레딧 제공	매월 8000 크레딧 제공
로그인 시 크레딧 지급	약 800장 이미지 또는 33개 720p 영상 생성 가능	약 3000장 이미지 또는 150개 720p 영상 생성 가능	약 8000장 이미지 또는 400개 720p 영상 생성 가능
주요 특징 • 저해상도 콘텐츠 생성 중심 • 워터마크 포함 • 생성 수량 제한 존재	주요 특징 • 이미지 생성, 비디오 생성 기능 포함 • 일부 기능 무료 체험 제공 • 빠른 생성 채널 제공 • 1080p 영상 생성 지원 • 입문자 또는 가볍게 사용하는 사용자에게 적합	주요 특징 • 이미지·영상 생성 기능 강화 • 고화질 이미지 생성 지원 • 스마트 보정 기능 포함 • 빠른 처리 속도 • 콘텐츠 제작을 꾸준히 하는 개인 크리에이터에게 적합	주요 특징 • 고급 생성 기능 확대 • 안정적인 대량 생성 가능 • 빠른 렌더링 처리 • 고화질 결과물 중심 • 마케팅 콘텐츠나 영상 제작을 자주 하는 사용자에게 적합

04 클링 AI, 어떻게 생겼을까?

클링 AI의 인터페이스는 영상 제작의 품질과 효율을 동시에 고려한 설정 구조로 설계되어 있으며, 사용자는 해상도와 생성 시간, 화면 비율, 생성 수량을 조합해 원하는 결과를 전략적으로 구성할 수 있습니다. 이러한 설정은 단순한 옵션 선택을 넘어 콘텐츠의 목적과 플랫폼에 맞는 최적의 결과물을 도출하는 데 중요한 역할을 합니다. 특히 다양한 결과를 빠르게 생성하고 비교할 수 있어 초기 기획부터 완성 단계까지 유연한 제작이 가능합니다.

클링 AI(Kling AI)의 작업 화면 살펴보기

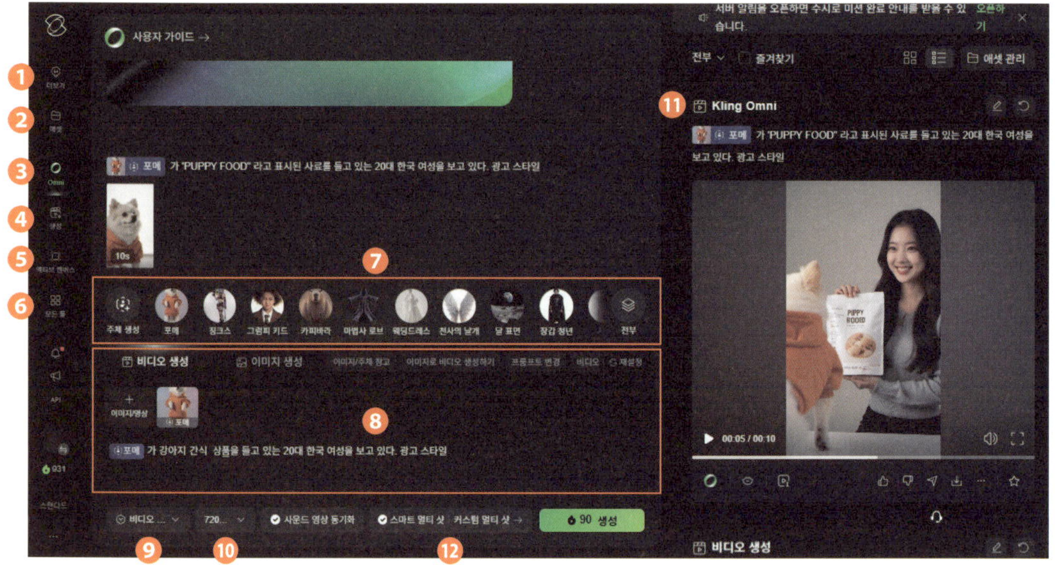

❶ **더보기**: 화면에 기본 노출되지 않은 추가 기능을 확장해 확인하는 옵션 메뉴입니다. 클링 AI에서는 고급 설정, 스타일 옵션, 생성 방식 조정 등 세부 제어 기능을 제공하는 확장 패널 역할을 합니다.

❷ **에셋**: 이미지, 캐릭터, 레퍼런스 등 생성에 활용되는 자료를 관리하는 공간입니다. 업로드한 파일이나 이전 결과물을 불러와 재사용할 수 있습니다.

❸ **Omni**: 클링 AI의 통합 생성 메뉴로 텍스트, 이미지, 비디오 등 다양한 입력을 하나의 창

의적인 워크플로로 통합합니다.

❹ **생성**: 텍스트 프롬프트를 기반으로 고품질 이미지, 영상을 빠르게 생성하는 데 최적화되어 있습니다.

❺ **액티브 캔버스**: AI와의 대화를 기반으로 결과물을 점진적으로 수정·생성하는 인터랙티브 작업 환경으로, 단순 입력 방식이 아닌 반복적인 피드백 과정을 통해 완성도를 높일 수 있는 것이 특징이다.

❻ **모든 툴**: 클링 AI의 전체 기능을 한눈에 확인하고 선택할 수 있는 통합 메뉴입니다. 이미지·영상 생성, 편집, 효과, 사운드 등 다양한 모듈을 카드 형태로 제공하는 기능 허브입니다.

❼ **프리셋 창**: 인물, 배경, 의상 등 요소를 미리 정의된 형태로 선택하는 영역입니다. 선택한 프리셋은 자동으로 프롬프트에 반영되어 빠르고 일관된 결과를 만듭니다.

❽ **프롬프트 입력 창**: 장면과 스타일을 텍스트로 지시하는 핵심 입력 영역입니다. 이미지 업로드 및 해상도, 비율 등 파라미터 조정을 통해 결과를 정밀하게 제어합니다.

❾ **모델**: 이미지, 영상을 생성하기 위한 모델을 선택할 수 있습니다.

❿ **설정 옵션**: 영상 결과물의 품질과 제작 효율을 동시에 결정하는 핵심 설정 영역으로, 해상도와 생성 시간, 화면 비율, 생성 수량을 조합하여 원하는 결과를 설계할 수 있습니다.

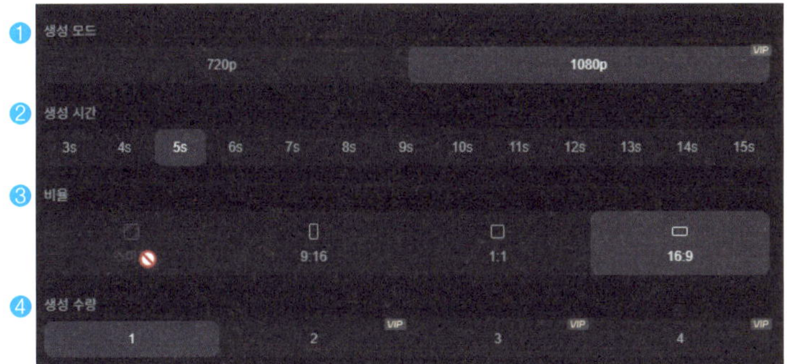

❶ **생성 모드**: 영상의 선명도와 디테일을 좌우하며, 해상도가 높을수록 표현력은 좋아지지만 생성 시간과 비용이 증가하고, 낮을수록 빠른 테스트에 적합합니다.

❷ **생성 시간**: 샷 또는 전체 영상의 길이를 의미하며, 짧은 영상은 메시지 전달에 유리하고, 긴 영상은 스토리 전개에 적합하지만 프롬프트 설계의 완성도가 중요해집니다.

❸ **화면 비율**: 영상 프레임의 형태를 결정하며, 16:9는 가로형 콘텐츠, 9:16은 모바일 숏폼, 1:1은 정사각형 콘텐츠에 적합해 플랫폼 전략에 영향을 줍니다.

❹ **생성 수량 설정**: 동일한 프롬프트로 여러 결과를 생성해 비교할 수 있으며, 최적의 결과 선택이나 A/B 테스트에 효과적으로 활용됩니다.

⓫ **프리뷰 영역**: 생성된 결과물을 크게 확인하고 검토하는 공간입니다. 이미지 확대, 영상 재생 및 다운로드 등 후속 작업을 수행할 수 있습니다.

⓬ **스마트 멀티 샷/커스텀 멀티 샷**: 여러 장면을 하나의 영상으로 연결하는 방식으로 설계되어 있으며, 사용자는 각 샷마다 서로 다른 프롬프트를 입력하여 장면별 연출을 세밀하게 제어할 수 있습니다.

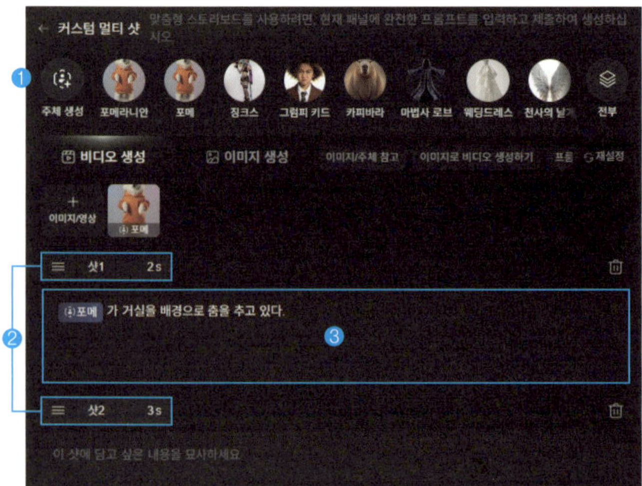

❶ **캐릭터 프리셋 영역**: 카메라맨, 마법사 로브와 같은 다양한 콘셉트를 아이콘 형태로 제공하며, 이를 선택하면 복잡한 프롬프트 입력 없이도 특정 캐릭터나 분위기를 빠르게 적용할 수 있어 전체 영상의 비주얼 일관성을 유지하는 데 중요한 역할을 합니다.

❷ **샷 단위 편집**: 샷1, 샷2처럼 장면을 개별적으로 구성할 수 있으며 각 샷마다 재생 시간 설정과 프롬프트 입력이 가능하고 삭제나 순서 변경도 지원되어, 기존 영상 편집의 타임라인 기능을 텍스트 기반으로 구현한 형태라고 볼 수 있습니다.

❸ **프롬프트 입력 창**: 장면의 핵심을 결정하는 요소로, 단순한 설명이 아니라 배경, 행동, 분위기, 카메라 움직임을 포함한 연출 지시문 형태로 작성해야 원하는 결과를 얻을 수 있으며 영상의 완성도를 좌우하는 가장 중요한 부분입니다.

05 댄싱 강아지를 캐스팅하여 상품 광고 영상 만들기

강아지가 댄스 챌린지를 하는 세로형 숏폼 영상을 생성한 다음, 영상에 등장한 강아지를 캐릭터로 등록하고 이를 활용하여 강아지 사료를 홍보하는 광고 영상을 제작하는 과정을 단계별로 살펴보겠습니다. 이 과정을 통해 클링 AI에서 캐릭터를 등록하는 방법과 등록된 캐릭터를 영상 제작에 활용하는 기본적인 작업 방법을 알아보겠습니다.

• **예제 파일**: source\댄스.mp4　　• **완성 파일**: source\퍼피푸드.mp4

캐릭터를 등록하고 호출하기

클링 AI는 텍스트 프롬프트만으로 영상을 생성하는 기능에 더해, 특정 캐릭터를 미리 등록하고 이를 여러 장면에서 동일하게 활용할 수 있는 '주체 생성' 기능을 제공합니다. 이 기능은 단순한 편의 기능이 아니라, 영상 생성 과정에서 가장 자주 발생하는 문제 중 하나인 '캐릭터 일관성 유지'를 해결하기 위한 핵심 요소입니다. 기존의 영상 생성 AI에서는 장면이 바뀔 때마다 인물이나 캐릭터의 외형이 조금씩 달라지는 경우가 많았습니다. 예를 들어 같은 강아지를 등장시키더라도 어떤 장면에서는 털 색이 더 밝아지거나, 얼굴 형태나 눈의 크기가 달라지는 등 동일한 캐릭터로 인식하기 어려운 결과가 나타나곤 했습니다.

주체 생성 기능은 이러한 문제를 효과적으로 해결합니다. 사용자는 특정 캐릭터를 한 번 생성하거나 업로드한 뒤 이를 하나의 이름으로 등록할 수 있으며, 이후 영상 제작 과정에서는 해당 이름을 프롬프트에 입력하는 것만으로 동일한 캐릭터를 반복적으로 사용할 수 있습니다. 이 과정에서 캐릭터의 얼굴 구조, 색감, 질감, 스타일과 같은 핵심 요소가 유지되기 때문에 장면이 바뀌어도 자연스럽게 같은 캐릭터로 이어지는 결과를 얻을 수 있습니다. 즉, 영상 전체를 하나의 이야기로 연결해 주는 중요한 역할을 하게 됩니다.

이 기능은 특히 광고나 브랜드 콘텐츠 제작에서 매우 높은 활용도를 가집니다. 하나의 캐릭터를 브랜드 마스코트로 설정해 두면, 제품 소개 영상, 이벤트 홍보 영상, SNS 숏폼 콘텐츠 등 다양한 형식의 콘텐츠에서 동일한 캐릭터를 지속적으로 활용할 수 있습니다. 이렇게 반복적으로 노출되는 캐릭터는 소비자에게 친숙함을 주고, 브랜드를 더 쉽게 기억하게 만드는 효과를 가져옵니다. 또한 시각적인 통일성이 유지되기 때문에 전체 콘텐츠의 완성도 역시 높아집니다.

제작 효율 측면에서도 큰 장점이 있습니다. 기존에는 캐릭터를 일관되게 유지하기 위해 별도의 수정 작업이나 반복적인 생성 과정을 거쳐야 했지만, 클링 AI에서는 단순히 캐릭터 이름을 입력하는 것만으로 동일한 결과를 얻을 수 있습니다. 이로 인해 작업 시간이 크게 줄어들고, 여러 편의 영상을 빠르게 제작해야 하는 마케팅 환경에서도 효율적으로 대응할 수 있습니다. 결과적으로 주체 생성 기능은 캐릭터의 일관성과 제작 속도를 동시에 끌어올릴 수 있도록 도와주는 실무에서 매우 중요한 기능이라고 할 수 있습니다.

❶ 프롬프트로 춤을 추는 강아지 캐릭터 영상 생성

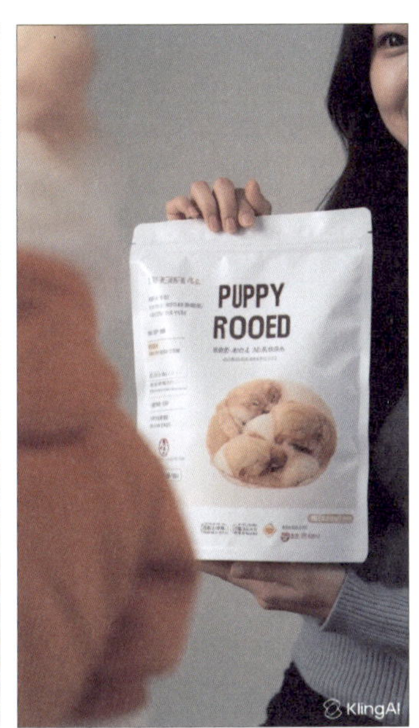

❷ 주체 생성 기능으로 강아지 캐릭터를 유지하면서 상품 영상 생성

주체 생성 기능을 통해 캐릭터를 한 번 등록해 두면, 이후 프롬프트를 입력할 때마다 별도로 외형을 다시 설명할 필요 없이 프리셋에 표시되는 캐릭터 아이콘을 클릭하는 것만으로 해당 캐릭터가 자동으로 적용됩니다. 이 과정에서 캐릭터는 일종의 태그 형태로 프롬프트에 포함되며, 사용자는 복잡한 묘사 없이도 동일한 인물을 기반으로 다양한 행동과 상황을 손쉽게 설정할 수 있습니다.

결과적으로 사용자는 캐릭터를 반복적으로 재설계하는 부담 없이 연출과 스토리에 집중할 수 있으며, 이는 광고 영상, 브랜디드 콘텐츠, 유튜브 시리즈와 같은 연속성 있는 콘텐츠 제작에서 매우 효율적인 작업 흐름을 만들어 줍니다.

강아지 영상 소스 생성하기

01 | 웹브라우저에 'kling.ai'을 입력하여 클링에 접속합니다. 광고 영상의 강아지 소스 영상을 생성하기 위해 [비디오 생성]을 클릭합니다.

02 | 프롬프트 입력 창에 흰색 포메라니안이 춤을 추는 숏폼 영상을 생성하기 위한 프롬프트를 입력한 다음 설정 옵션을 클릭합니다.

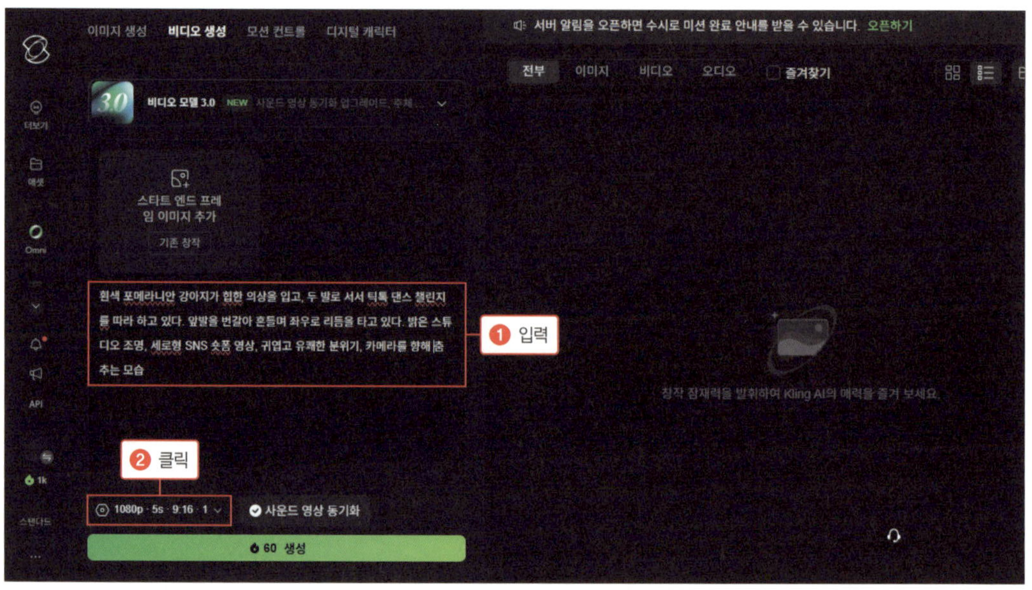

> **프롬프트** 흰색 포메라니안 강아지가 힙한 의상을 입고, 두 발로 서서 틱톡 댄스 챌린지를 따라 하고 있다. 앞발을 번갈아 흔들며 좌우로 리듬을 타고 있다. 밝은 스튜디오 조명, 세로형 SNS 숏폼 영상, 귀엽고 유쾌한 분위기, 카메라를 향해 춤추는 모습

03 생성 모드의 해상도를 '720p', 생성 시간을 '5s', 영상 비율을 '9:16', 생성 수량을 '1'로 입력하고 [생성] 버튼을 클릭합니다.

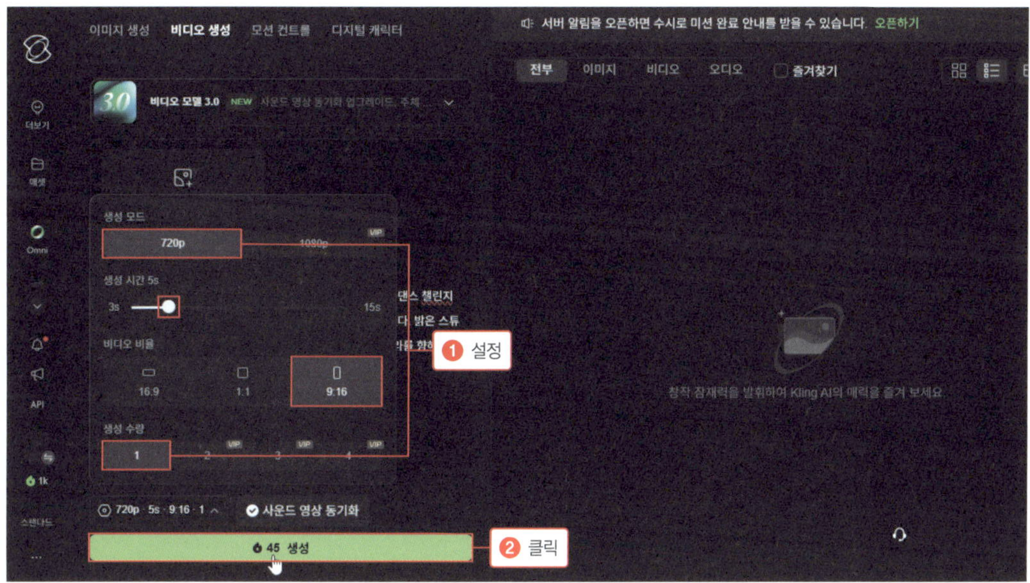

04 그림과 같이 흰색 포메라니안이 의상을 입고 춤추는 영상이 생성되었습니다. '다운로드' 아이콘(⬇)을 클릭한 다음 [비디오]를 선택하여 영상 파일로 저장합니다.

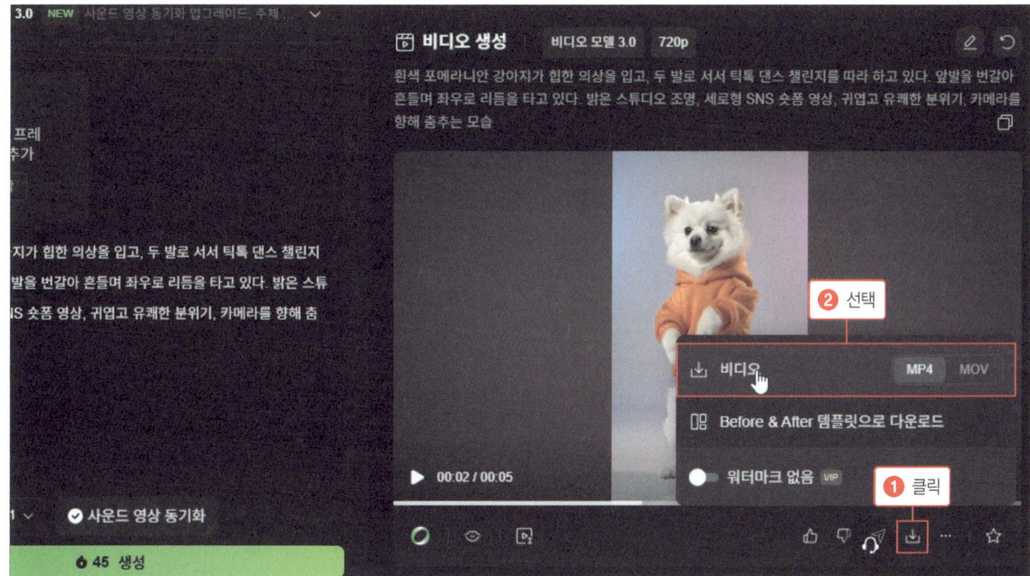

강아지 캐릭터 등록하기

05 │ 생성한 강아지 소스 영상을 하나의 주체로 등록하겠습니다. 왼쪽 [Omni] 메뉴를 클릭한 다음 [주체 생성]을 클릭합니다.

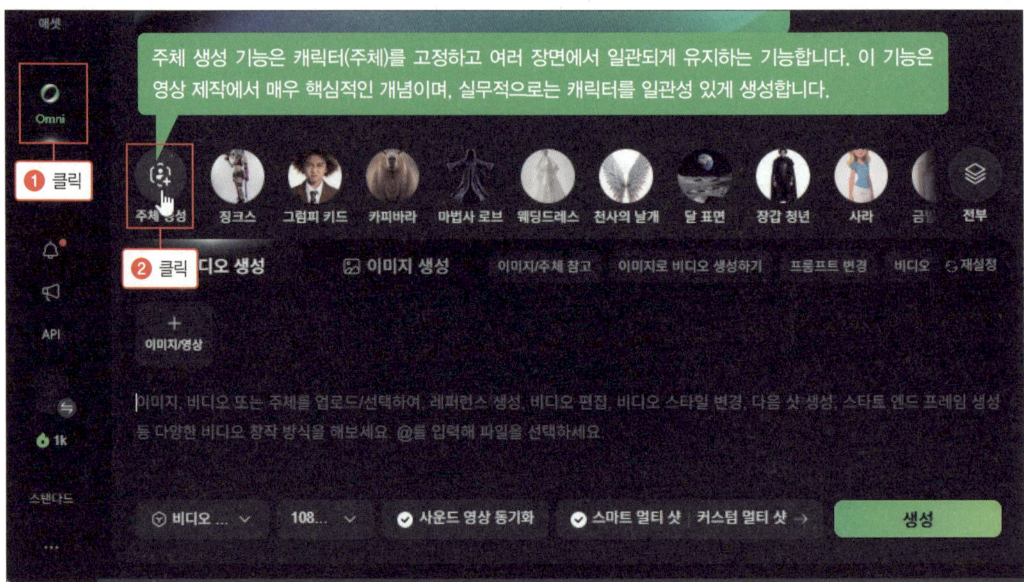

06 │ 앞서 생성한 강아지를 주체로 지정하기 위해 [기존 장착] 버튼을 클릭한 다음 [비디오 추가]를 선택합니다.

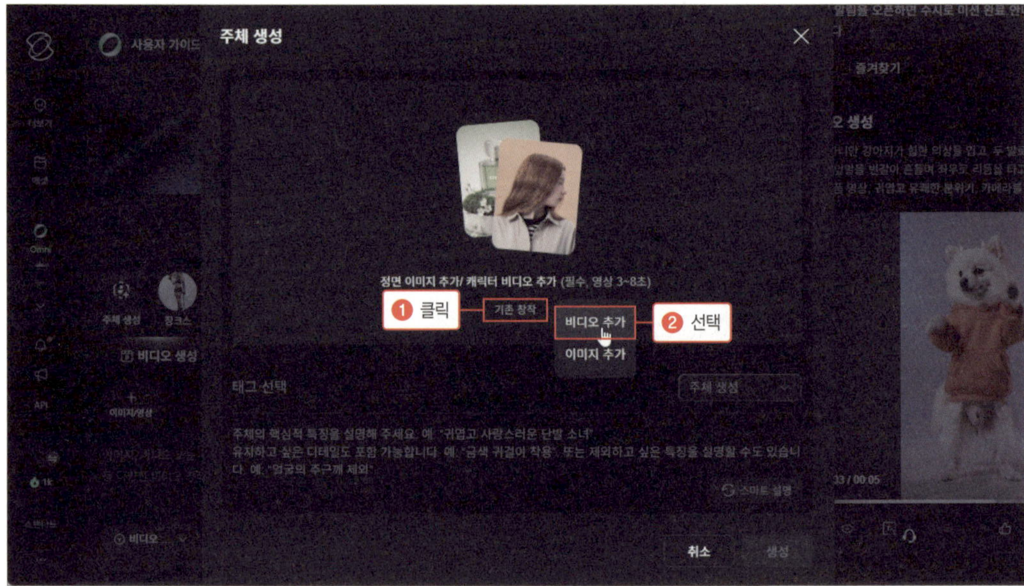

07 | 기존 창작에 해당 영상이 표시되면 선택하고 [확인] 버튼을 클릭합니다.

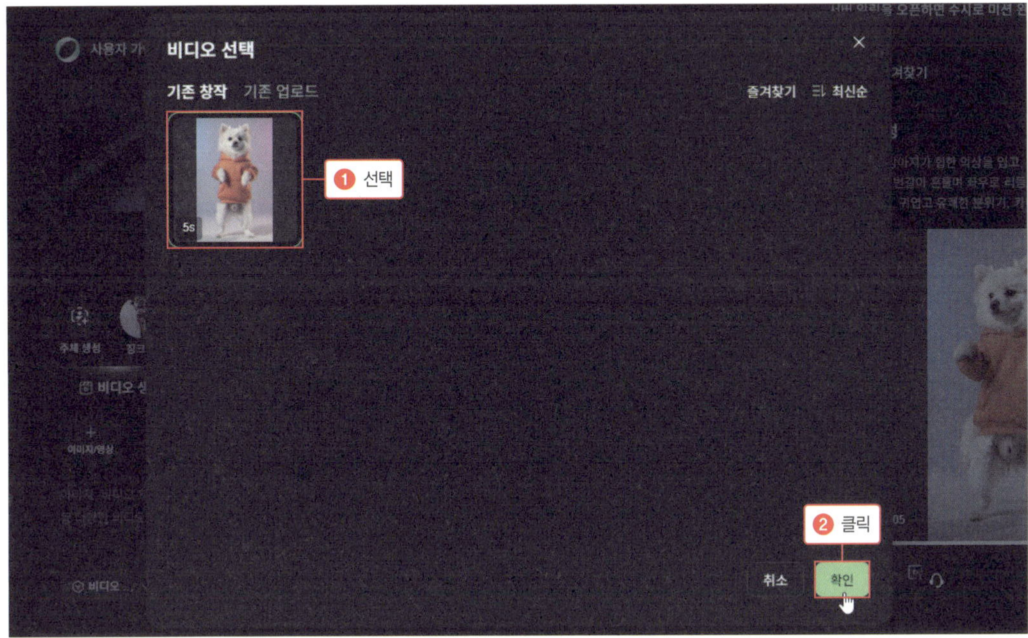

08 | 주체의 이름과 특징을 입력합니다. 예제에서는 주체 이름을 '포메', 주체 특징을 '오렌지색 의상을 입은 포메라니안'으로 입력하고 [생성] 버튼을 클릭합니다.

 입력 창 상단에 포메 캐릭터가 등록된 것을 확인할 수 있습니다. 예제에서는 포메 캐릭터를 클릭합니다. 입력 창에 [@포메] 태그가 자동 생성되었습니다.

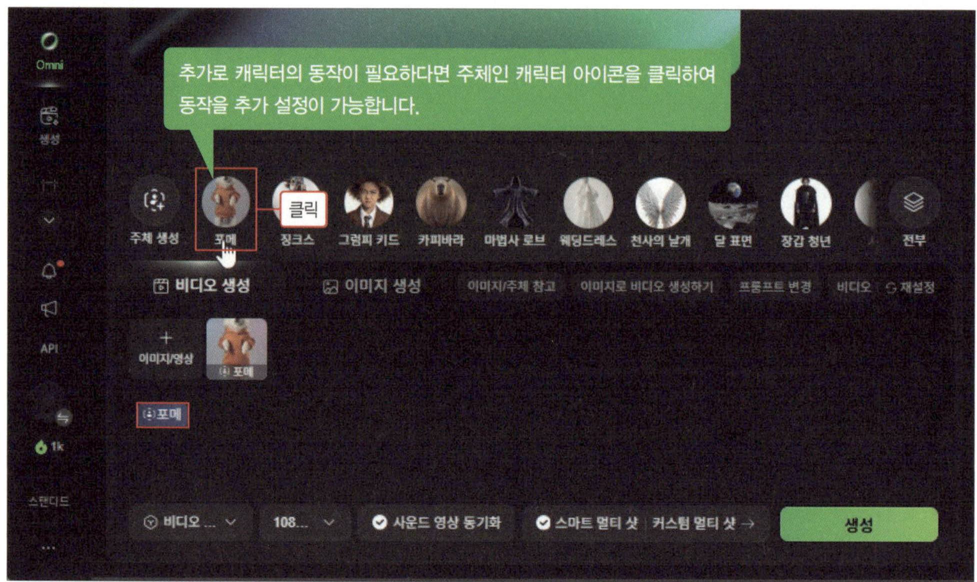

 인물과 강아지 캐릭터 동작을 프롬프트로 입력한 다음 설정 옵션을 클릭합니다.

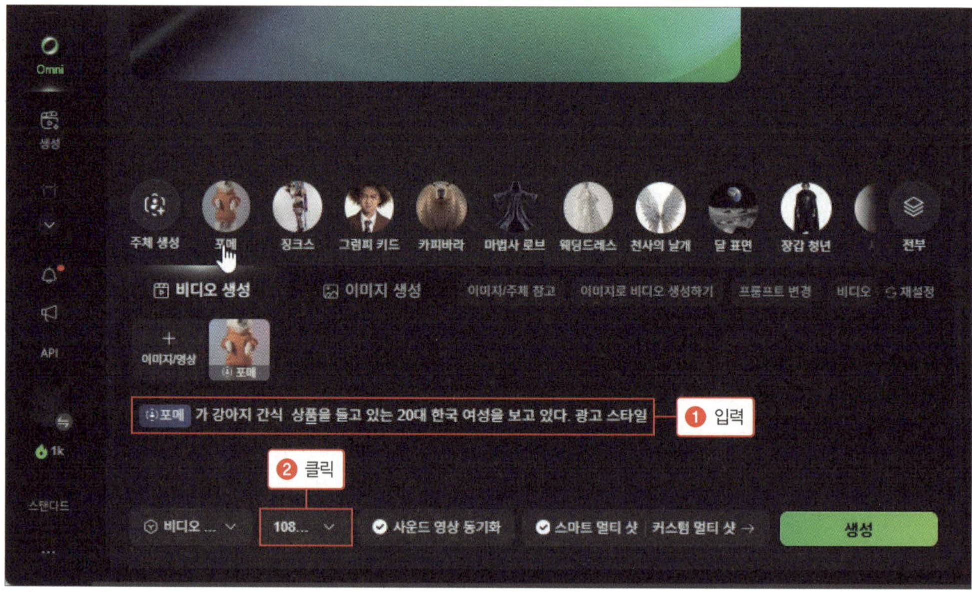

프롬프트 @포메가 강아지 간식 상품을 들고 있는 20대 한국 여성을 보고 있다. 광고 스타일

11 | 생성 모드의 해상도를 '720p', 생성 시간을 '10s', 비율을 '9:16', 생성 수량을 '1'로 설정하고 [생성] 버튼을 클릭합니다.

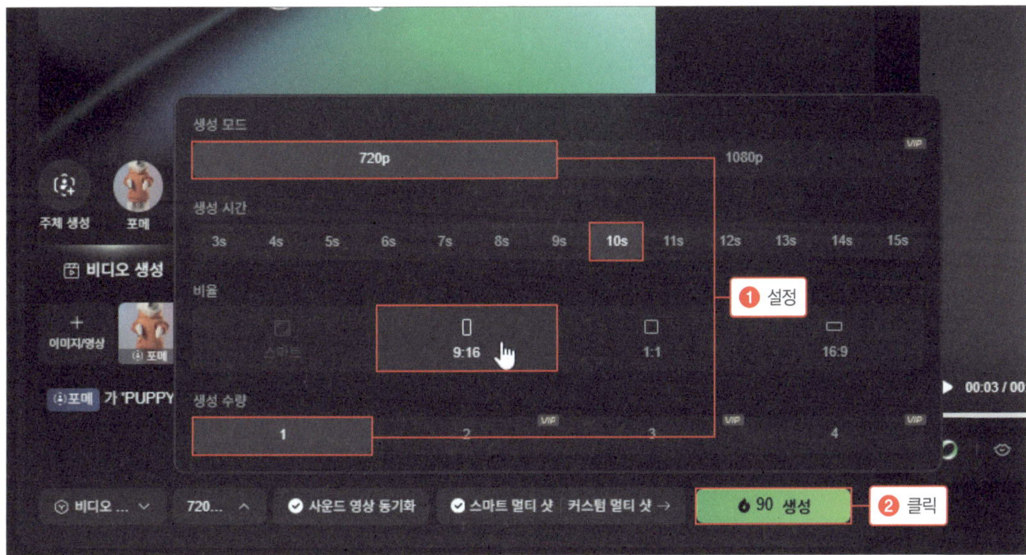

12 | 그림과 같이 영상이 생성되며 화면 오른쪽 프리뷰 창의 '재생' 아이콘(▶)을 클릭하여 영상을 확인할 수 있습니다.

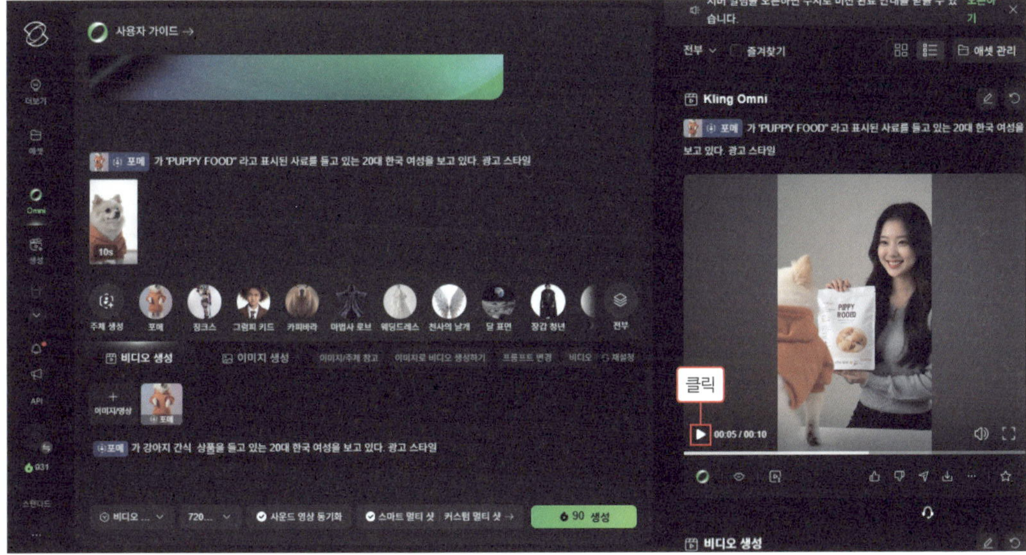

13 ┃ 생성한 영상이 마음에 들면 하단에 '다운로드' 아이콘( )을 클릭하고 [비디오]를 선택하여 MP4 동영상
파일로 저장합니다.

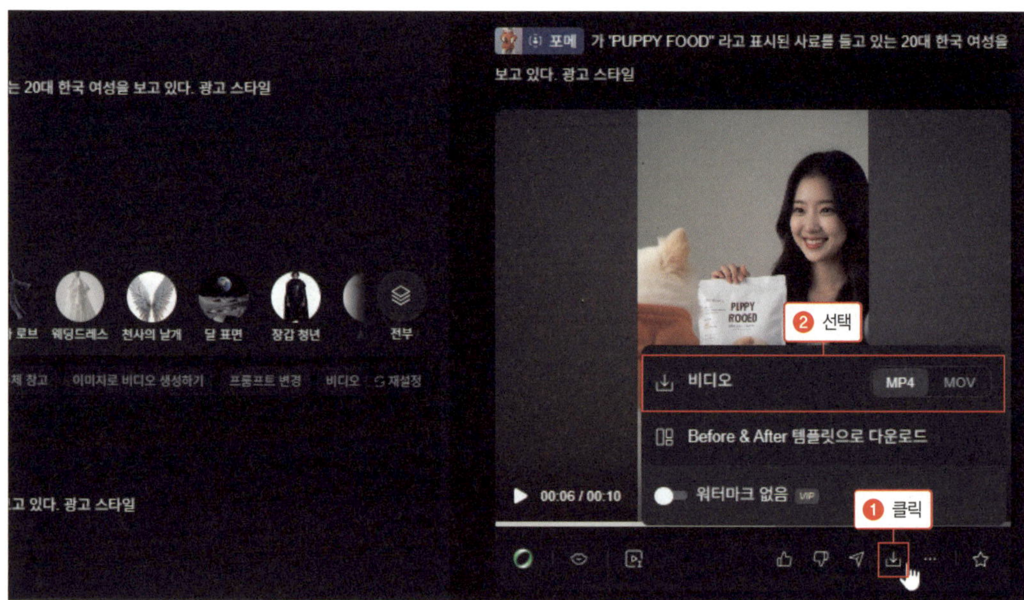

 클링 AI에서 개인 정보 및 초상권 문제

클링 AI를 활용하는 과정에서 개인 정보와 초상권 문제는 단순한 기술적 고려사항을 넘어 실제 법적 책임으
로 이어질 수 있는 매우 중요한 요소입니다. 영상 생성 AI는 인물의 얼굴과 음성처럼 개인을 식별할 수 있는
정보를 직접 다루기 때문에, 사용자는 이에 대한 기본 개념과 적용 기준을 명확히 이해할 필요가 있습니다.

❶ 개인 정보 공개 금지

개인 정보란 이름이나 연락처뿐만 아니라 얼굴 이미지나 음성처럼 특정 개인을 식별할 수 있는 모든 정보를
포함하며, 클링에서 사진이나 영상을 업로드하는 순간 해당 데이터는 개인 정보로 간주될 수 있습니다. 초상
권은 개인이 자신의 얼굴이나 모습이 촬영되거나 활용되고 공개되는 것을 스스로 통제할 수 있는 권리로, 핵
심은 당사자의 동의 없이 이를 사용하는 것이 원칙적으로 금지된다는 점입니다.

❷ 특정 인물의 음성 사용 금지

음성까지 생성할 수 있는 기능이 포함된 환경에서는 문제가 더 확장됩니다. 특정 인물과 유사한 목소리를 만
들어내거나 실제 인물처럼 말하게 하는 경우에는 초상권을 넘어 음성권이나 퍼블리시티권과 같은 권리까지
침해할 가능성이 높아집니다. 이러한 요소는 특히 광고나 홍보 영상과 같은 상업적 활용에서 더욱 엄격하게
적용되며, 사전 동의 없이 사용될 경우 민사상 손해배상은 물론 형사적 책임으로 이어질 수도 있습니다.

06 스토리가 연결된 카페 홍보 영상 만들기

커스텀 멀티 샷을 활용하면 장면마다 다른 연출을 설정하면서도 동일한 인물을 중심으로 영상의 흐름을 자연스럽게 이어갈 수 있습니다. 예제에서는 서울의 카페 골목에서 시작해 다양한 디저트를 체험하는 장면을 거쳐, 베이커리를 소개하는 구성으로 디저트 여행 영상을 제작합니다. 또한 생성된 영상에 추가 장면을 확장하여 디저트를 맛보는 장면을 덧붙이는 방법도 함께 살펴보겠습니다.

• **예제 파일**: source\유튜버.png • **완성 파일**: source\유튜버완성.mp4

❶ 스토리보드 기능으로 장소를 찾아다니면서 디저트 촬영, 베이커리를 추천하는 영상

❷ 조각 케이크를 직접 맛보면서 즐거워하는 영상을 추가 생성

인물 이미지 소스 생성하기

01 | 웹브라우저에 'chatgpt.com'를 입력하여 챗GPT에 접속합니다. 영상 소스로 사용할 인물 이미지를 생성하기 위한 프롬프트를 입력하고 '제출' 아이콘(⬆)을 클릭합니다.

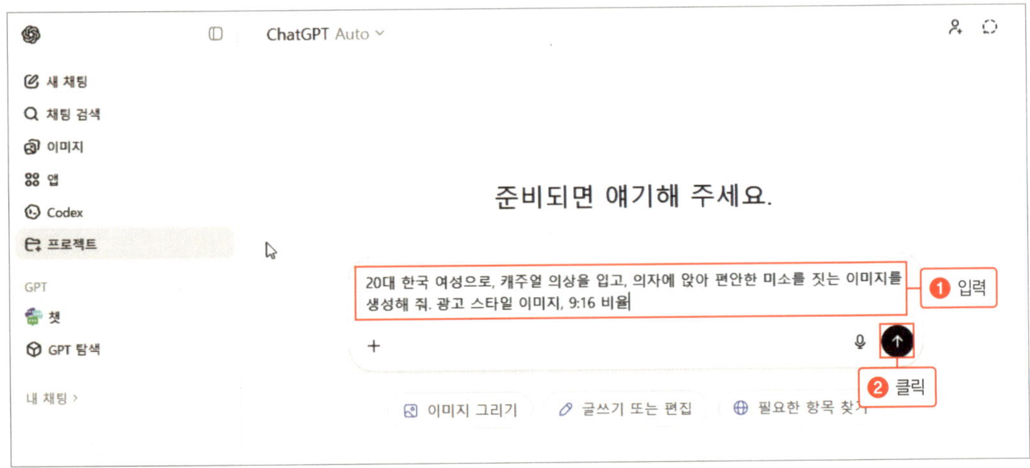

> **프롬프트** 20대 한국 여성으로, 캐주얼 의상을 입고, 의자에 앉아 편안한 미소를 짓는 이미지를 생성해 줘. 광고 스타일 이미지, 9:16 비율

02 | 그림과 같이 인물 이미지가 생성되면 클릭하여 큰 화면으로 확인한 다음 [저장] 버튼을 클릭하여 이미지 파일로 저장합니다.

영상 구성 제안 요청하기

03 | 디저트 순례 영상을 생성하기 위한 영상 프롬프트를 챗GPT와 작성해 보겠습니다. 프롬프트 입력 창에 영상 구성 제안을 요청합니다. 예제에서는 영상 장면을 3가지로 나누고, 베이커리 홍보를 요청하는 프롬프트를 입력합니다.

디저트 순례를 위한 장면을 3가지로 나누어 영상 프롬프트를 작성하고, 3번째 장면에는 베이커리 앞에서 포즈를 취하는 장면으로 정리해 줘.

장면 1

20대 한국 여성이 디저트 지도를 보며 서울의 감성적인 카페거리를 걷는다. 쇼윈도에는 케이크와 마카롱이 진열되어 있다. 아침 햇살이 비치는 분위기, 여행 브이로그 스타일, 자연스러운 카메라 이동, 따뜻한 색감의 음식 여행 영상.

장면 2

20대 한국 여성이 디저트 카페 안의 테이블 위에 딸기 케이크를 한 입 먹으며 행복한 표정을 짓는다. 디저트 클로즈업 장면, 부드러운 슬로모션, 아늑한 카페 분위기의 음식 영상.

장면 3

20대 한국 여성이 갓 구운 빵을 들고, 감성적인 베이커리 상점 앞에서 카메라를 향해 미소 지으며 서 있다. 쇼윈도에는 크루아상과 다양한 빵이 진열되어 있다. 여행 브이로그 스타일의 감성적인 디저트 추천 영상.

디저트 순례를 위한 장면을 3가지로 나누어 소라 영상 프롬프트로 작성하고, 3번째 장면에는 파주에 위치한 'Soradang' 베이커리를 홍보하는 장면으로 정리해 줘.

디저트 순례 영상을 위한 소라 영상 프롬프트를 장면별로 간결하게 구성하면 스토리 흐름이 자연스럽게 이어집니다. 다음은 3장면 구조로 정리한 예시입니다.

장면 1 – 디저트 여행의 시작

프롬프트
서울의 감성적인 카페 거리, 아침 햇살이 비치는 분위기. 20대 한국 여성이 디저트 지도를 보며 카페 골목을 걸어간다. 쇼윈도에는 케이크와 마카롱이 진열되어 있다. 여행 브이로그 스타일, 자연스러운 카메라 이동, 따뜻한 색감의 음식 여행 영상.

장면 2 – 디저트 맛집 탐방

프롬프트
감각적인 디저트 카페 내부. 테이블 위에 딸 ↓ 케이크, 마카롱, 티라미수, 커피 등 다양한 디저트가 놓여 있다. 20대 한국 여성이 디저트를 촬영한 뒤 한 입 먹으며 행복한 표정을

스토리보드에 장면 연출하기

04 | 인물 이미지와 영상 생성 프롬프트가 준비되었다면 웹브라우저에 'kling.ai'을 입력하여 접속합니다. 영상 장면을 나눠 생성하기 위해 왼쪽 [Omni] 메뉴를 클릭합니다.

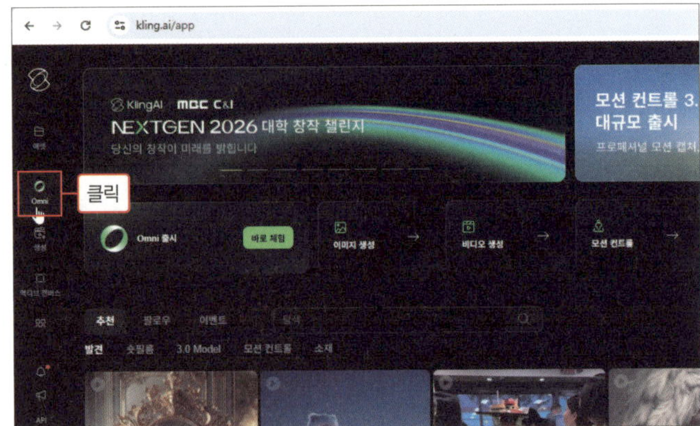

05 | 생성한 이미지를 추가하기 위해 [+이미지/영상]을 클릭한 다음 [이미지 로컬 업로드]를 선택합니다. 열기 대화상자가 표시되면 다운로드한 source 폴더에서 '유튜버.png' 파일을 선택한 다음 [열기(O)] 버튼을 클릭합니다.

06 | 선택한 인물 이미지가 등록되었다면 하나의 영상에 장면별로 3개의 샷을 생성하기 위해 [커스텀 멀티 샷]을 클릭합니다.

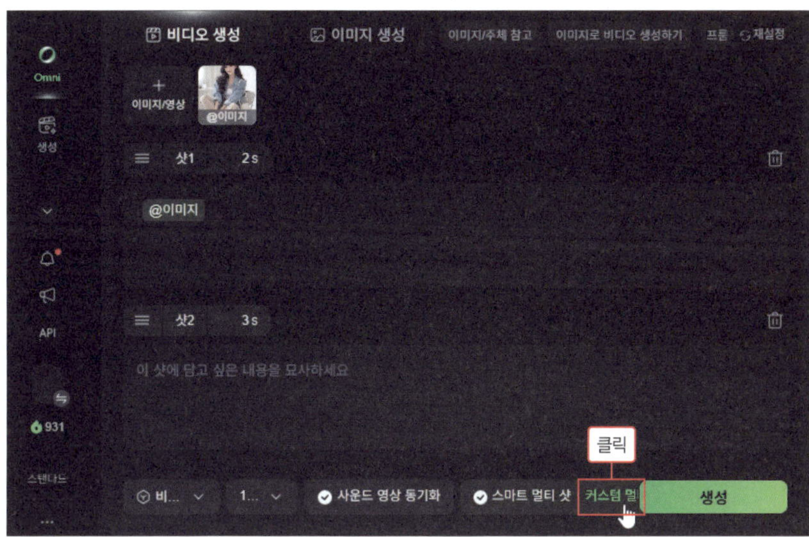

07 | 샷1 프롬프트 입력 창에는 인물이 카페거리를 걷은 장면의 프롬프트를 입력한 다음 샷 길이를 '5s'로 지정합니다.

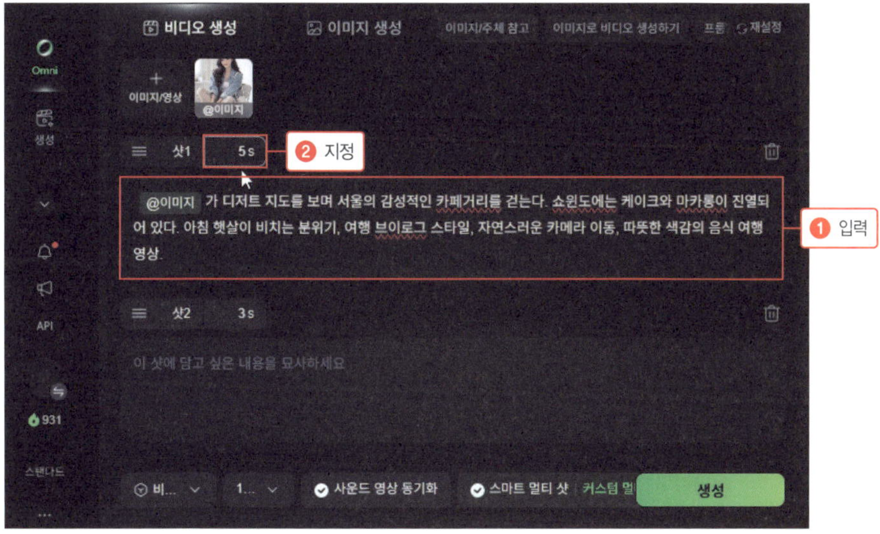

프롬프트 @이미지가 디저트 지도를 보며 서울의 감성적인 카페거리를 걷는다. 쇼윈도에는 케이크와 마카롱이 진열되어 있다. 아침 햇살이 비치는 분위기, 여행 브이로그 스타일, 자연스러운 카메라 이동, 따뜻한 색감의 음식 여행 영상.

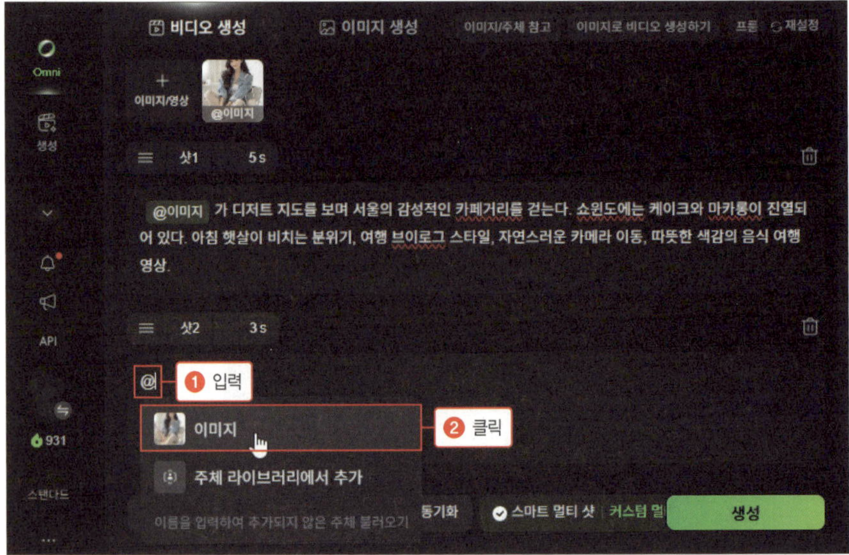

09 | 샷2 프롬프트 입력 창에 @이미지 태그가 표시되면 이후 카페 안에서 케이크를 먹는 인물 영상을 생성하는 프롬프트를 입력합니다.

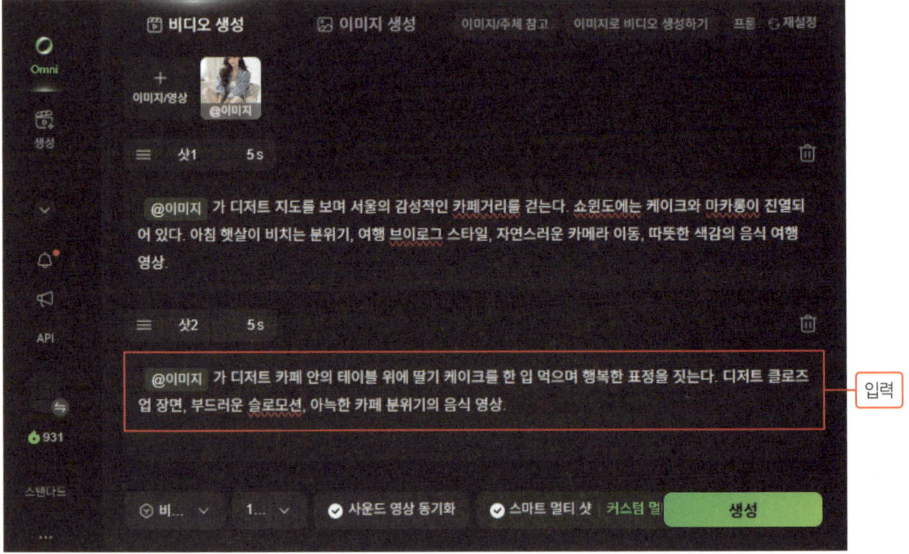

프롬프트 @이미지가 디저트 카페 안의 테이블 위에 딸기 케이크를 한 입 먹으며 행복한 표정을 짓는다. 디저트 클로즈업 장면, 부드러운 슬로모션, 아늑한 카페 분위기의 음식 영상.

10 | 샷 길이를 '5s'로 지정하고 이어지는 샷3를 추가하기 위해 [+샷]을 클릭합니다.

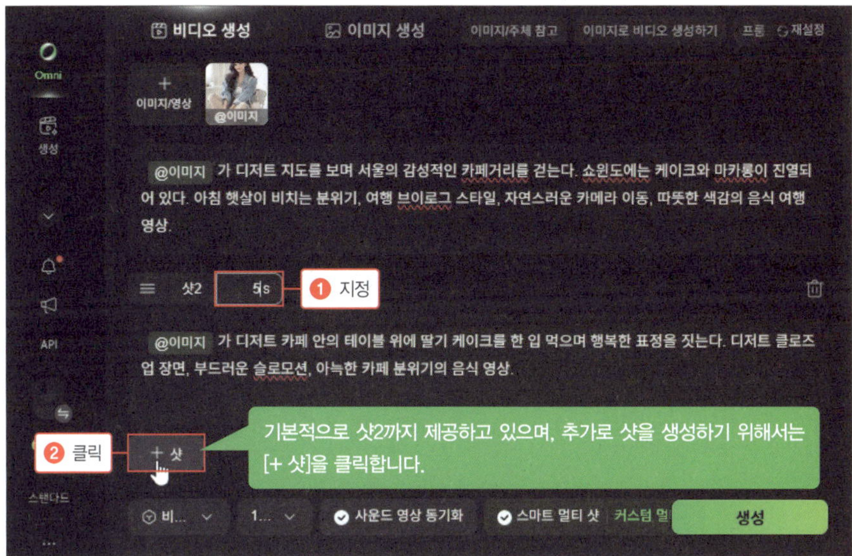

11 | 샷3가 생성되면 프롬프트 입력 창에서 '@'를 입력하면 표시되는 팝업 메뉴에서 [이미지]를 클릭합니다.

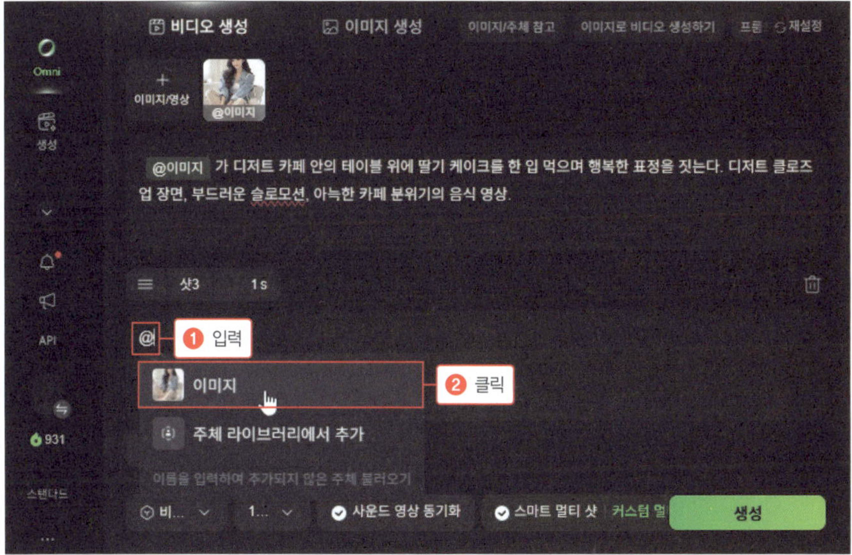

12 ┃ 샷3 프롬프트 입력 창에 @이미지 태그가 표시되면 이후 베이커리 상점 앞에서 포즈를 취한 인물 영상을 생성하는 프롬프트를 입력합니다.

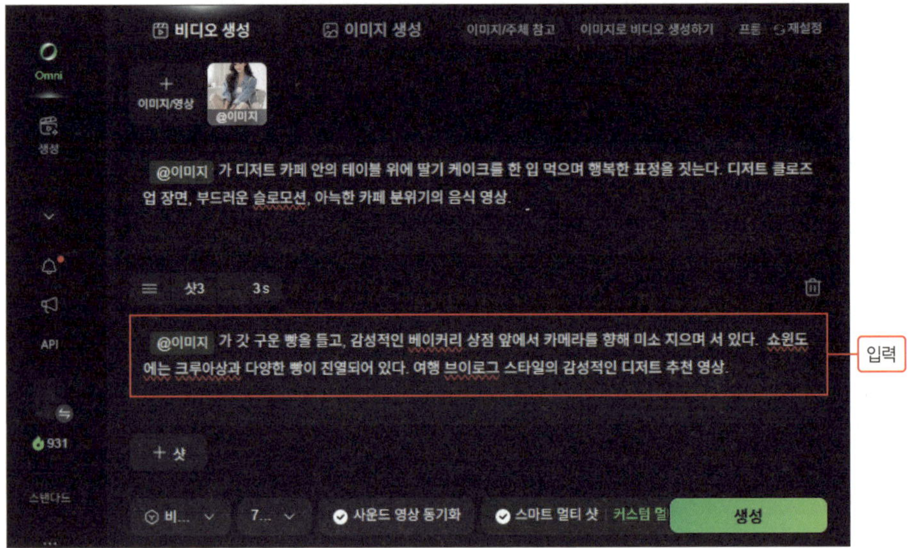

13 ┃ 설정 옵션을 클릭하고 생성 모드의 해상도를 '720p', 생성 시간을 '15s', 영상 비율을 '9:16', 생성 수량을 '1'로 설정하고 [생성] 버튼을 클릭합니다.

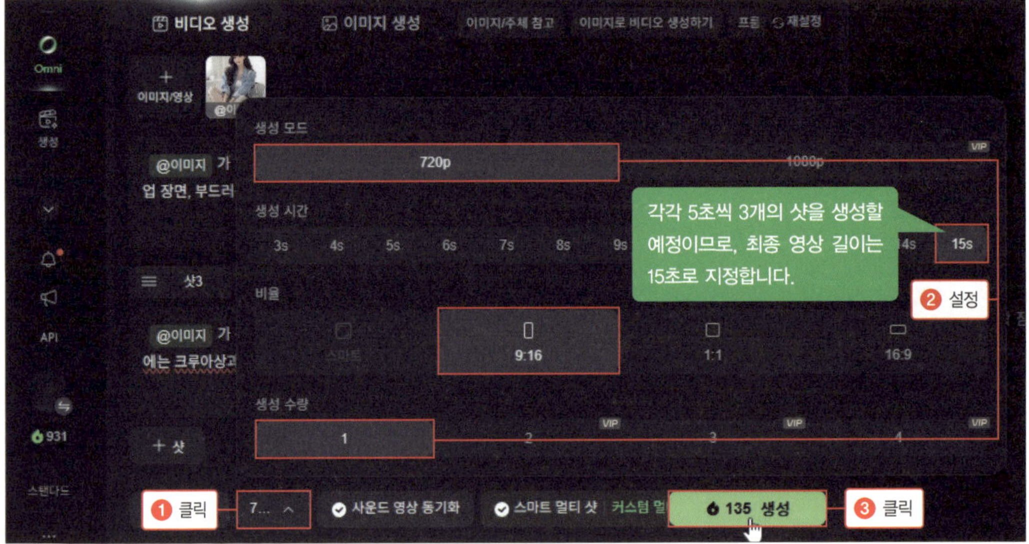

14 | 그림과 같이 인물이 베이커리 상점을 찾아가는 장면부터 케이크를 맛보는 장면에 이어 상점 앞에서 미소를 짓는 장면이 하나의 영상으로 생성되었습니다.

15 | 그림과 같이 오른쪽 화면에 생성된 영상을 확인할 수 있습니다. '다운로드' 아이콘(⬇)을 클릭하고 [비디오]를 선택하여 MP4 동영상 파일로 저장합니다.

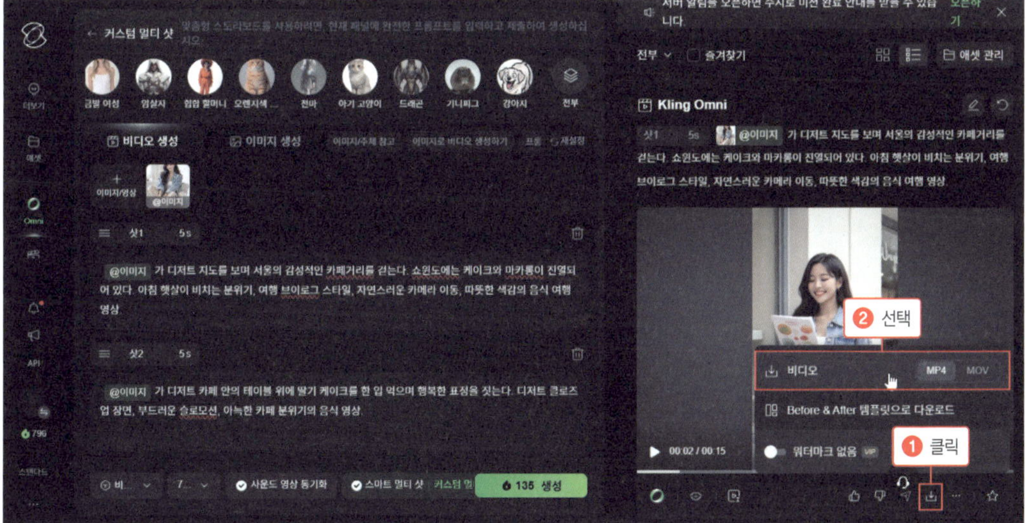

07 티키타카!
인터뷰 영상 만들기

챗GPT를 통해 영어 인터뷰 대본을 구성한 뒤, 이를 바탕으로 한국 여성과 외국인 남성이 자연스럽게 질문과 답변을 주고받는 형식의 영상을 생성하는 방식으로 진행합니다. 클링 AI를 이용하면 각 인물의 캐릭터를 설정하고, 대사 흐름과 감정 표현까지 반영하여 실제 인터뷰처럼 자연스럽게 영상을 생성할 수 있습니다.

• **완성 파일**: source\인터뷰.mp4

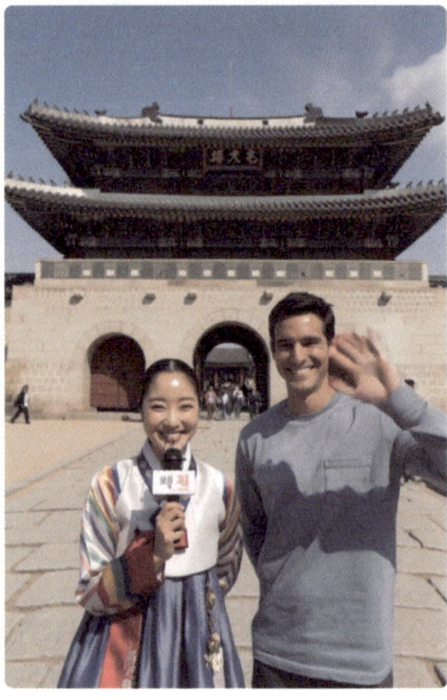

영상의 장면과 등장 인물, 장소, 대사
프롬프트를 포함시켜 영상 생성

인터뷰 인물 생성하기

01 | 웹브라우저에 'chatgpt.com'를 입력하여 챗GPT 사이트에 접속합니다. 경복궁 앞에서 외국인의 인터뷰 영상 프롬프트를 입력하고 '제출' 아이콘(⬆)을 클릭합니다. 영상 프롬프트가 생성되면 드래그하여 복사합니다 (Ctrl + C).

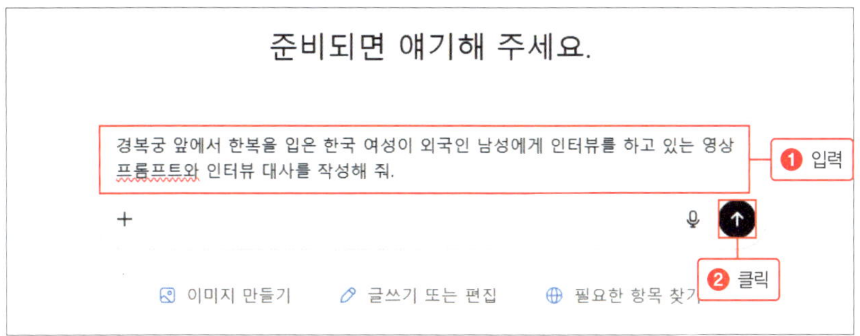

경복궁 앞에서 한복을 입은 한국 여성이 외국인 남성에게 인터뷰를 하고 있는 영상 프롬프트와 인터뷰 대사를 작성해 줘.

영상 생성 프롬프트

한국 서울의 경복궁 정문 앞 광장. 화려한 전통 한복을 입은 20대 한국 여성 리포터가 마이크를 들고 서 있다. 그녀는 밝은 미소로 외국인 관광객을 인터뷰하고 있다. 인터뷰를 받는 사람은 캐주얼 복장 의 서양인 관광객으로, 여행을 즐기는 표정이다. 배경에는 경복궁의 웅장한 건축과 관광객들이 보인 다. 낮 시간, 자연광, 여행 브이로그 스타일 촬영, 카메라는 두 사람을 중심으로 중간 샷으로 촬영하 며 인터뷰 장면이 자연스럽게 진행된다. 관광 콘텐츠 스타일, 9:16 세로 영상, 유튜브 쇼츠 분위기, 선명한 색감, 안정적인 카메라 움직임.

인터뷰 대사와 자막 예시

리포터 질문 자막

"Hello. Welcome to Korea. How do you like Gyeongbokgung Palace?"

외국인 답변 자막

"It's amazing. The palace is beautiful and the hanbok looks really traditional."

리포터 추가 질문 자막

"Is this your first time visiting Korea?"

외국인 답변 자막

"Yes. I love the culture and the food here."

마무리 멘트 자막

"This is Gyeongbokgung Palace in Seoul. Thank you for visiting Korea."

02 ┃ 인터뷰 영상 생성 프롬프트가
준비되었다면 웹브라우저에 'kling.ai'을
입력하여 접속합니다. 영상을 생성하기
위해 [비디오 생성]을 클릭합니다.

영상 전체 길이 설정 노하우

영상 길이를 15초로 지정하는 것은 영상 프롬프트에서 생성될 영상의 전체 길이를 15초로 설정한다는 의미이며, 이 값을 지정하면 AI는 장면 구성과 컷 전환, 액션의 속도까지 모두 15초 안에 맞춰 영상을 생성합니다. 따라서 불필요하게 길어지는 영상을 방지하고 숏폼 콘텐츠에 적합한 구조로 제작할 수 있으며, 짧은 시간 안에 핵심 메시지를 효과적으로 전달할 수 있도록 전체 흐름을 설계하는 데 중요한 역할을 합니다.

---

03 ┃ 입력 창에 복사해둔 영상 생성과 자막 프롬프트를 붙여넣고(Ctrl＋V), 설정 옵션을 클릭합니다.

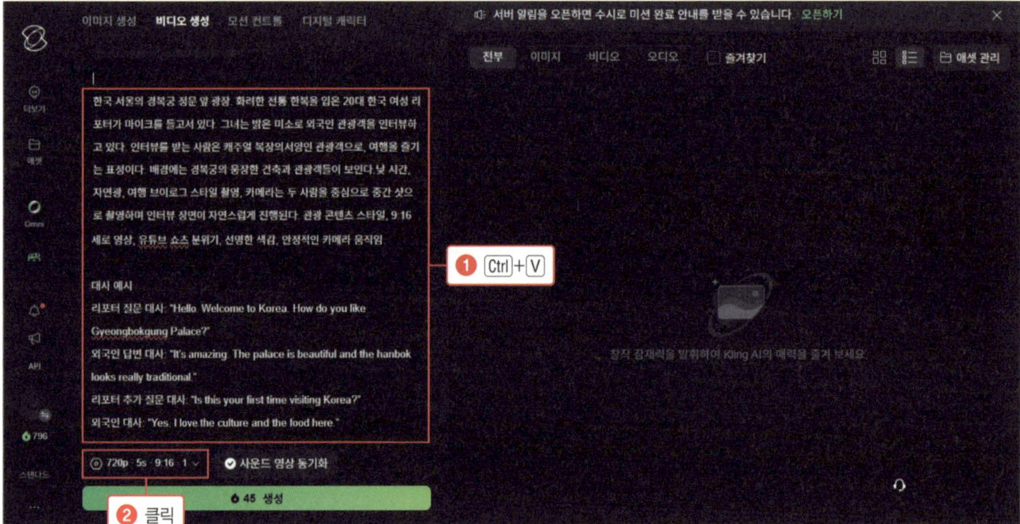

---

04 | 생성 모드의 해상도를 '720p', 생성 시간을 '15s', 영상 비율을 '9:16', 생성 수량을 '1'로 설정하고 [생성] 버튼을 클릭합니다.

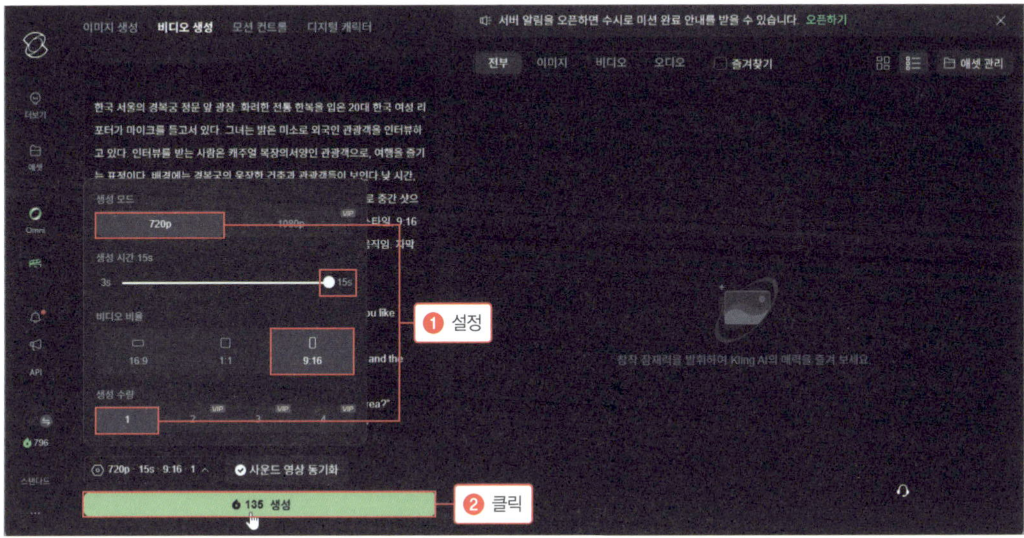

05 | 생성된 영상의 '재생' 아이콘(▶)을 클릭하여 한복을 입은 여성이 외국인 남성에게 경복궁에 관한 영어 인터뷰를 진행하는 영상을 확인할 수 있습니다.

08 영상을 유지하면서 특정 부분 수정하기

모션 컨트롤 기능을 활용하면 기존 영상 속 인물을 다른 인물로 교체하면서도, 원래 인물의 동작과 목소리는 그대로 유지하는 부분적인 수정이 가능합니다. 예를 들어 일반 인물이 햄버거를 소개하는 영상을 기반으로, 점원 이미지를 적용해 동일한 동작을 유지한 채 점원이 햄버거를 소개하는 영상으로 자연스럽게 변환할 수 있습니다. 이번 예제에서는 이러한 방식으로 인물을 교체하면서도 원본의 움직임과 흐름을 유지하는 영상 수정 방법에 대해 살펴보겠습니다.

- **예제 파일**: source\점원.png
- **완성 파일**: source\버거홍보1~2.mp4

❶ 햄버거 소개 ❷ 햄버거 공개 ❸ 햄버거 체크 ❹ 햄버거 시식 ❺ 엄지척 좋아요!

영상 흐름을 동일하게 유지하면서 햄버거 매장과 유니폼을 입은 모습으로 인물 수정

홍보 영상 생성하기

01 | 웹브라우저에 'chatgpt.com'를 입력하여 챗GPT 사이트에 접속합니다. 첫 번째 영상을 생성하기 위한 프롬프트를 받기 위해 다음의 프롬프트를 입력하고 '제출' 아이콘()을 클릭합니다.

 **수제 햄버거를 홍보하는 먹방 유튜버 영상의 프롬프트를 대사를 포함해서 생성해 줘.**

20대 한국 여성 먹방 유튜버가 카메라 앞에 앉아 두툼한 패티와 신선한 채소가 들어간 수제 햄버거를 들고 환하게 웃고 있다. 햄버거를 크게 한입 베어 먹는 장면이 이어진다. 밝은 조명이 있는 깔끔한 수제 햄버거 전문점 내부 배경, 유튜브 먹방 스타일, 광고 느낌의 영상, 선명한 색감, 음식이 매우 맛있어 보이는 연출.

영상 속 대사

"오늘은 수제 햄버거 맛집에 왔습니다."
"보세요. 패티가 정말 두툼하고 채소도 엄청 신선합니다."
"한입 먹어볼게요."
"와, 패티 육즙이 정말 풍부하고 소스가 정말 잘 어울립니다."
"지금껏 먹어본 수제 햄버거 중에서 정말 만족스러운 맛입니다."
"여기 수제 햄버거, 정말 추천합니다."

02 | 영상 연출 프롬프트가 준비되었다면 웹브라우저에 'kling.ai'을 입력하여 클링에 접속합니다. 영상을 생성하기 위해 [비디오 생성]을 클릭합니다.

03 | 프롬프트 입력 창에 챗GPT로 구성한 영상 생성과 자막 프롬프트를 붙여넣기(Ctrl+V)합니다. 세부 설정을 위해 하단의 설정 옵션을 클릭합니다.

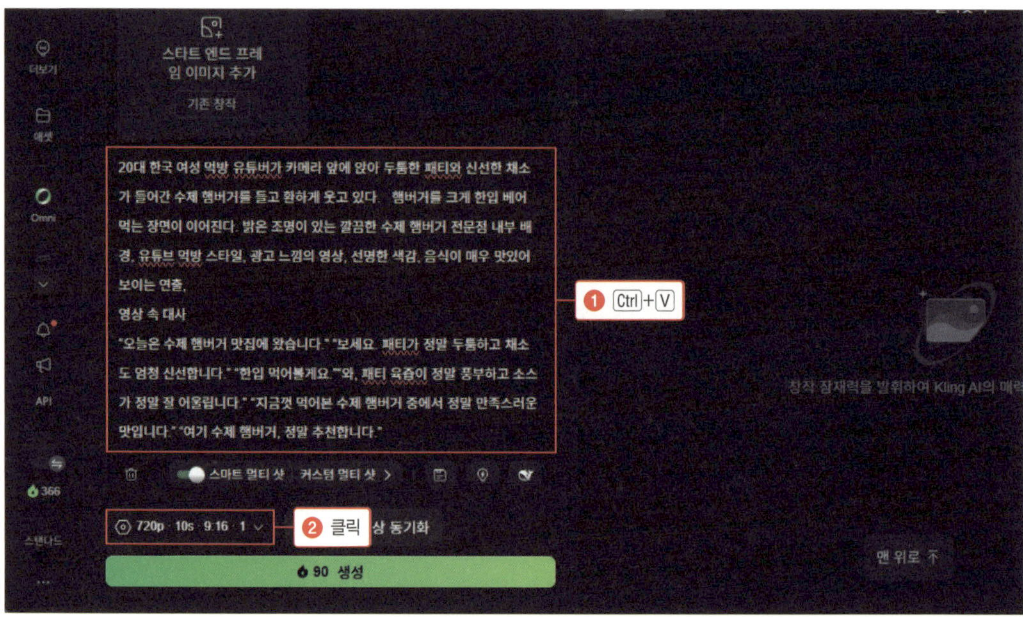

04 | 해상도를 '720p', 생성 시간을 '15s', 영상 비율을 '9:16', 생성 수량을 '1'로 설정하고 [생성] 버튼을 클릭합니다.

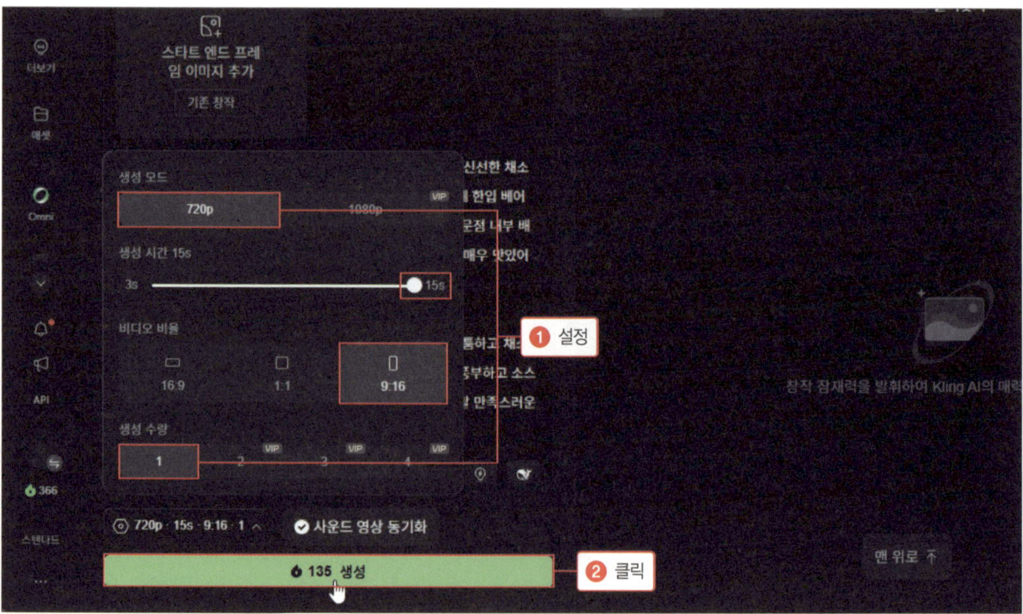

 그림과 같이 영상이 생성되며 오른쪽 프리뷰 창의 '재생' 아이콘(▶)을 클릭하여 영상을 확인할 수 있습니다.

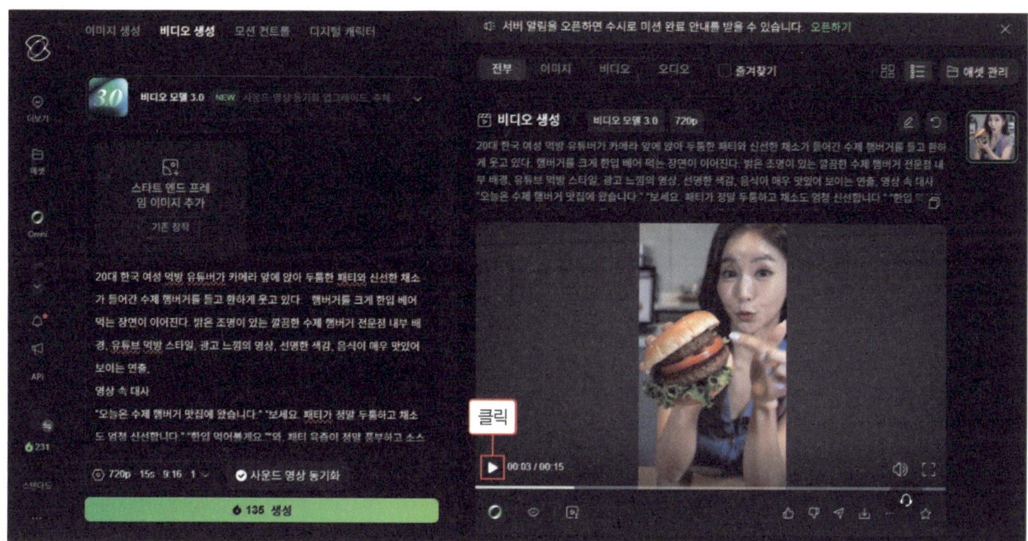

06 생성된 인물을 다른 인물로 수정하기 위해 왼쪽 클링 로고를 클릭하여 홈 화면으로 이동한 다음 [모션 컨트롤]을 클릭합니다.

 모션 컨트롤의 액션 라이브러리

액션 라이브러리에서 기준이 되는 액션을 먼저 선택한 뒤, 사용자가 원하는 이미지나 캐릭터를 적용하면 해당 액션을 그대로 따라 하는 형태의 영상이 생성됩니다. 이 과정에서 인물의 방향이 기준이 되는 원본 액션 영상의 방향과 일치할수록 팔과 다리의 움직임이나 자세와 같은 복잡한 동작까지 더욱 자연스럽고 정확하게 재현됩니다. 반대로 방향이 어긋날 경우에는 일부 동작이 부자연스럽게 표현되거나 디테일한 움직임의 일치도가 떨어질 수 있습니다.

인물과 배경을 부분적으로 수정하기

07 | 모션 컨트롤 화면에서 앞서 생성한 햄버거 영상을 등록하기 위해 [기존 창작] 버튼을 클릭합니다. 비디오 선택 화면에서 생성한 영상을 선택한 다음 [확인] 버튼을 클릭합니다.

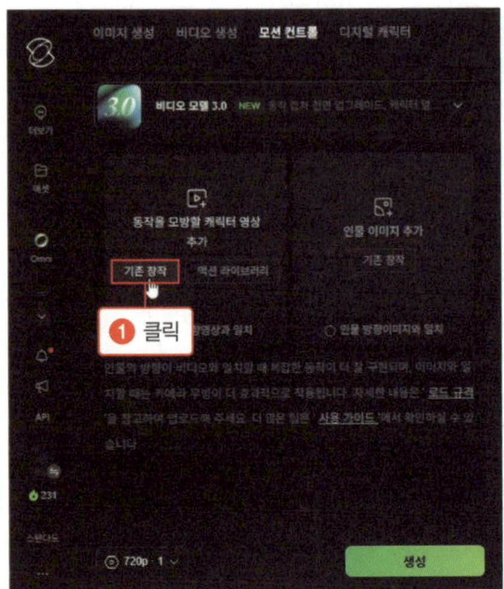

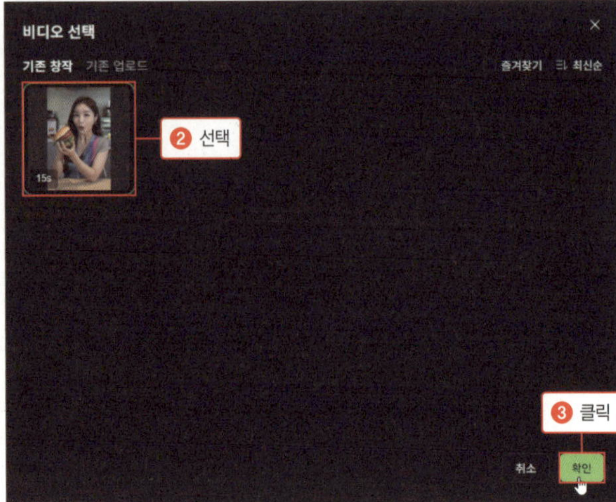

08 | 이번에는 변경하려는 인물 이미지를 지정하기 위해 모션 컨트롤 화면에서 [인물 이미지 추가]를 클릭합니다. 열기 대화상자가 표시되면 다운로드한 source 폴더에서 '점원.png' 파일을 선택하고 [열기(O)] 버튼을 클릭합니다.

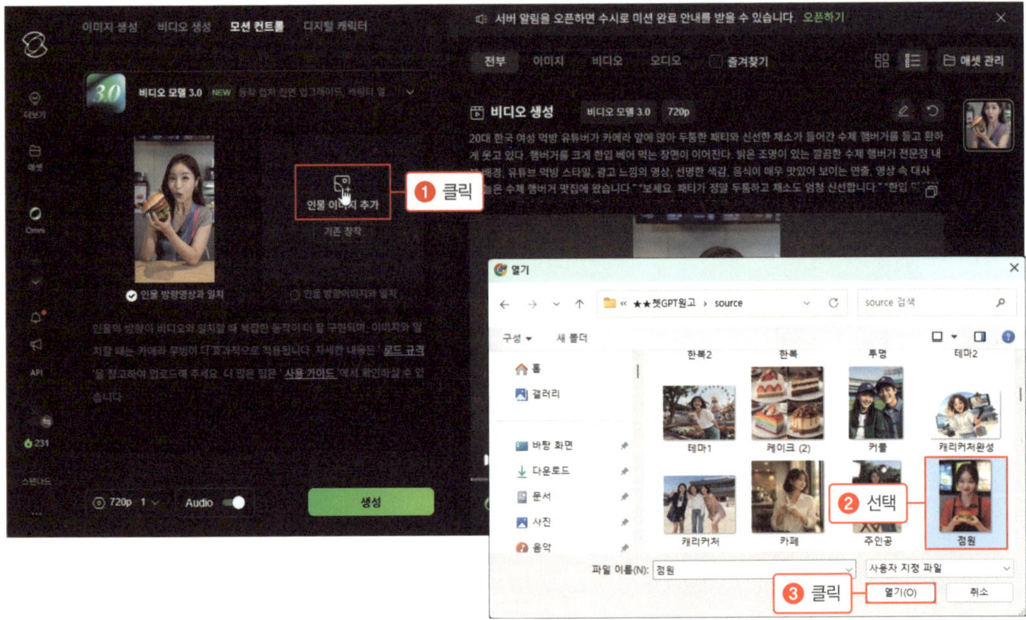

 생성된 영상 이미지와 변경하려는 인물 이미지가 지정되었다면 [생성] 버튼을 클릭합니다.

10 생성된 영상을 확인해보면 그림과 같이 기존 햄버거 홍보 인물 영상이 햄버거 점원으로 교체되어 동일한 동작과 목소리로 변경된 것을 확인할 수 있습니다.

클링 AI의 모션 컨트롤 기능은 단순히 움직임을 추가하는 수준을 넘어, 기존 영상에 담긴 인물의 동작 데이터를 분석하여 이를 새로운 캐릭터에 그대로 적용하는 '모션 전이(Motion Transfer)' 기술을 기반으로 작동합니다. 이 기능은 캐릭터의 외형과 움직임을 분리하여 제어할 수 있다는 점에서 혁신적입니다. 사용자는 원하는 인물 이미지를 선택하고, 참고할 영상의 움직임을 결합함으로써 '다른 인물이 동일한 행동을 수행하는 영상'을 자연스럽게 생성할 수 있습니다.

이 과정에서 AI는 단순히 영상을 복제하는 것이 아니라, 프레임 단위로 인물의 관절 위치와 몸의 균형, 손동작, 표정, 타이밍 등을 정밀하게 분석한 뒤 이를 새로운 캐릭터에 재구성합니다. 그 결과 전신 움직임은 물론이고 미세한 제스처와 표정까지 자연스럽게 동기화된 영상이 생성되며, 특히 인터뷰나 발표와 같이 인물의 동작과 표정이 중요한 콘텐츠에서 높은 완성도를 확보할 수 있습니다.

또한 모션 컨트롤 기능은 정적인 이미지 하나만으로도 실제처럼 움직이는 영상을 만들 수 있으며, 캐릭터의 얼굴이나 스타일은 유지하면서 다양한 동작을 자유롭게 적용할 수 있다는 장점이 있습니다. 이로 인해 동일한 캐릭터를 기반으로 여러 장면을 확장하거나, 하나의 영상 소스를 다양한 버전으로 변형하는 작업이 매우 효율적으로 이루어집니다.

실제 제작 흐름을 보면 먼저 참고할 영상에서 원하는 움직임을 선택하고, 그 다음 적용할 캐릭터 이미지를 설정한 뒤 모션 컨트롤을 통해 동작을 추출하고 결합하는 방식으로 진행됩니다. 이후 생성된 영상은 원본의 자연스러운 움직임을 유지하면서도 전혀 다른 인물이 등장하는 새로운 결과물로 완성됩니다.

이 기능은 기존의 프롬프트 기반 생성 방식이 가진 한계를 극복하고, 실제 사람의 움직임을 그대로 활용할 수 있게 함으로써 영상 연출의 정밀도와 일관성을 크게 향상합니다. 나아가 촬영 없이도 다양한 캐릭터와 연출을 구현할 수 있기 때문에, 광고, 인터뷰, 숏폼 콘텐츠 등 다양한 분야에서 영상 제작 패러다임을 변화시키는 핵심 도구로 활용되고 있습니다.

09 홍보 음악을 작곡하기 위한 챗GPT 활용하기

수노(Suno)는 인공지능을 이용해 노래를 자동으로 만들어 주는 AI 음악 생성 플랫폼입니다. 사용자가 텍스트로 설명을 입력하면 AI가 멜로디, 반주, 보컬, 가사까지 포함된 완성된 음악을 만들어 주는 것이 핵심 특징입니다. 일반적인 작곡 프로그램은 멜로디나 악기를 직접 편집해야 하지만 수노는 텍스트 기반 생성 방식이기 때문에 음악 지식이 없어도 노래를 만들 수 있습니다.

프롬프트만으로 음악 만들기

일반적으로 음악을 제작하려면 화성학, 멜로디 구성, 리듬 설계, 악기 편곡 등 다양한 음악 이론을 이해해야 합니다. 또한 작곡 프로그램을 사용하려면 MIDI 입력이나 악기 트랙 편집과 같은 기술적인 작업도 필요합니다. 그러나 수노(Suno)는 이러한 과정 없이도 음악을 만들 수 있습니다. 사용자는 단지 원하는 음악의 분위기나 장르를 문장으로 설명하기만 하면 됩니다. 인공지능이 멜로디와 코드 진행, 리듬, 편곡을 자동으로 생성하기 때문에 음악 이론을 모르는 사람도 자연스러운 구조의 노래를 만들 수 있습니다.

특히, 수노는 텍스트 기반 음악 생성 방식(Text-to-Music)을 사용합니다. 사용자가 프롬프트 입력 창에 음악 스타일, 분위기, 장르, 주제 등을 문장 형태로 입력하면 인공지능이 이를 분석하여 음악을 만들어 냅니다. 예를 들어 '여름 해변 분위기의 신나는 팝 음악, 여성 보컬, 밝고 경쾌한 리듬'과 같은 설명을 입력하면 AI가 이러한 조건을 반영한 음악을 생성합니다. 이 과정은 이미지 생성 AI나 영상 생성 AI와 비슷한 방식으로 작동합니다. 즉, 사용자의 언어 설명을 음악적 요소로 변환하여 멜로디, 리듬, 악기 구성을 자동으로 만들어 냅니다.

많은 AI 음악 생성 도구는 배경음악이나 연주곡 중심으로 제작되지만 수노는 보컬이 포함된 노래를 생성할 수 있다는 점이 큰 특징입니다. AI가 가사를 노래 형태로 부르는 보컬 트랙을 함께 만들어 주기 때문에 하나의 완성된 노래 형태로 결과물이 생성됩니다. 보컬의 스타일도 팝, 발라드, 록, 힙합 등 다양한 장르에 맞게 자동으로 표현됩니다. 또한 사용자가 직접 가사를 입력할 수도 있고, AI가 가사를 자동으로 생성하도록 설정할 수도 있습니다. 이러한 기능 덕분에 작곡과 작사, 보컬 녹음 과정을 모두 생략하고도 완성된 노래를 만들 수 있습니다.

챗GPT와 수노(Suno)의 조합으로 음악 만들기

챗GPT와 수노(Suno)를 함께 활용하면 노래의 기획, 가사 작성, 음악 스타일 설계까지를 체계적으로 진행한 뒤 AI로 완성된 음악을 생성할 수 있습니다. 챗GPT는 아이디어와 가사 작성에 강점이 있고, 수노는 실제 음악과 보컬을 생성하는 기능에 강점이 있기 때문에 두 서비스를 조합하면 효율적인 음악 제작 과정을 만들 수 있습니다.

먼저 챗GPT를 활용해 음악의 콘셉트를 기획합니다. 노래를 만들기 전에 장르, 분위기, 주제, 보컬 스타일 등을 정리하면 이후 음악 생성 과정이 훨씬 안정적으로 진행됩니다. 예를 들어 '여름 해변 분위기의 밝은 팝 음악', '이별 후 회상을 담은 감성 발라드'처럼 노래의 방향을 먼저 설정합니다. 챗GPT에게 이러한 조건을 설명하면 음악 콘셉트와 분위기를 정리해 주고, 수노에서 사용할 수 있는 음악 스타일 설명도 함께 만들어 줍니다.

 Suno에서 원하는 결과를 안정적으로 얻기 위해서는 감정, 장르, 속도, 악기 구성, 보컬 스타일을 구체적으로 설정하는 것이 핵심입니다. 아래는 한글 기반으로 바로 사용할 수 있는 실전 프롬프트입니다.

[기본형 프롬프트]
'밝고 경쾌한 여름 해변 팝 음악, 110~120 BPM, 트로피컬 팝 스타일, 기분 좋은 분위기, 중독성 있는 멜로디, 맑고 가벼운 여성 보컬, 어쿠스틱 기타와 우쿨렐레 중심, 트로피컬 퍼커션, 부드러운 신스, 바람과 파도 느낌, 편안하면서도 에너지 있는 사운드, 해변 휴가와 잘 어울리는 음악, 햇살과 자유로운 분위기, 고음질 프로덕션'

[감성 강조 버전]

'감성적이면서도 밝은 여름 해변 팝 음악, 노을 지는 해변 분위기, 따뜻한 색감의 사운드, 잔잔한 파도 느낌, 몽환적이고 부드러운 여성 보컬, 트로피컬 하우스 요소, 부드러운 리듬과 여유 있는 전개, 여름의 추억과 여행 감성을 자극하는 음악, 가벼운 퍼커션과 플럭 신스, 공기감 있는 패드 사운드'

다음 단계에서는 챗GPT를 이용해 가사를 작성합니다. 수노는 사용자가 직접 입력한 가사를 기반으로 노래를 만들 수 있기 때문에 가사의 구조를 먼저 만드는 것이 좋습니다. 일반적으로 Verse, Chorus, Bridge 같은 대중음악 구조로 가사를 작성합니다. 예를 들어 Verse에서는 상황과 이야기를 설명하고 Chorus에서는 핵심 메시지를 반복하는 방식으로 구성합니다. 챗GPT에게 노래의 주제와 분위기를 설명하면 이러한 구조에 맞는 가사를 자동으로 생성할 수 있습니다.

프롬프트 밝고 경쾌한 여름 해변 팝 음악, 110~120 BPM, 트로피컬 팝 스타일, 기분 좋은 분위기, 중독성 있는 멜로디, 맑고 가벼운 여성 보컬, 어쿠스틱 기타와 우쿨렐레 중심, 트로피컬 퍼커션, 부드러운 신스, 바람과 파도 느낌, 편안하면서도 에너지 있는 사운드, 해변 휴가와 잘 어울리는 음악, 햇살과 자유로운 분위기, 고음질 프로덕션

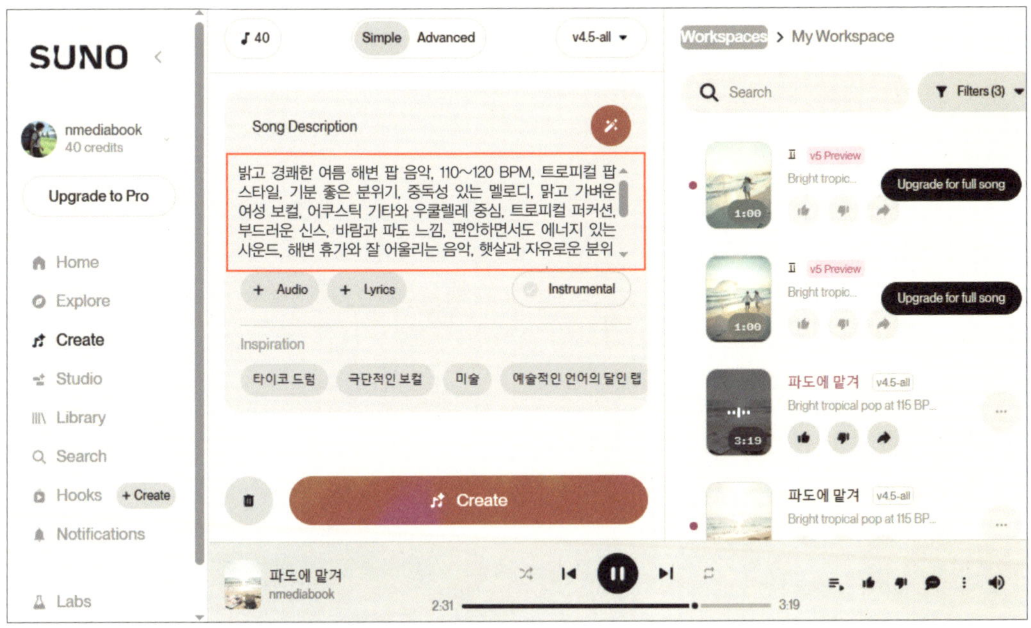

챗GPT에서 제안 받은 프롬프트를 수노(Suno)에 입력하여 음악 생성

가사가 완성되면 수노에서 음악을 생성합니다. 수노의 Studio 화면에서 Create 기능을 선택한 뒤 음악 스타일을 설명하는 프롬프트와 가사를 입력합니다. 프롬프트에는 음악 장르, 분위기, 보컬 스타일 등을 포함하는 것이 좋습니다. 예를 들어 '감성적인 한국어 발라드, 피아노 중심, 여성 보컬'처럼 작성하면 AI가 해당 스타일을 반영하여 노래를 생성합니다. 가사를 입력하면 AI가 멜로디와 보컬을 자동으로 생성하면서 노래 형태로 만들어 줍니다.

음악이 생성되면 여러 결과 중에서 가장 마음에 드는 버전을 선택합니다. 수노는 한 번 생성할 때 보통 두 개 이상의 음악 결과를 제공하기 때문에 비교하면서 선택할 수 있습니다. 선택한 음악은 확장 기능을 이용해 길이를 늘리거나 다른 스타일로 다시 생성할 수도 있습니다. 이렇게 생성된 음악은 라이브러리에 저장되며 파일로 다운로드하거나 영상 제작에 사용할 수 있습니다.

이러한 방식으로 챗GPT와 수노를 함께 활용하면 아이디어 기획, 가사 작성, 음악 생성까지 하나의 흐름으로 연결할 수 있습니다. 특히 광고 음악이나 유튜브 콘텐츠 음악처럼 빠르게 여러 가지 음악을 만들어야 하는 작업에서는 매우 효율적인 제작 방법이 됩니다.

알아두기 대중음악의 일반 구조

수노(Suno)는 노래를 생성할 때 일반적인 대중음악의 구조를 자동으로 반영하여 곡을 구성합니다. 사용자가 별도로 곡의 구조를 설계하지 않아도 AI가 음악의 흐름을 분석하여 자연스러운 형식으로 노래를 완성합니다. 대부분의 대중음악은 일정한 구조를 가지고 전개되며, 수노 역시 이러한 음악 구조를 기반으로 곡을 생성합니다.

- **Verse**

  노래의 이야기를 시작하는 부분으로, 곡의 주제와 상황을 설명하는 역할을 합니다.

- **Chorus**

  노래에서 가장 핵심이 되는 부분으로, 흔히 후렴구라고 부르는 구간입니다. 가장 기억에 남는 멜로디와 가사가 반복되며 곡의 중심 메시지를 전달합니다.

- **Bridge**

  곡의 후반부에는 Bridge가 등장하는 경우가 많습니다. 기존 멜로디 흐름에서 변화를 주어 곡의 분위기를 새롭게 전환시키는 역할을 합니다.

- **Outro**

  곡을 마무리하는 부분입니다. 멜로디를 정리하거나 여운을 남기면서 자연스럽게 음악이 끝나도록 구성됩니다.

10 음악 창작을 위한 수노(Suno) 알아보기

수노(Suno)는 텍스트 한 줄만으로 음악을 창작할 수 있는 AI 기반 오디오 제작 플랫폼으로, 전문적인 작곡 지식이나 장비 없이도 누구나 손쉽게 음악을 만들 수 있도록 설계되어 있습니다. 특히 직관적인 인터페이스를 중심으로 구성되어 있어, 처음 사용하는 사용자도 복잡한 학습 과정 없이 바로 결과물을 만들어 볼 수 있다는 점이 큰 특징입니다.

수노(Suno) 메인 화면 살펴보기

수노(Suno)의 인터페이스는 음악 생성 과정을 쉽게 이해하고 사용할 수 있도록 비교적 단순한 구조로 구성되어 있습니다. 화면은 크게 왼쪽 메뉴 영역, 중앙 작업 영역, 그리고 생성 결과를 확인하는 영역으로 구분할 수 있습니다. 이러한 구조는 음악 탐색, 음악 제작, 결과 관리라는 세 가지 기능을 중심으로 구성되어 있습니다.

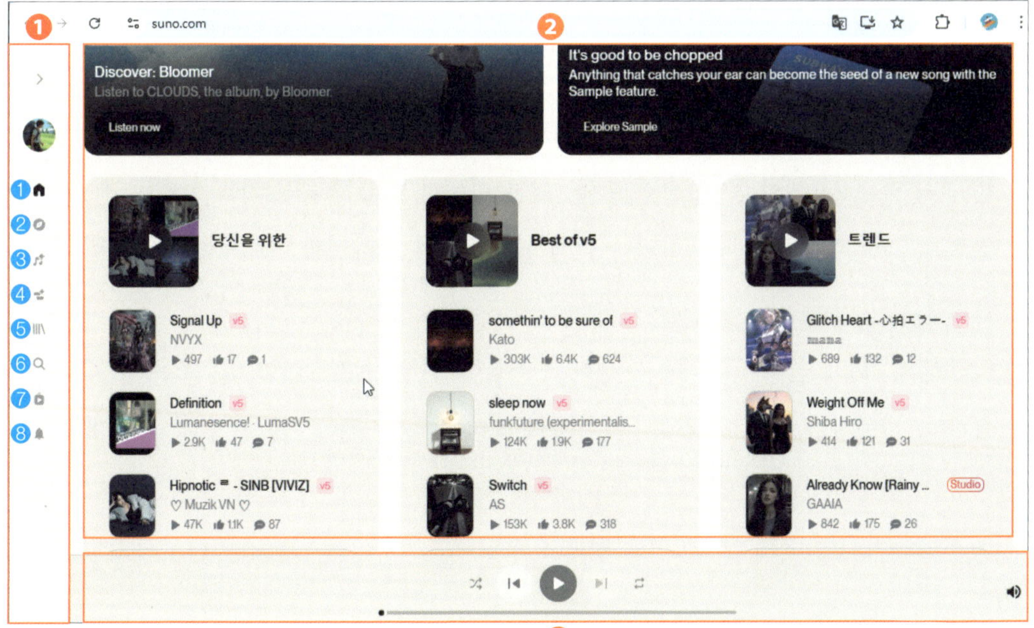

❶ 왼쪽 메뉴 영역: 서비스의 주요 기능으로 이동하는 탐색 메뉴입니다. 이 영역에서는 홈, 탐색, 라이브러리, Studio, Create와 같은 메뉴를 선택할 수 있습니다. 홈은 플랫폼의 기본 화면으로 추천 음악이나 인기 음악을 확인할 수 있는 공간입니다.

❶ **Home(홈)**: 수노(Suno) 서비스의 메인 화면으로 이동하는 기능입니다. 현재 인기 있는 AI 생성 음악, 추천 곡, 트렌드 음악 등을 확인할 수 있는 기본 대시보드 역할을 합니다. 사용자가 처음 접속했을 때 기본적으로 표시되는 화면입니다.

❷ **Explore(탐색)**: 다른 사용자들이 만든 음악을 탐색할 수 있는 메뉴입니다. 음악 아이디어를 참고하거나 트렌드를 파악할 때 사용하는 기능입니다.

❸ **Create(생성)**: AI 음악을 새로 생성하는 기능입니다. 프롬프트를 입력하거나 가사를 입력하여 새로운 노래를 만들 수 있습니다. 수노(Suno)에서 가장 핵심적인 기능으로, AI 작곡을 시작하는 메뉴입니다.

❹ **Studio(스튜디오)**: 사용자가 AI 음악을 생성하고 편집하며 관리하는 작업 공간을 의미합니다. 일반적으로 Studio 메뉴는 AI 작곡을 실제로 수행하는 핵심 기능이 모여 있는 영역

❺ **라이브러리(Library)**: 사용자가 저장한 음악, 즐겨찾기한 곡, 플레이리스트 등을 관리하는 메뉴입니다. 생성된 음악을 모아서 관리하거나 프로젝트 단위로 정리할 때 사용합니다.

❻ **Search(검색)**: 음악, 사용자, 특정 곡 등을 검색할 수 있는 기능입니다. 특정 장르나 곡 제목을 입력하여 원하는 콘텐츠를 빠르게 찾을 수 있습니다.

❼ **Hooks(후크)**: 수노(Suno)에서 음악 제작 아이디어를 빠르게 만들기 위해 제공되는 기능으로, 짧고 인상적인 음악 구절을 자동으로 생성하는 도구입니다.

❽ **Notifications(알림)**: 플랫폼 활동에 대한 알림을 확인하는 메뉴입니다. 자신의 음악에 대한 반응, 댓글, 업데이트 등의 정보를 확인할 수 있습니다.

❷ 중앙 영역: 수노(Suno)에서 추천하는 음악 콘텐츠가 표시되는 공간입니다. 이 영역에서는 인기 있는 AI 생성 음악, 트렌드 곡, 다른 사용자의 작품 등을 카드 형태로 확인할 수 있으며, 사용자는 이를 재생하거나 탐색하면서 음악 스타일과 아이디어를 참고할 수 있습니다.

❸ 하단 영역: 현재 선택한 음악을 재생하고 제어할 수 있는 플레이어 영역으로 구성되어있습니다. 사용자가 중앙 영역에서 음악을 선택하면 해당 곡이 하단에 표시되고 재생·일시정지, 진행 바, 곡 정보 확인 등의 기능을 수행할 수 있습니다. 플랫폼 전반에서 공통적으로 유지되는 미니 플레이어 형태로 동작합니다.

Create 작업 영역

　　수노(Suno)에서 Create 작업 화면은 새로운 음악을 생성하기 위한 기본 작업 공간입니다. 이 화면에서는 사용자가 음악의 스타일을 설명하거나 가사를 입력하여 AI가 노래를 생성하도록 설정할 수 있습니다. Create 화면에는 음악 생성 방식을 설정하기 위한 여러 메뉴가 있으며, 주요 항목의 기능은 다음과 같습니다.

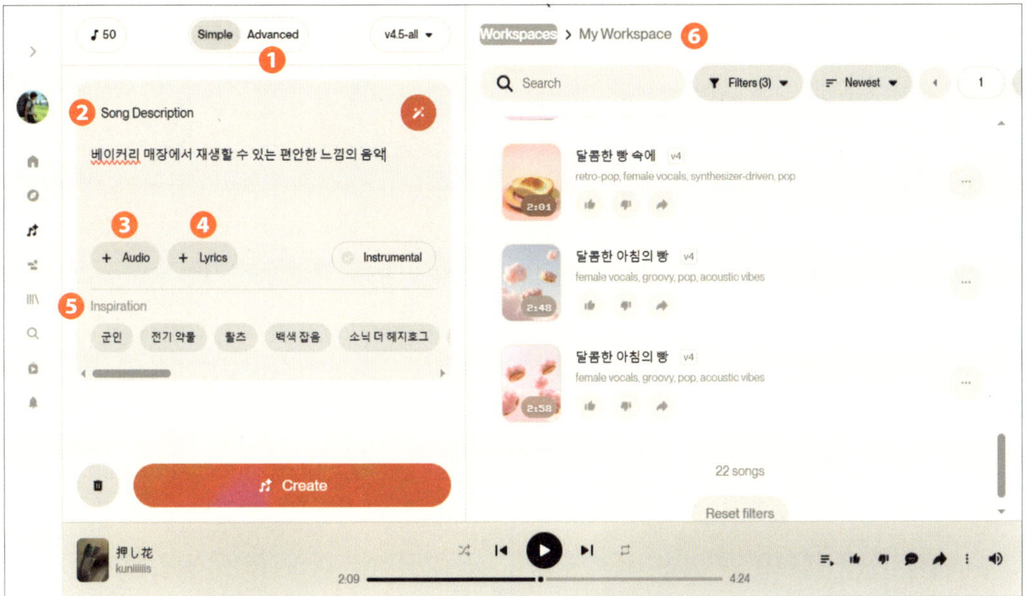

❶ 모드 선택: Simple과 Advanced 중 생성 방식을 선택하는 영역입니다.

　Simple은 Song Description만 입력하면 멜로디, 반주, 보컬, 가사를 자동으로 생성하는 간편 모드입니다. Advanced는 가사, 스타일, 구조 등을 직접 설정해 결과를 보다 세밀하게 제어할 수 있습니다.

❷ Song Description 입력 창: 생성하려는 음악의 스타일과 분위기를 설명하는 공간입니다. 사용자는 이곳에 음악 장르, 분위기, 주제 등을 문장 형태로 입력합니다. 예를 들어 '밝고 경쾌한 여름 팝 음악, 여성 보컬, 해변 파티 분위기'와 같이 입력하면 AI가 해당 설명을 분석하여 음악을 생성합니다.

❸ **+Audio**: 외부 오디오 파일을 업로드하여 음악 생성에 활용하는 기능입니다. 사용자가 가지고 있는 음원이나 멜로디 샘플을 업로드하면 AI가 해당 오디오를 참고하여 새로운 음악을 생성하거나 스타일을 변형할 수 있습니다.

❹ **+Lyrics**: 수노(Suno)에서 노래 가사를 추가하거나 생성하기 위한 기능입니다. 기본적으로 수노는 가사를 자동으로 만들어 노래를 생성할 수 있지만, +Lyrics 기능을 사용하면 사용자가 직접 가사를 입력하거나 AI의 도움을 받아 가사를 구성할 수 있습니다.

❺ **Inspiration**: 노래 가사를 작성할 때 참고할 수 있는 아이디어를 제공하는 기능입니다. 사용자가 노래의 주제나 분위기를 입력하면 AI가 가사의 방향이나 문장 아이디어를 제안합니다. 이를 통해 가사를 직접 작성하기 어려운 경우에도 노래의 콘셉트에 맞는 가사를 쉽게 만들 수 있습니다.

❻ **My Workspace(작업 공간)**: 사용자가 생성한 모든 음악 결과물이 자동으로 저장되며, 각 트랙별로 프롬프트, 스타일 설정, 생성 시점 등의 정보가 함께 기록됩니다. 이를 통해 동일한 조건으로 다시 생성하거나, 기존 결과를 기반으로 변형 작업을 진행하는 것이 가능합니다. 특히 콘텐츠를 지속적으로 제작해야 하는 유튜브 채널 운영자나 마케팅 실무자에게는 매우 중요한 작업 관리 도구로 활용됩니다. My Workspace는 프로젝트 단위로 결과물을 정리할 수 있어, 목적별로 음악을 분류하고 관리하기에 적합합니다.

제미나이에서 음악 생성하기

구글 제미나이(Google Gemini)에서 음악을 생성하는 방식은 텍스트 기반 생성 구조를 중심으로 이루어지며, 기본적으로는 **프롬프트 설계 → 생성 요청 → 결과 확인**의 흐름을 따릅니다. 먼저 음악을 만들기 위해서는 만들고 싶은 곡의 분위기, 장르, 사용 목적 등을 구체적으로 문장으로 입력하는 것이 핵심입니다. 예를 들어 '밝고 경쾌한 여름 해변 느낌의 팝 음악, 여성 보컬 포함, 15초 분량 광고용'과 같이 상황과 스타일을 함께 명시하면 보다 정확한 결과를 얻을 수 있습니다.

현재 음악 생성 기능을 통해 한 번에 만들 수 있는 길이는 최대 60초(1분)입니다. 제미나이에서 음악을 생성한 후 다운로드 버튼을 누르면 MP3(오디오 전용)와 MP4(영상 포함) 중 원하는 포맷을 직접 선택하여 소장하실 수 있습니다.

11 영상 순서와 길이를 마음대로! 캡컷(Capcut) 알아보기

영상 편집에서 가장 중요한 요소는 영상 순서와 길이입니다. 캡컷(Capcut)은 이러한 영상 편집의 핵심을 누구나 쉽게 다룰 수 있도록 설계된 도구입니다. 복잡한 기술 없이도 장면의 앞뒤를 자유롭게 바꾸고, 불필요한 부분은 과감히 줄이며, 필요한 순간은 더 길게 강조할 수 있습니다.

영상 편집 핵심 구성

캡컷(Capcut)에서 영상 편집의 핵심은 화면을 보며 위치를 잡고 흐름을 구성하는 것이며, 이를 담당하는 요소가 미리보기 화면, 재생 헤드, 타임라인입니다.

❶ 미리보기 화면은 편집 결과를 확인하는 영역이고, ❷ 재생 헤드는 현재 편집 위치를 나타내어 재생과 분할·자르기 등의 작업 기준이 됩니다. ❸ 타임라인은 영상, 이미지, 오디오, 텍스트를 시간 순서대로 배치하고 길이와 순서를 조정하는 핵심 영역입니다.

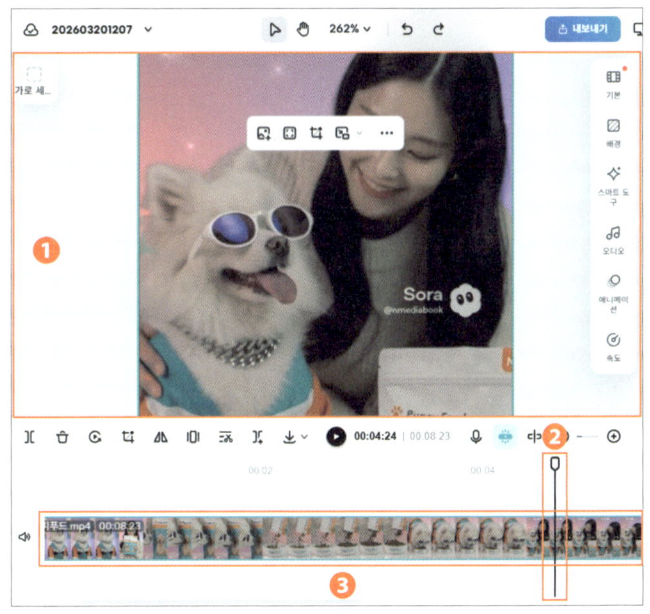

영상 관리 메뉴

캡컷(Capcut)의 왼쪽 메뉴는 영상 제작의 흐름을 단계별로 구성할 수 있도록 설계된 작업 영역입니다.

① 미디어: 자료를 업로드하여 타임라인에서 편집하는 기본 작업 영역입니다.

② 템플릿: 미리 구성된 영상 구조에 이미지나 영상만 넣으면 컷 편집과 효과, 음악까지 자동으로 적용됩니다.

③ 요소: 그래픽, 장식, 아이콘 등 다양한 시각 요소를 추가하는 메뉴입니다. 영상의 표현력을 높이고 장면에 포인트를 줄 때 활용됩니다.

④ 오디오: 배경 음악, 효과음, 음성 파일을 추가할 수 있으며, 볼륨 조절, 페이드 인·아웃, 타이밍 맞추기 등 사운드 편집이 가능합니다.

⑤ 텍스트: 자막, 타이틀, 설명 문구 등을 자유롭게 삽입할 수 있으며, 다양한 폰트와 애니메이션 효과를 적용해 시각적인 전달력을 높일 수 있습니다.

⑥ 캡션: 음성을 인식해 자막을 자동으로 만들고 수정과 스타일 적용이 가능합니다.

⑦ 대본: 텍스트 기반으로 콘텐츠 흐름을 먼저 구성하고, 이를 기반으로 영상과 음성을 생성하거나 편집할 수 있습니다.

⑧ 편집 효과: 색감 변화, 필터, 글리치 효과, 블러 등 다양한 시각 효과를 적용해 콘텐츠의 톤앤매너를 조정할 수 있습니다.

⑨ 전환: 컷 사이에 다양한 전환 효과를 넣어 흐름을 부드럽게 만들거나, 리듬감을 강조할 수 있습니다.

⑩ 필터: 영상 전체의 색감과 톤을 조정하는 기능입니다. 일관된 분위기 연출이나 색 보정 작업에 활용됩니다.

⑪ 브랜드 키트: 로고, 색상, 폰트 등 브랜드 요소를 관리하는 기능입니다. 일관된 디자인을 유지하며 콘텐츠를 제작할 수 있습니다.

⑫ 플러그인: 외부 기능이나 AI 기반의 확장 도구를 연결하여 편집 효율을 극대화 합니다.

영상 편집 기능

화면 비율을 설정하고, 장면을 나누고, 불필요한 부분을 제거하며, 필요한 순간을 강조하는 일련의 과정이 바로 영상의 흐름을 만드는 핵심입니다.

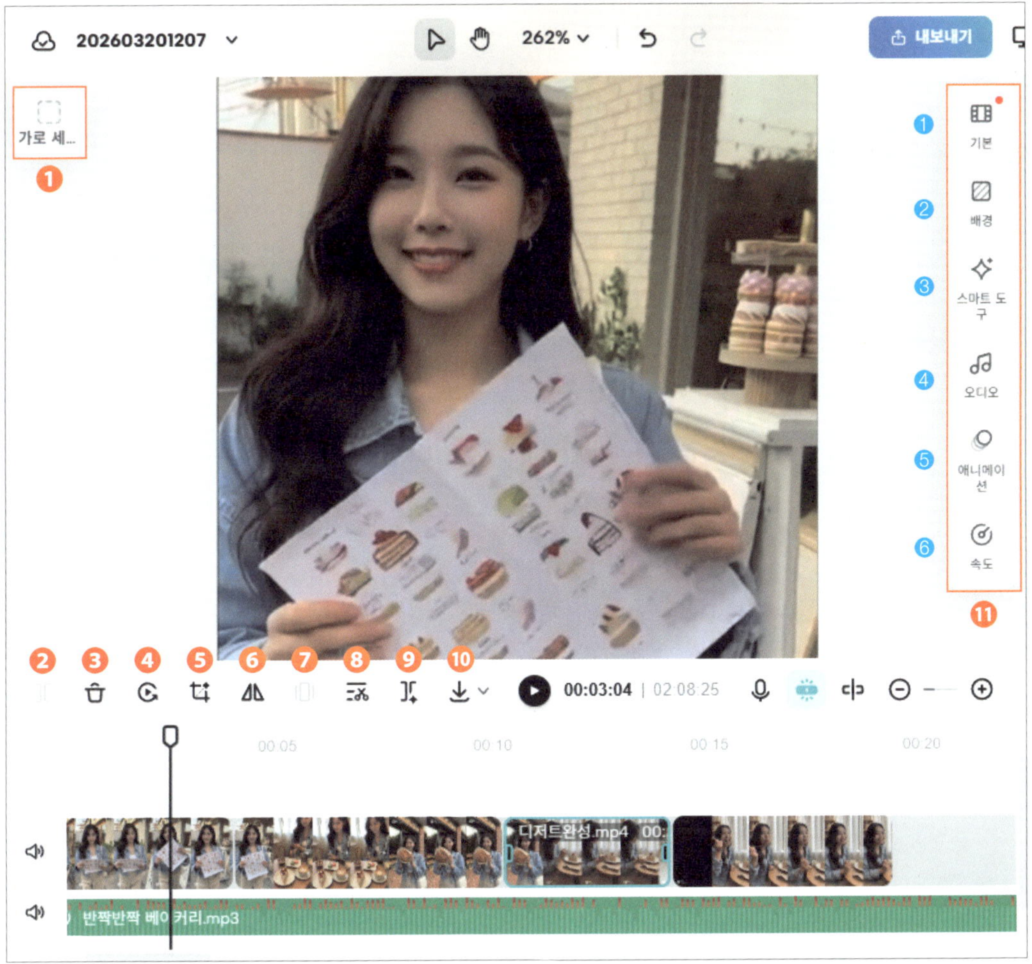

❶ **가로 · 세로 비율**: 영상의 화면 규격을 설정하는 기능입니다. 16:9(유튜브), 9:16(쇼츠 · 릴스), 1:1(피드형 콘텐츠) 등 플랫폼에 맞게 비율을 변경할 수 있습니다.

❷ **분할**: 클립을 원하는 지점에서 나누는 기능입니다. 하나의 영상에서 필요한 구간만 따로 편집하거나, 특정 구간에 효과를 적용할 때 사용됩니다.

❸ **삭제**: 불필요한 구간이나 클립을 제거하는 기능입니다.

❹ **역방향**: 영상을 거꾸로 재생하는 기능입니다.

❺ **자르기**: 클립의 시작과 끝을 줄이거나 조정하는 기능입니다. 불필요한 앞뒤 시간을 정리하거나, 정확한 타이밍에 맞게 길이를 세밀하게 조절할 때 사용됩니다.

❻ **가로 전환**: 세로 영상을 가로 화면에 맞게 재구성하는 기능입니다.

❼ **프리즈**: 특정 장면을 정지 화면으로 만드는 기능입니다. 영상 중간에 멈춘 듯한 연출을 넣어 강조 효과를 줄 수 있습니다.

❽ **대본 기반 편집**: 텍스트를 기준으로 영상을 편집하는 기능입니다. 음성을 자동으로 텍스트로 변환한 뒤, 문장을 삭제하거나 수정하면 해당 구간의 영상도 함께 편집됩니다.

❾ **장면 분할**: AI가 자동으로 영상의 흐름을 분석해 장면을 나누는 기능입니다.

❿ **클립 다운로드**: 편집에 사용한 개별 클립을 따로 저장하는 기능입니다. 완성된 영상이 아니라 특정 구간만 따로 추출하거나, 다른 프로젝트에서 재사용할 때 활용됩니다.

⓫ **사이드바**: 선택한 영상 클립의 속성을 세부적으로 조정하는 설정 영역입니다. 크기, 위치, 속도, 효과 등 편집의 핵심 파라미터를 직관적으로 제어할 수 있습니다.

❶ **기본**: 영상의 가장 기초적인 설정값을 조절합니다. 주로 영상의 크기(Scale), 위치(Position), 회전(Rotate), 불투명도(Opacity)를 설정합니다.

❷ **배경**: 영상의 비율을 조절해 남는 공간이 생길 때, 그 뒷배경을 특정 색상으로 채우거나 흐리게(Blur) 처리, 또는 이미지 패턴을 넣을 수 있습니다.

❸ **스마트 도구**: 인물만 남기고 배경을 지우는 자동 배경 제거, 영상 화질을 높이는 업스케일링, 인물의 얼굴이나 몸매를 보정하는 리터칭 기능 등이 포함되어 있습니다.

❹ **오디오**: 해당 영상 클립에 포함된 소리를 조절합니다.

❺ **애니메이션**: 영상이 시작되거나 끝날 때, 혹은 중간에 움직임을 주는 효과입니다.

❻ **속도**: 영상의 재생 속도를 제어합니다.

12 홍보 음악이 있는 숏폼 영상 만들기

짧은 시간 안에 브랜드 홍보용 숏폼 광고 영상을 효율적으로 제작하는 방법을 알아봅니다. 챗GPT로 SNS에 적합한 음악 콘셉트를 기획하고, 수노(Suno) AI로 광고 음악을 생성합니다. 이후 클링 AI로 15초 분량의 베이커리 영상을 제작한 뒤, 캡컷(Capcut)에서 음악과 영상을 결합해 하나의 홍보 영상으로 완성합니다.

- **예제 파일**: source\반짝반짝베이커리.mp3, 베이커리광고.mp4
- **완성 파일**: source\숏폼홍보영상1.mp4

영상에 작곡한 음악을 편집하여
완성된 베이커리 숏폼 영상

챗GPT로 음악과 영상 구성하기

01 | 웹브라우저에 'chatgpt.com'를 입력하여 챗GPT 사이트로 이동한 다음 홍보 음악을 만들기 위해 다음과 같이 프롬프트를 입력하고 '제출' 아이콘(●)을 클릭합니다.

수노 AI를 이용하여 베이커리를 홍보하려는 음악을 만들려고 해. SNS 홍보 목적으로 음악 콘셉트를 제안해 줘.

수노(Suno) AI를 활용하면 짧은 광고 음악을 자동으로 제작할 수 있기 때문에 SNS 홍보 콘텐츠 제작에 매우 적합합니다. 특히 인스타그램 릴스, 유튜브 쇼츠, 틱톡과 같은 짧은 영상 플랫폼에서는 음악의 분위기와 기억에 남는 후킹 멜로디가 매우 중요한 역할을 합니다. 베이커리 홍보 목적이라면 '달콤함, 따뜻함, 갓 구운 빵의 향기'와 같은 이미지를 음악으로 표현하는 방향이 효과적입니다.

1. 달콤한 카페 분위기의 팝 스타일

베이커리의 따뜻한 감성과 카페 분위기를 전달하는 가장 기본적인 방식입니다. 밝은 기타와 피아노를 중심으로 한 경쾌한 팝 스타일 음악을 생성하면 SNS 영상에 자연스럽게 어울립니다.

추천 콘셉트

- 장르: 어쿠스틱 팝, 카페 팝
- 분위기: 따뜻하고 밝은 느낌
- 템포: 중간 템포
- 활용 영상: 빵 굽는 장면, 쇼케이스에 진열된 빵, 카페 분위기

2. 숏폼 영상용 15초 광고 음악

SNS에서는 10~15초 정도의 매우 짧은 음악이 가장 활용도가 높습니다. 특히 '후렴구만 있는 광고 음악'을 만들면 반복 사용하기 좋습니다.

추천 콘셉트

- 장르: 광고 징글
- 길이: 10~15초 느낌
- 특징: 기억에 남는 후킹 멜로디

3. 프리미엄 베이커리 감성 음악

수제 빵이나 고급 디저트를 강조하는 베이커리라면 고급 카페 분위기의 음악이 적합합니다. 재즈나 보사노바 스타일을 사용하면 세련된 이미지를 전달할 수 있습니다.

추천 콘셉트

- 장르: 재즈 팝, 보사노바
- 분위기: 고급스럽고 여유로운 느낌
- 활용 영상: 디저트 클로즈업, 커피와 함께 즐기는 장면

02 | 제안받은 '2. 숏폼 영상용 15초 광고 음악 콘셉트'를 기준으로, 가사와 영상 구성 제안을 위한 프롬프트를 다시 입력하고 '제출' 아이콘(⬆)을 클릭합니다.

2. 숏폼 영상용 15초 광고 음악 콘셉트를 기준으로, 수노(Suno)에서 사용할 프롬프트와 가사, 음악과 어울리는 숏폼 영상 구성을 제안해 줘.

숏폼 영상용 광고 음악은 일반적인 노래 구조보다 짧은 후렴 중심 구조로 설계하는 것이 중요합니다. 특히 10~15초 영상에서는 시작 3~4초 안에 브랜드 분위기를 전달하고, 후반부에 기억에 남는 후렴을 배치하는 방식이 효과적입니다.

수노(Suno)에서 제작할 때는 스타일 설명 프롬프트 + 가사를 함께 입력하는 방식이 안정적입니다.

프롬프트

'밝고 경쾌한 베이커리 광고 음악, 귀엽고 캐치한 광고 징글 스타일, SNS 숏폼 영상용 음악, 빠른 템포의 팝 스타일, 달콤한 디저트와 갓 구운 빵의 분위기, 밝은 여성 보컬'

설명

밝고 경쾌한 분위기를 강조하여 쇼츠나 릴스 영상과 잘 어울리도록 설계합니다.
광고 징글 스타일을 지정하면 짧은 후렴 중심 음악이 생성될 가능성이 높습니다.

가사

갓 구운 빵 향기 가득
달콤한 디저트 한가득
한 입 먹으면 미소

두 입 먹으면 행복

오늘도 생각나는

우리 동네 베이커리

숏폼 영상 장면 구성

- **장면 1(0~4초)**

  오븐에서 막 나온 빵 클로즈업

  '갓 구운 빵 향기 가득'

- **장면 2(5~8초)**

  케이크와 디저트 쇼케이스

  '달콤한 디저트 한가득'

- **장면 3(9~12초)**

  고객이 빵을 한 입 먹는 장면

  '한 입 먹으면 미소'

- **장면 4(13~15초)**

  매장 간판과 브랜드

  '우리 동네 베이커리'

홍보 음악 생성하기

03 | 웹브라우저에 'soun.com'를 입력하여 챗GPT 사이트로 이동한 다음 홍보 음악을 만들기 위해 왼쪽 [Create] 메뉴를 클릭합니다.

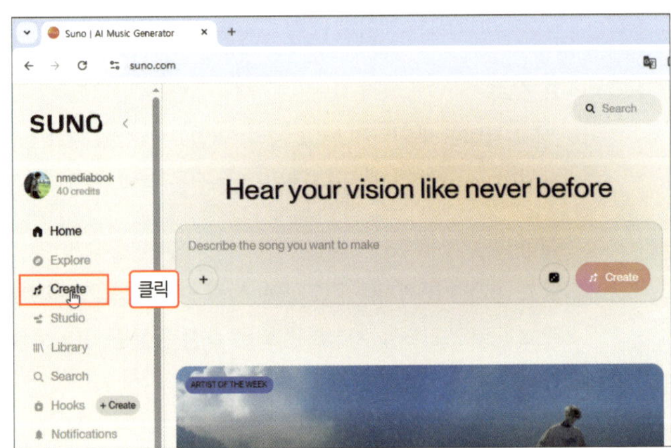

04 챗GPT에서 제안 받은 프롬프트를 복사(Ctrl+C)하여 Song Description 입력 창에 붙여넣고(Ctrl +V), [Create] 버튼을 클릭합니다.

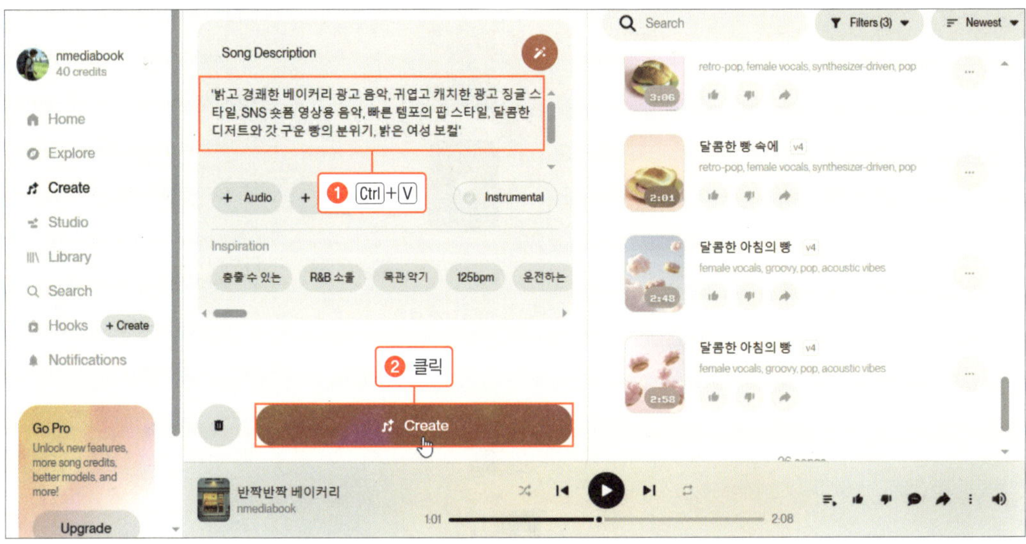

 '밝고 경쾌한 베이커리 광고 음악, 귀엽고 캐치한 광고 징글 스타일, SNS 숏폼 영상용 음악, 빠른 템포의 팝 스타일, 달콤한 디저트와 갓 구운 빵의 분위기, 밝은 여성 보컬'

05 프롬프트에 맞게 홍보 음악이 생성됩니다. 생성된 음악은 오른쪽 화면에 항목별로 표시됩니다. 오른쪽 작업 공간에서 음악을 확인하고 마음에 드는 음악을 체크한 다음 '옵션' 아이콘(⋯)을 클릭합니다.

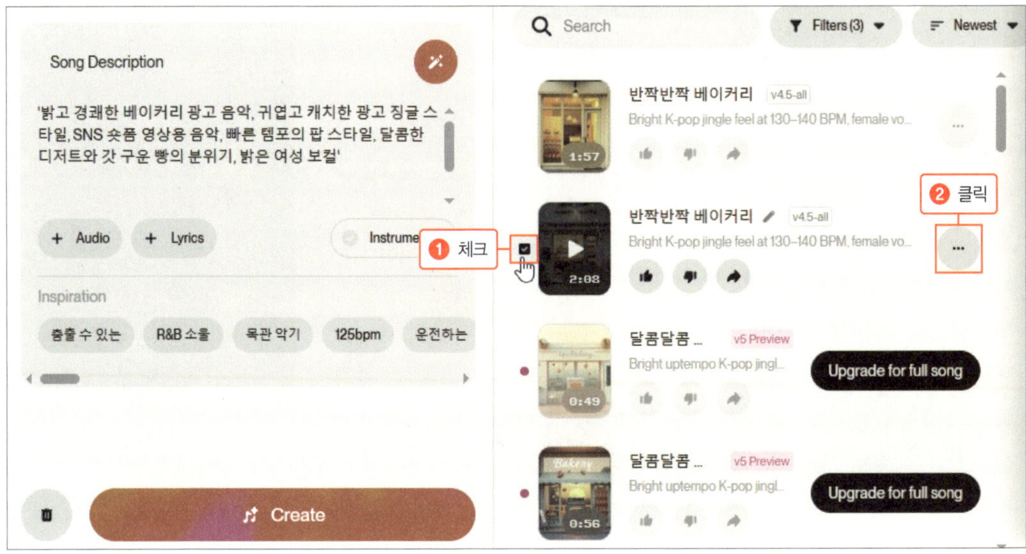

06 | 표시되는 팝업 메뉴에서 [Download]
−[MP3 Audio]를 선택하여 MP3 파일 포맷으로
저장합니다.

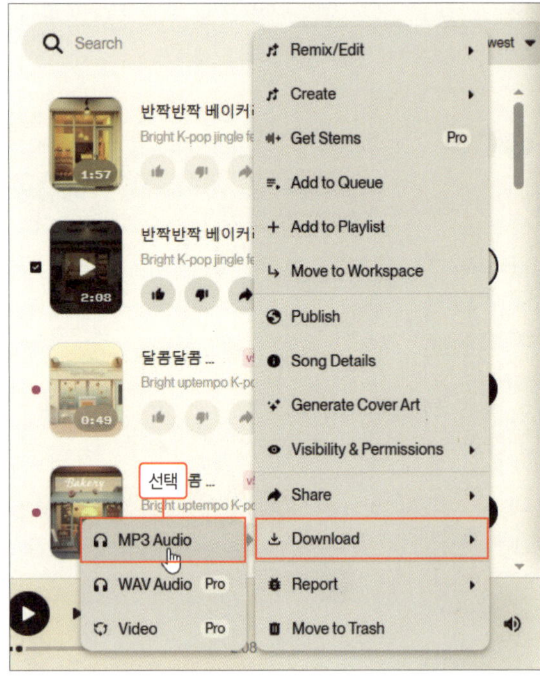

07 | 화면에 음악 생성 서비스인 수노(Suno) AI에서 나타나는 상업적 이용 권한 안내 메시지가 표시됩니다.
상업적 권한 없이 다운로드하기 위해 [Download Anyway] 버튼을 클릭합니다.

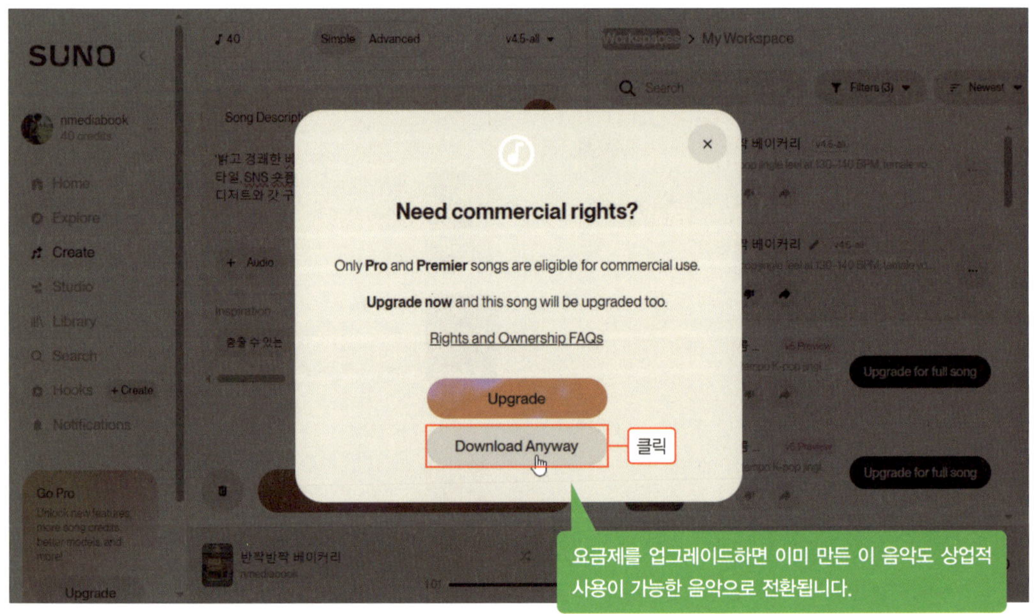

커스텀 멀티 샷으로 영상 생성하기

08 | 영상 생성 프롬프트가 준비되었다면 웹브라우저에 'kling.ai'을 입력하여 클링에 접속합니다. 영상 장면을 나눠 생성하기 위해 [Omni] 메뉴를 클릭합니다.

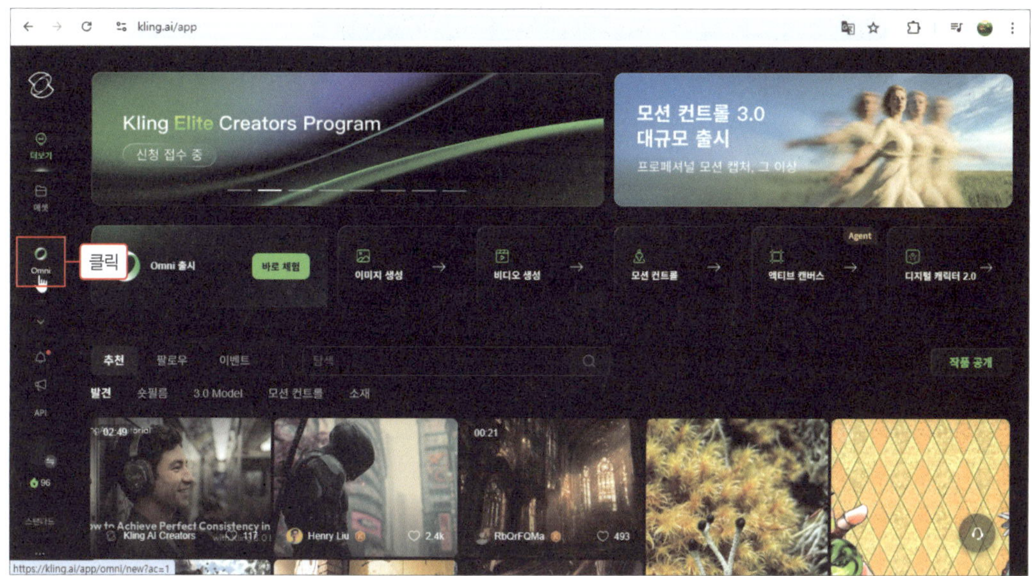

09 | 하나의 영상에 4개의 장면으로 생성하기 위해 [커스텀 멀티 샷]을 클릭합니다.

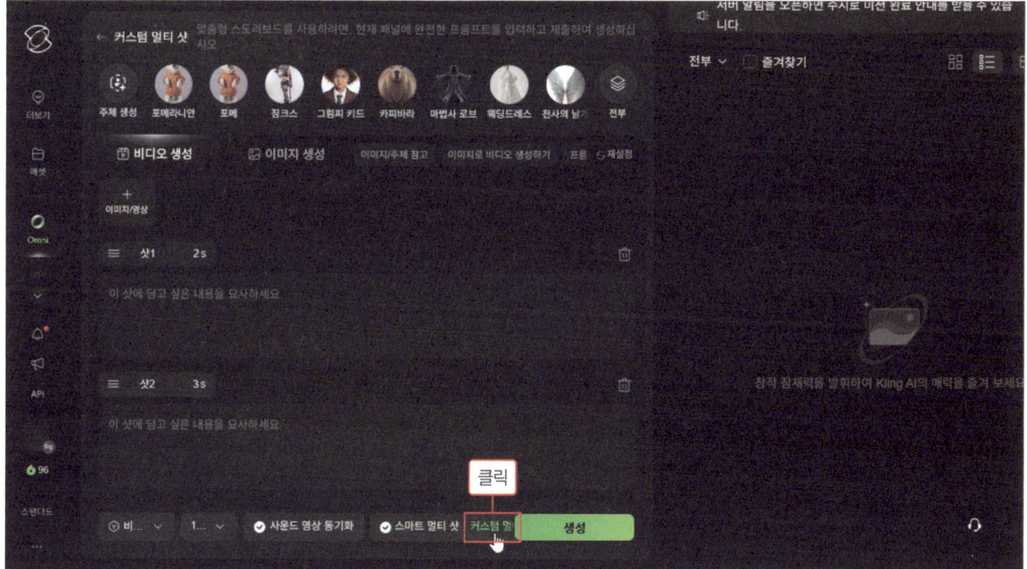

10 | 장면별로 영상 프롬프트를 입력할 수 있는 입력 창이 표시됩니다. 먼저 챗GPT에서 준비한 장면 1~2의 프롬프트를 샷1과 샷2에 각각 입력하고, 재생 시간을 '4s'로 설정합니다.

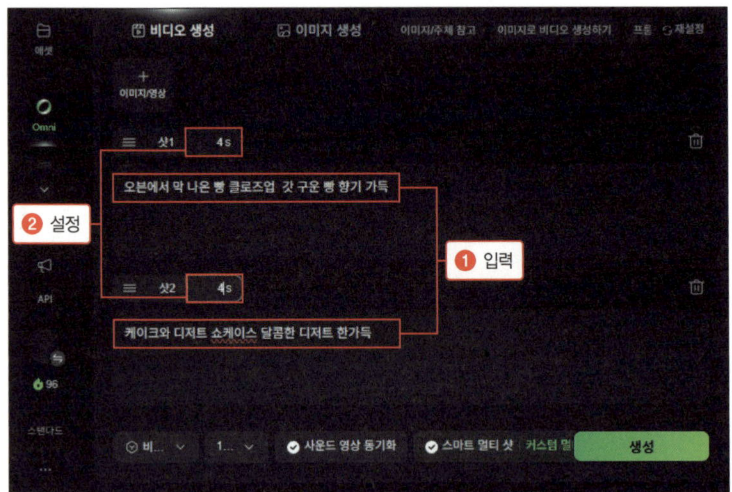

> **프롬프트** 오븐에서 막 나온 빵 클로즈업 '갓 구운 빵 향기 가득'
>
> **프롬프트** 케이크와 디저트 쇼케이스 '달콤한 디저트 한가득'

11 | 같은 방법으로 장면 샷3~4에도 프롬프트를 입력하고 마지막 샷4에는 재생 시간을 '3s'로 설정합니다.

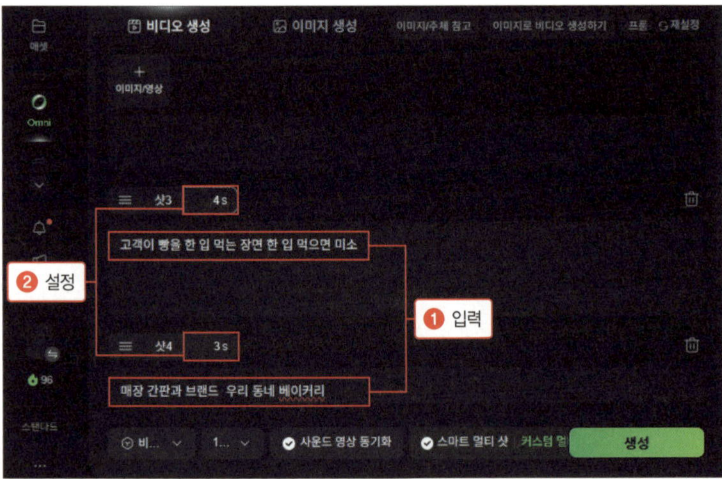

> **프롬프트** 고객이 빵을 한 입 먹는 장면 '한 입 먹으면 미소'
>
> **프롬프트** 매장 간판과 브랜드 '우리 동네 베이커리'

12 | 설정 옵션을 클릭하고 생성 모드에서 해상도를 '720p', 생성 시간을 '15s', 영상 비율을 '9:16', 생성 수량을 '1'로 설정하고 [생성] 버튼을 클릭합니다.

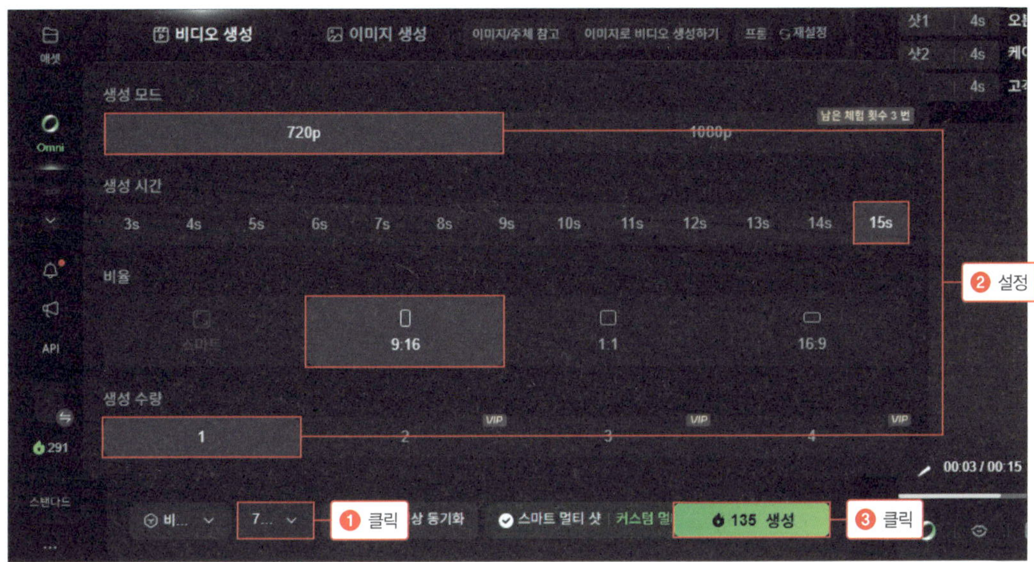

13 | 오른쪽 화면에 4개의 장면으로 구성된 베이커리 영상이 생성되었습니다. 영상 소스 파일로 저장하기 위해 [다운로드]를 클릭한 다음 [비디오]를 선택하여 MP4 파일로 저장합니다.

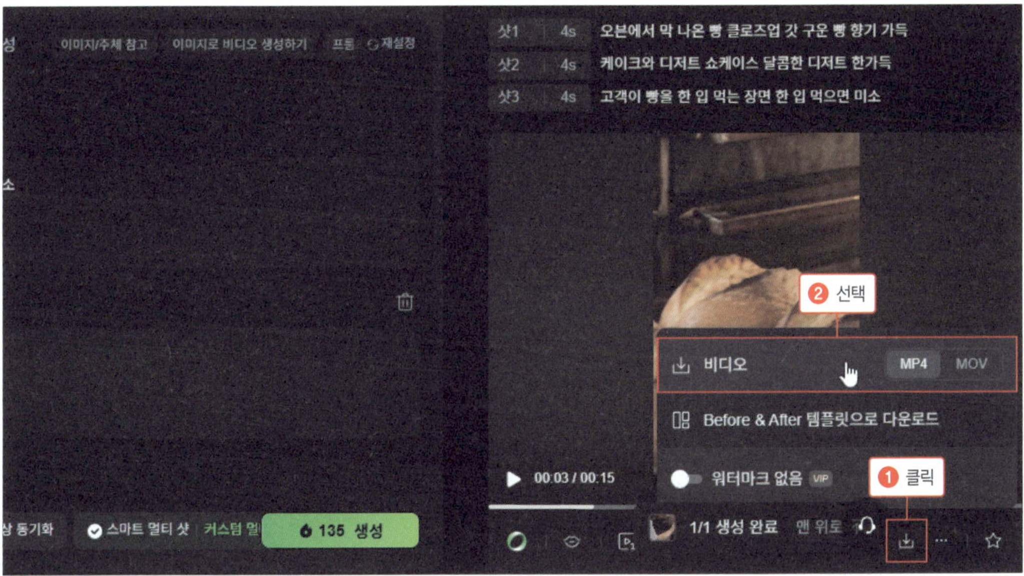

캡컷으로 홍보 음악과 영상 편집하기

14 ｜ 생성한 사운드 파일과 영상 파일을 편집하기 위해 웹브라우저에 'capcut.com'를 입력하여 접속해 로그인합니다. 기능 메뉴에서 [동영상 편집]을 클릭합니다.

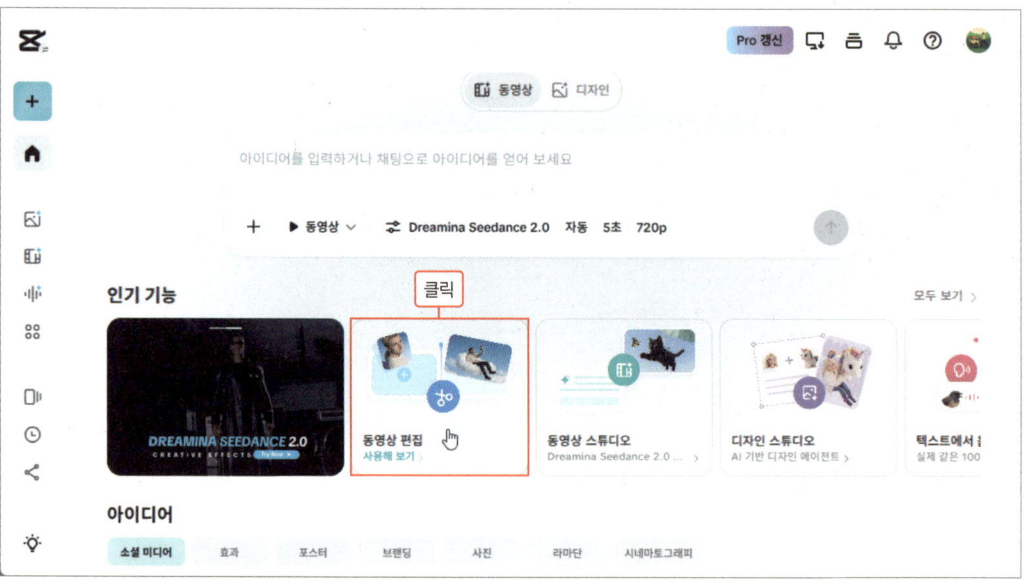

15 ｜ [가로 세로 비율]을 클릭한 다음 영상 비율을 [9:16]으로 선택합니다. 다운로드한 source 폴더에서 '베이커리광고.mp4' 파일을 작업 영역 중앙으로 드래그합니다.

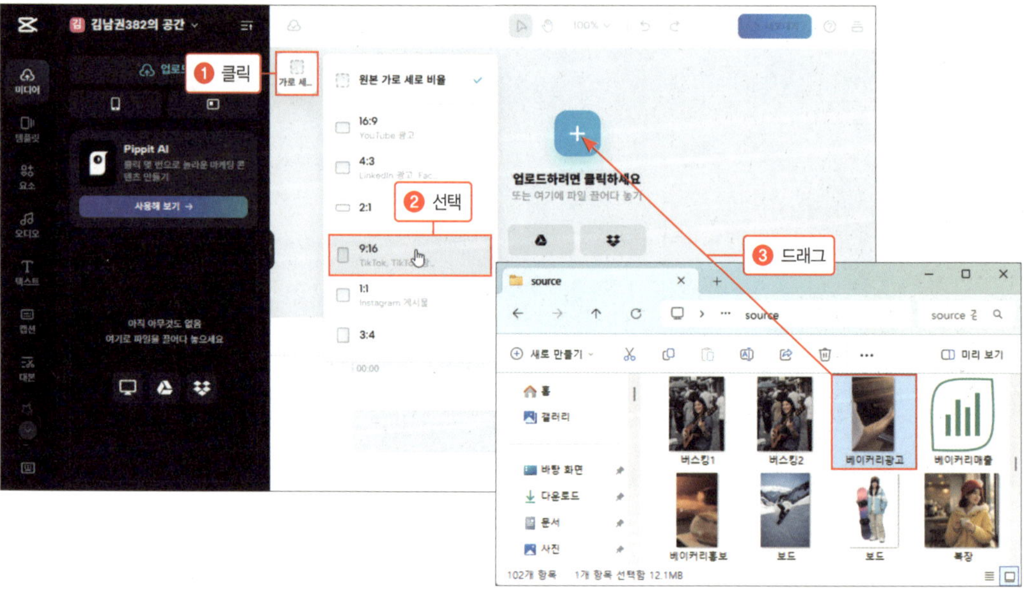

16 | 그림과 같이 숏폼 영상 파일이 타임라인에 위치하면 '재생' 아이콘(▶)을 클릭합니다. 재생 헤드가 움직이면서 영상이 재생되는 것을 확인할 수 있습니다.

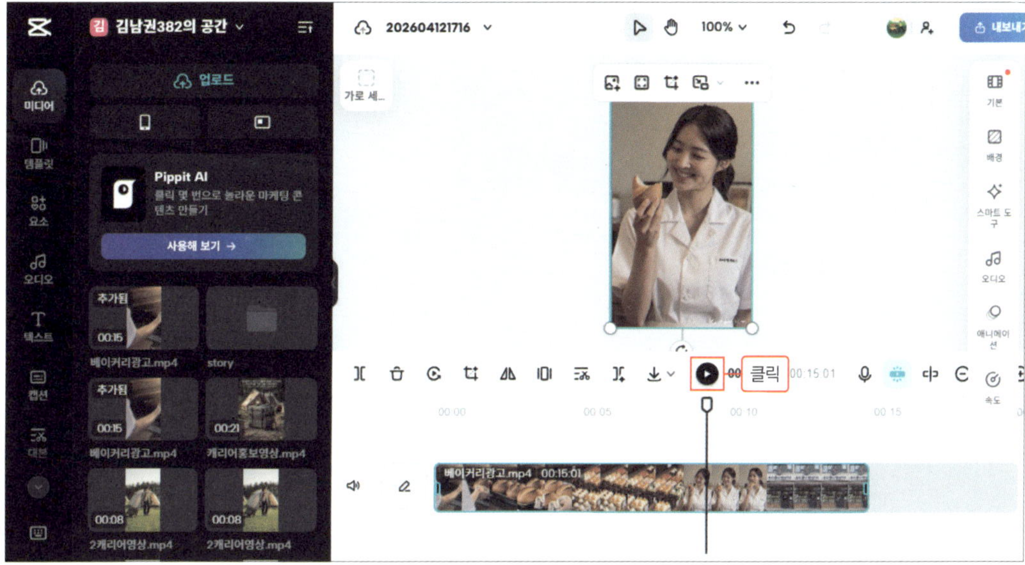

17 | 이번에는 다운로드한 source 폴더에서 '반짝반짝베이커리.mp3' 사운드 파일을 타임라인으로 드래그합니다. 사운드 클립이 타임라인에 위치됩니다.

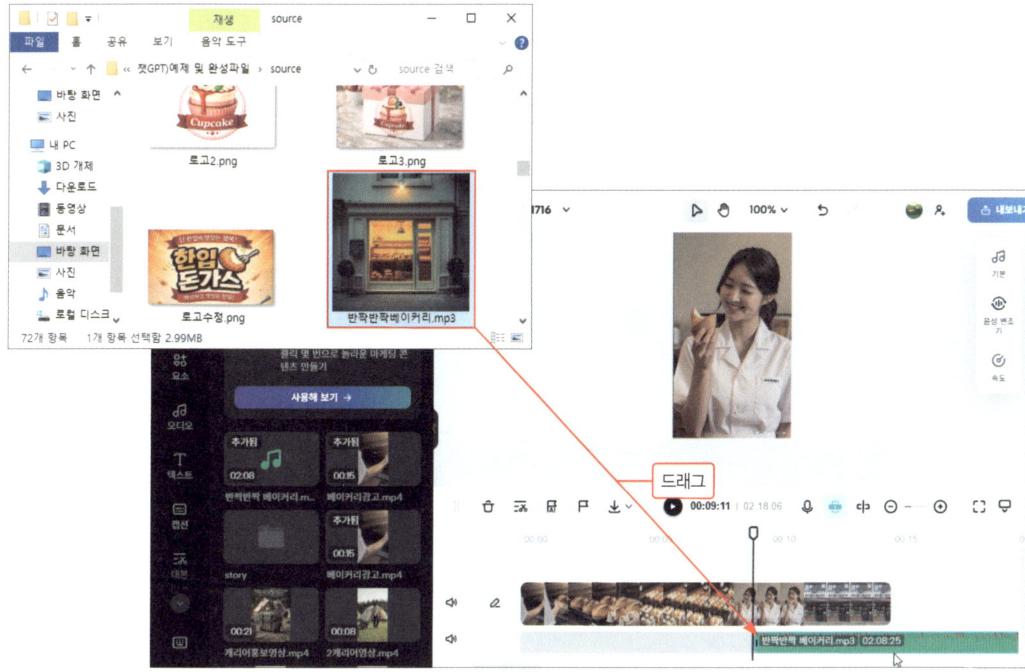

18 | 사운드 클립을 왼쪽으로 드래그하여 영상의 시작 부분과 맞춥니다. 영상을 재생하면 사운드 파일도 동시에 재생되는 것을 확인할 수 있습니다.

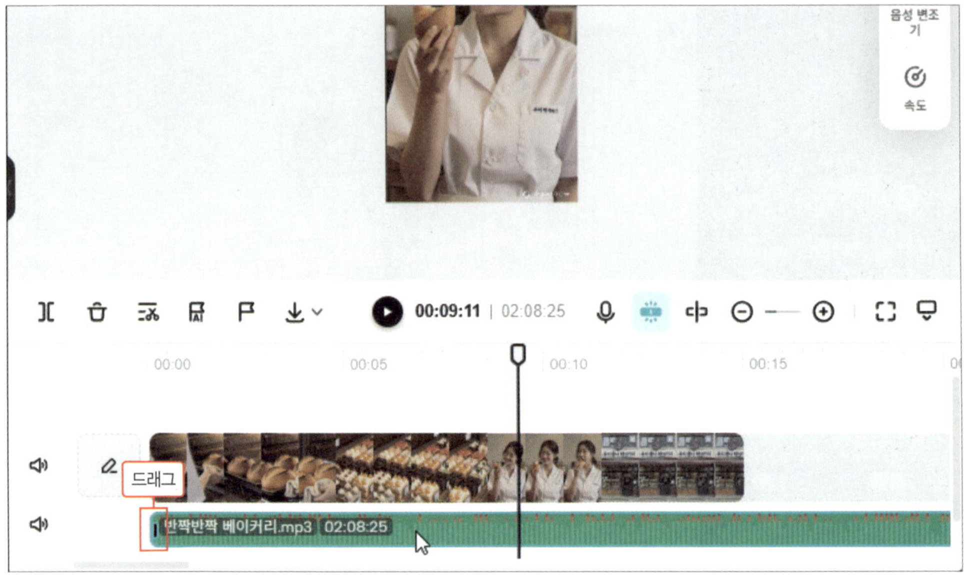

19 | 영상 길이에 맞게 사운드 클립을 자르기 위해 재생 헤드를 영상 클립 끝부분으로 위치시키고 '분할' 아이콘(ㅣㅣ)을 클릭합니다.

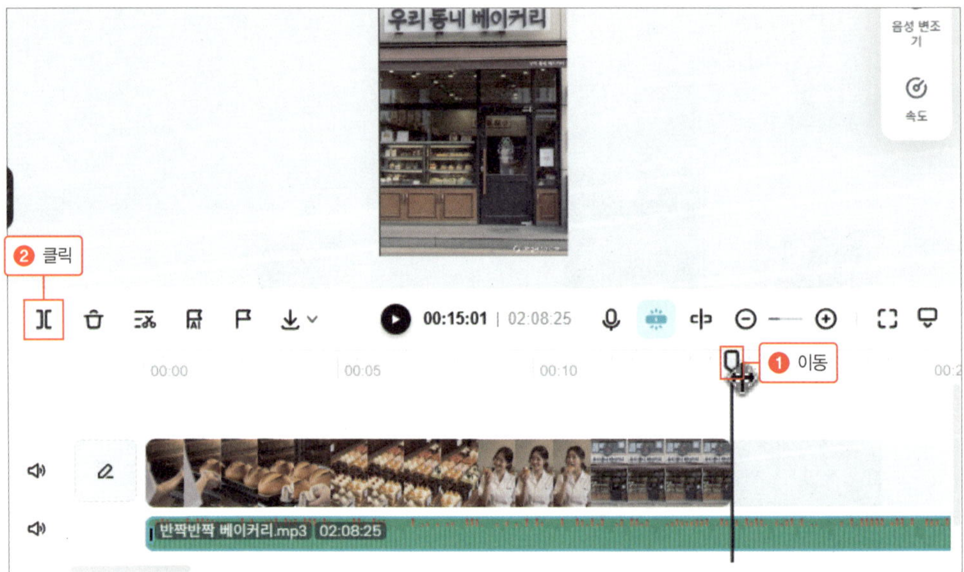

20 그림과 같이 사운드 클립이 2개로 분할되었습니다. 불필요한 사운드 클립을 삭제하기 위해 영상이 끝나는 지점에서 오른쪽 사운드 클립을 클릭한 다음 Delete를 누릅니다.

21 영상 클립의 길이와 사운드 클립의 길이가 동일하게 조정되었습니다. 사운드와 영상을 하나의 영상 파일로 저장하기 위해 [내보내기] 버튼을 클릭합니다.

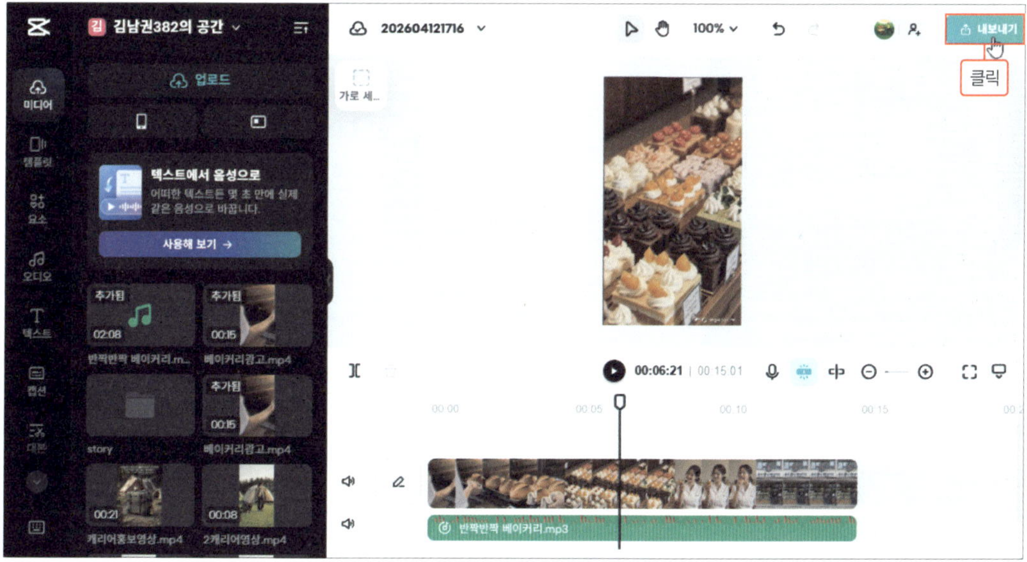

 내보내기 화면이 표시되면 파일로 저장하기 위해 [다운로드]를 클릭합니다.

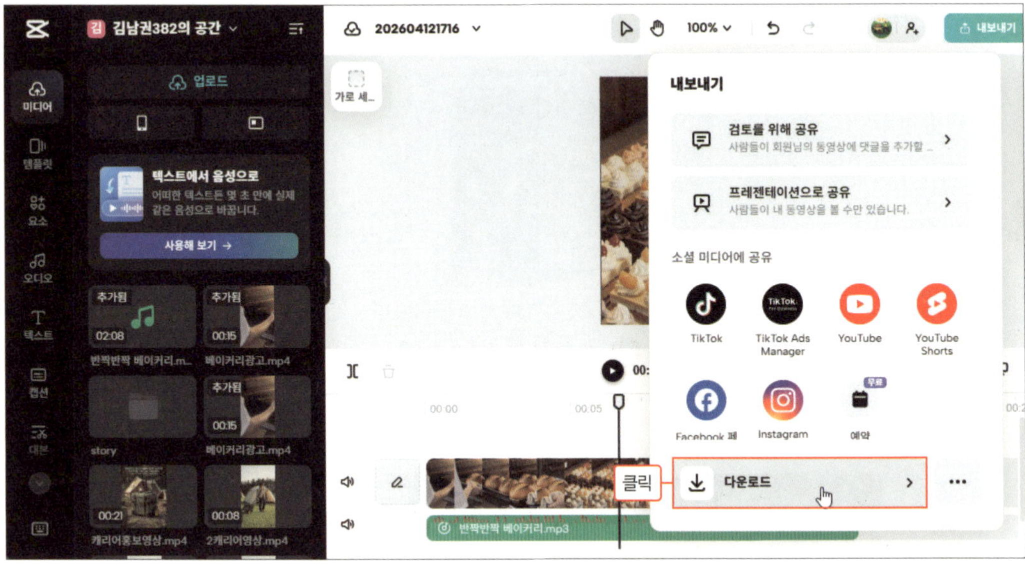

 파일의 이름을 지정하고 해상도와 품질, 프레임 속도, 형식을 설정합니다. 예제에서는 해상도를 '1080p', 품질을 '고급스러운 아름다움'으로 설정하고 하단에 [내보내기] 버튼을 클릭해 저장합니다.

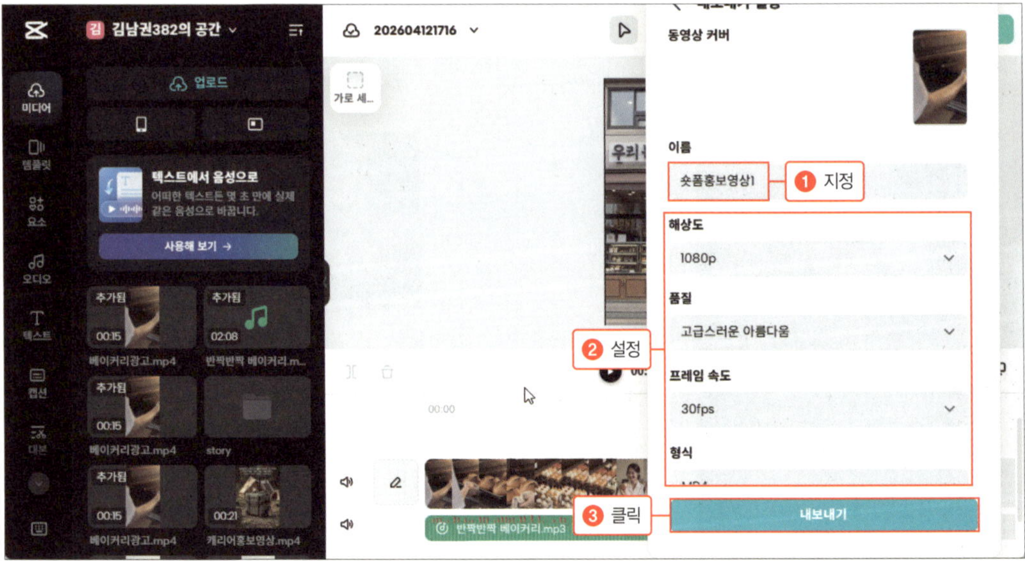

영상을 여러 플랫폼에 공유할 때는 같은 영상을 각각 따로 업로드하는 방식보다 하나의 중심 채널을 기준으로 확산시키는 구조가 훨씬 효율적입니다. 이때 가장 좋은 방법은 유튜브에 먼저 영상을 업로드하고, 이를 다른 플랫폼으로 연결하는 방식입니다.

이렇게 하면 작업이 훨씬 단순해집니다. 영상을 여러 번 업로드할 필요 없이 한번만 올리고 링크를 활용해 블로그나 SNS에 공유하면 되기 때문입니다. 동시에 영상이 하나의 자산처럼 관리되기 때문에 조회수나 반응도 한곳에 모이게 됩니다.

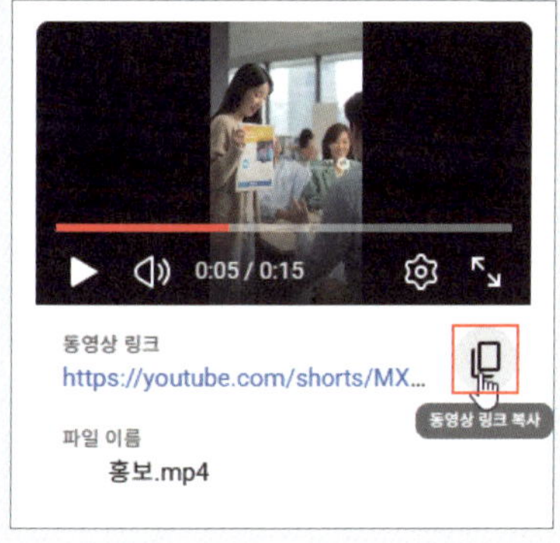

유튜브 링크 복사

❶ 완성된 영상을 유튜브 업로드하기

완성된 영상을 유튜브에 업로드할 때는 단순히 파일을 올리는 것보다, 처음 제작 단계부터 '숏폼 콘텐츠' 기준에 맞춰 준비하는 것이 중요합니다. 대표적으로 9:16 세로 비율을 유지하고, 영상 길이는 15초에서 30초 내외로 구성하는 것이 좋습니다. 이러한 형식을 충족하면 영상이 자동으로 'YouTube Shorts'로 분류되어, 별도의 설정 없이도 숏츠 피드와 추천 알고리즘에 노출될 가능성이 높아집니다.

❷ 유튜브 링크로 다른 플랫폼으로 확산시키기

유튜브에 업로드한 영상을 기반으로 다른 플랫폼으로 확산시키는 단계에서는 단순히 동일한 영상을 여러 번 업로드하기보다 '링크 중심' 구조를 만드는 것이 중요합니다. 예를 들어 인스타그램에서는 릴스 설명란이나 프로필 링크 영역에 유튜브 주소를 삽입할 수 있고, 틱톡에서는 영상 설명이나 댓글을 통해 해당 링크를 자연스럽게 공유할 수 있습니다. 이처럼 각 플랫폼의 특성에 맞게 링크를 배치하면, 사용자의 관심을 끌면서 유튜브로 유입을 유도할 수 있습니다.

❸ 티저 콘텐츠를 활용하기

전체 영상을 그대로 공유하기보다 영상에서 가장 임팩트 있는 3~5초 구간만 따로 편집해 짧은 티저 형태로 제작하는 것이 효과적입니다. 이렇게 만든 티저 영상은 인스타그램 릴스나 틱톡과 같은 숏폼 플랫폼에 업로드하여 사용자의 시선을 빠르게 끌 수 있습니다. 짧은 시간 안에 강한 인상을 남기는 것이 핵심이기 때문에, 가장 시각적으로 매력적이거나 궁금증을 유도하는 장면을 선택하는 것이 중요합니다.

❹ 인스타그램의 스토리 기능 활용하기

인스타그램의 스토리 기능을 활용하면 콘텐츠 공개 초기에 빠르게 트래픽을 확보할 수 있습니다. 스토리는 피드보다 노출 속도가 빠르고, 팔로워에게 즉각적으로 전달되는 특성이 있기 때문에 새로운 영상이 업로드된 직후 활용하기에 매우 적합한 채널입니다.

Foreign Copyright:
Joonwon Lee   Mobile: 82-10-4624-6629
Address: 3F, 127, Yanghwa-ro, Mapo-gu, Seoul, Republic of Korea
            3rd Floor
Telephone: 82-2-3142-4151
E-mail: jwlee@cyber.co.kr

하나면 다 된다

챗GPT

2026. 4. 22. 1판 1쇄 인쇄
2026. 4. 29. 1판 1쇄 발행

지은이 | 민지영, 문수민, 앤미디어
펴낸이 | 이종춘
펴낸곳 | **BM** (주)도서출판 **성안당**
주소 | 04032 서울시 마포구 양화로 127 첨단빌딩 3층(출판기획 R&D 센터)
      | 10881 경기도 파주시 문발로 112 파주 출판 문화도시(제작 및 물류)
전화 | 02) 3142-0036
     | 031) 950-6300
팩스 | 031) 955-0510
등록 | 1973. 2. 1. 제406-2005-000046호
출판사 홈페이지 | www.cyber.co.kr
ISBN | 978-89-315-0652-5 (93000)
정가 | 23,000원

이 책을 만든 사람들
책임 | 최옥현
진행 | 조혜란
기획 · 진행 | 앤미디어
교정 · 교열 | 조혜란, 앤미디어
본문 디자인 | 앤미디어, 박원석
표지 디자인 | 앤미디어
일러스트 | 김학수, 박범희
홍보 | 김계향, 임진성, 김주승, 김도희
국제부 | 이선민, 조혜란
마케팅 | 구본철, 차정욱, 오영일, 나진호, 강호묵
마케팅 지원 | 장상범
제작 | 김유석

■ **도서 A/S 안내**

성안당에서 발행하는 모든 도서는 저자와 출판사, 그리고 독자가 함께 만들어 나갑니다.
좋은 책을 펴내기 위해 많은 노력을 기울이고 있습니다. 혹시라도 내용상의 오류나 오탈자 등이 발견되면 **"좋은 책은 나라의 보배"**로서 우리 모두가 함께 만들어 간다는 마음으로 연락주시기 바랍니다. 수정 보완하여 더 나은 책이 되도록 최선을 다하겠습니다.
성안당은 늘 독자 여러분들의 소중한 의견을 기다리고 있습니다. 좋은 의견을 보내주시는 분께는 성안당 쇼핑몰의 포인트(3,000포인트)를 적립해 드립니다.
잘못 만들어진 책이나 부록 등이 파손된 경우에는 교환해 드립니다.